Theodor Schnitzler

Was die Messe bedeutet

Theodor Schnitzler

Was die Messe bedeutet

Hilfen zur Mitfeier

Herder
Freiburg · Basel · Wien

Einbandbild: Der „Pelikan“ am Südportal des Kölner Domes von Ewald Mataré. Foto von Hermann Classen; mit freundlicher Genehmigung des Verkehrsamtes der Stadt Köln.

Achte Auflage

Imprimatur. – Freiburg im Breisgau, den 23. August 1976
Der Generalvikar: Dr. Schlund
Herstellung: Freiburger Graphische Betriebe 1981
ISBN 3-451-17689-0

Seiner Eminenz

Herrn Joseph Cardinal Höffner
Erzbischof von Köln

in Dankbarkeit
für sein Wort in die Zeit
gewidmet.

Vorwort

„Agnoscite, quod agitis – Erkennt, was ihr vollzieht!“ Das mahnende Wort der Weiheliturgie möchte diese Schrift befolgen helfen. Sie möchte sehen lassen: „Was bedeutet die heilige Messe?“

Auch von diesem kleinen Buch gilt der Satz: „Habent sua fata libelli – Die Bücher haben ihre Geschichte.“ Es knüpft bei der Tradition des Freiburger Subregens Dr. Gihr an, von dessen Werk über die heilige Messe auch der Schreiber dieser Zeilen zum Altar geführt wurde. Es folgt dankbar den Spuren des Meisters der Liturgiewissenschaften Joseph Andreas Jungmann und möchte sich wieder als Kurzkommentar zu Missarum Sollemnia bezeichnen. Vor zwanzig Jahren erschien „Die Messe in der Betrachtung“ in zwei kleinen Bänden, die weit verbreitet wurden, nach dem Konzil fortgesetzt in den Veröffentlichungen „Der Römische Kanon“ und „Die drei neuen eucharistischen Hochgebete“.

In diese hier vorliegende Darstellung ist hineingewachsen die intensive Mitarbeit in den vorbereitenden und ausführenden Konzilskommissionen, die sich der heiligen Messe widmeten, ebenso die Mitarbeit in den deutschen Gremien für den Gottesdienst. Bei der Niederschrift dieser Seiten waren die Erinnerungen an die Mitbrüder nahe, deren Wissen die Verhandlungen über die konziliare Erneuerung der Liturgie erfüllte. Dabei ist dem Verlag Herder, vor allem Hubert Schlageter und dem Lektorat Liturgie, zu danken; sie haben immer wieder zu dieser Arbeit aufgefordert und sie mitgeplant.

Diese Schrift darf sich nicht wissenschaftlich nennen, obwohl sie Wert darauf legt, auf Ergebnissen der Forschung und Wissenschaft aufgebaut zu sein. Eher möchte sie sich in Erinnerung an den allerersten Lehrer in der Philosophie Edmund Husserl phänomenologisch nennen – immer wieder fragend: Was ist das? Was bedeutet das? Woher kommt das? Was kann ich mir dabei denken? Was gibt mir das? Was kann ich darüber sagen? – Von daher kommt Kirchen- und Liturgiegeschichte als erste und wichtigste Antwortgeberin. Dabei geht es nicht so sehr um Datenwissen, sondern um die Schatzgräberarbeit, die zu Tage fördern soll, auf welchen Fundamenten unser heutiges gottesdienstliches Haus ruht. Hier ergibt sich oft die kleine Entdeckung, wie selbstverständlich das alles unseren Gewohnheiten, unserem Alltag entspricht.

Unsere Zeit hat vor lauter gewichtigen Diskussionen verlernt, die Diskussionsteilnehmer fröhlich anzuschauen. Darum wollte sich diese Schrift, soweit das möglich ist, um einen fröhlichen Ton bemühen. Wenn man einmal über eine Merkwürdigkeit lächeln kann, hat sie ihren tödlichen Ernst verloren. Viele Gegensätze, die das Leben in Kirche und Pfarrei verbittern, sind nur mit einem Lachen zu entschärfen. Die „exultatio cordis – die Herzensfreude", von der die Apostelgeschichte im Zusammenhang mit dem eucharistischen Leben der Urkirche spricht, darf sich auch in die Diskussionen dieser Zeit hineinstehlen.

Vor allem möchten diese Seiten ein innerliches Buch sein. Ringsherum, auch in der Liturgie, ist alles so vernünftig, so verstandesgemäß geworden. Die „Eisheiligen" dominieren. In deren Mitte sehnt man sich nach der alten „theologia cordis", der Anregung für das persönliche Gebet, für das Nachsinnen und die Betrachtung, ohne die es in unserem Leben mit der Kirche nicht geht. Vielleicht dienen die vorliegenden Gedanken dazu, daß man wieder froh wird über das, was wir besitzen, statt nach immer neuen bunten Federn zu suchen.

Die Mitbrüder im Ordo, die Ordensbrüder, die Ordensschwestern, die vielen, vielen Menschen, denen die Messe Tag für Tag Lebensmitte und Lebensbrunnen ist, seien hier angerufen: „Agnoscite, quod agitis – Erkennt, was ihr vollzieht."

Fronleichnam 1976 *Theodor Schnitzler*

Inhalt

WORTGOTTESDIENST

EUCHARISTIEFEIER

NACHBESINNUNG

Vorbesinnung

Was ist die Messe?

Die Messe ist keine Messe

Leipziger Messe, Nürnberger Messe, Herbstmesse, Messehallen, Messe-Eröffnung – ein ganzer Schwall von gewichtigen Dingen kommt mit dem Wort Messe auf uns zu. Der Kaufmann oder der Werbeberater, der erklärt: „Ich gehe zur Messe", wird sicherlich von allen so verstanden, als gehe er zu einer Schau von Produkten der Industrie und Technik, die für den Handel und Wandel angeboten werden. Nein, in diesem Sinne ist die heilige Messe keine Messe.

Die Messe als merkantile oder industrielle Größenordnung ist ein aus der Art geschlagener Nachfahre der heiligen Messe. Wenn ein Gotteshaus seine Kirchweihmesse am Gedächtnistag der Weihe durch den Bischof beging, dann hieß das: Kirchmeß, abgekürzt „Kir-mes". Mit der Kirmes war ein großer Markt verbunden. Da konnten einsame Landbewohner alles kaufen und finden, was sie für Haus und Hof und Leben nötig hatten. Ein solcher Kirmes-Markt existiert seit einem Jahrtausend in Pützchen bei Bonn, beim Brunnen der hl. Adelheid. Die Messen, wo immer, sind letztlich aus einem Kirchmeßmarkt hervorgegangen. Sie kennen natürlich die fromme Ahnenreihe nicht mehr.

Die heilige Messe ist der Messe nicht nur geschichtlich verbunden und namensverwandt. Die heilige Messe ist, wenn man darüber nachdenkt, eine Messe. Sie ist eine Darbietung der endlosen, uferlosen Güte Gottes, die den Eingeborenen Sohn dahingibt. Sie ist ein „sacrum commercium – ein heiliger Austausch" zwischen den ewigen und irdischen Gütern. Sie ist Schau der Neuheit, der sancta novitas der Gnade, die uns aus Alter und Verhärtung der Schuld frei macht. Die Messe ist nicht nur etwa katholische Tradition. Sie ist zukunftweisend. Von ihr hängen dieses Jahrhundert und die kommenden ab – donec veniat, bis er wiederkommt.

Die Messe ist keine Vorstellung

Missa sollemnis von Ludwig van Beethoven, Kathedrale einer europäischen Hauptstadt, Zelebrant Seine Exzellenz der Hochwürdigste Herr, in eigenen Sesseln der Herr Ministerpräsident mit Gattin, Vertreter des Parlamentes, der Presse usw. Da sind peinliche Ähnlichkeiten mit einer Vorstellung, mit einem religiösen Drama, mit der Oper. Aber so etwas ist doch sehr, sehr selten geworden.

Früher konnte man in der Schule lernen, Richard Wagner habe in seiner Oper das „Gesamtkunstwerk" angestrebt, in dem Musik, Poesie, Malerei, Tanz, Stimme und Instrument zusammentreffen, um gemeinsam das Kunstwerk zu gestalten. Dazu wurde dann wohlwollend bemerkt, die katholische Liturgie erreiche in ihren mehrstimmig gesungenen, orchesterbegleiteten Pontifikalämtern ein ebenso vielgestaltiges Gesamtkunstwerk. Zu diesem „Erlebnis" bequemte sich sogar ein liberaler Abgeordneter in den Hohen Dom. Mag sein, daß die Charakteristik einer solchen Feier als „Gesamtkunstwerk" wirklich zutrifft. Aber dadurch wird die heilige Messe höchstens für ihren nur kunstbeflissenen Besucher Vorstellung. Für den, der die heilige Messe mitfeiert, ist die klingende und rauschende Kunst nur Beiwerk und Verstehenshilfe. Sie schildert ihm, wie kostbar das „Eigentliche" der Messe ist. Sie regt ihn an, selber das Beste und Schönste für die heilige Messe zu tun. Aber er weiß genau, daß die einfachste Messe in einer Baracke, in einem Zelt, ohne allen Zierat der Ausstattung, ohne Kunst, genauso gewaltig und erregend ist wie ein festlicher Domgottesdienst. Denn sie besteht nicht in Vorstellung und Gestaltung, sondern in ihrem Mysterium, das von solcher Herrlichkeit ist, daß alle Schönheit der Welt nicht ausreicht, ihr einen Rahmen zu bieten.

Die Messe ist nicht Magie

So lautet der Vorwurf des Rationalismus: Wenn anderswo bemalte Medizinmänner um ein Feuer tanzen und einen Götzen anrufen ... dann geschieht in der Messe das gleiche, nur kultivierter und zivilisierter. Magische Vorgänge wollen Gott und die Götter überwältigen. Wie oft ist in der nachkonziliaren Diskussion bald diese, bald jene Zeremonie der Liturgie als magisch etikettiert und dann verbannt worden! Selten ist ein Wort in liturgischen Zusammenhängen so strapaziert, so mißbraucht worden wie das Wort Magie.

Magisches Weltbild und magischer Glaube sind eine sehr vielschichtige Wirklichkeit. Kern der Magie ist die sichere Erwartung der Automatik der Wirkung materieller Mittel und der Wille zur Nötigung der Gottheit. Nicht selten liegt jedoch nur ein primitives unerleuchtetes Glaubensverständnis vor. Der moderne Mensch, sofern er unfähig geworden ist, persönliche Vollzüge *leibhaft* zu realisieren, wird sogar in Gefahr stehen, manches als *magisch* abzuwerten, was nur Ausdruck der ungebrochenen Einheit des ganzen Menschen ist.

Mit Magie hat nichts zu tun das Zeichen. Es will anzeigen und bezeichnen, was hier ist und was wir hier suchen und finden, welche Gesinnung wir hier in uns tragen. Die Feier der heiligen Messe ist gefüllt von solchen Zeichen. Wir rufen, nicht weil wir Gott mit menschlicher Stimme erreichen und wecken könnten, sondern weil wir unsere ganze Seelennot um Gotteshilfe durch das äußere Rufen von uns geben zur eigenen psychischen Erleichterung. Dann beginnt das glaubende Hoffen, daß Gott unser Gebet hört. Wir verbrennen Weihrauch, nicht weil er Gott günstig stimmt, sondern weil er uns ein Raumklima schafft, in dem wir besser atmen und beten können.

Durchaus möglich ist, daß ungeistige Menschen magische Vorstellungen beim christlichen Gottesdienst haben. Aber noch einmal: solche Ideen sind etwas Primitives, nichts Schlechtes. Es sind Entartungen, kindische und kindliche Abarten. Dahinter können eine rechte Liebe zu Gott und ein vertrauensvoller Glaube stecken. Nicht zu ertragen vermag man die „Magie“ des reinen Humanismus und des Materialismus. Sie bringen menschliches und materielles Glück und gaukeln uns vor, das sei das wahre und volle und einzige Glück.

Will man den Unterschied von Magie und Zeichen, von materieller Ungeistigkeit und gläubiger Geistigkeit sehen, muß man im 1. Buch der Könige das 18. Kapitel lesen. Die Baalspriester schreien und tanzen, sie bringen sich selber Verwundungen bei, sie rasen, um Baal herabzurufen – ohne Erfolg. Elija, der Prophet, betet mit glühender Gläubigkeit – und Gott hört, das Opfer wird angenommen, der ersehnte Regen kommt. Franziskus von Assisi sagt: „Nicht der Bußstrick, sondern das Herz – non cordula, sed cor!"

Die Messe ist keine Magie, weil es ihr um das Herz geht – das Herz der Dinge, das Herz des Menschen, das Herz Gottes.

Die Messe ist nicht Pflichtübung

Für den katholischen Christen ist es Pflicht, den Sonntag und den Feiertag durch die Mitfeier der Messe zu heiligen. Aus dieser Verpflichtung ist unendlich viel Gutes erwachsen. Dadurch wird aber die heilige Messe in sich, in Form oder Gehalt, keine Pflichtübung. Sinn der Pflichtübung in allen möglichen Bereichen des Lebens ist nicht innerliche Erfüllung und Bejahung, sondern einfach nur: Es muß getan sein. Der Student muß soundso viele Seminare persolviert haben. Der Soldat muß an soundso vielen militärischen Lehrgängen teilgenommen haben. Letztlich geht es nicht um eine bestimmte Qualität, wenn aber doch, dann fließt sie nicht aus der Präsenz, sondern nur aus dem Engagement des Übenden.

Die heilige Messe hat ihre Kraft und Herrlichkeit in sich. Sie ist unabhängig von der Leistung des Mitfeiernden. Der aber nimmt neues Leben von der Messe mit, nicht weil er die und die Höhe der eigenen materiellen Bezifferung erreicht hat, sondern durch die geistigen Werte, die ihm gegeben werden.

Die heilige Messe ist nicht Pflichtübung, nicht Punktesystem, nicht Leistungsschau, nicht Quantitätsbewertung. Sie verlangt vom Teilnehmenden das Gegenteil der Pflichtübung: Stillwerden in Gott, Öffnung für das Jenseitige, Leerwerden von sich selbst, Verzicht auf das Ich. Dann wird sie zur Erfahrung des Übermächtigtwerdens vom Geist, von Gottes unfaßbarer Liebe.

Hinter der Pflichtübung steht der verbitterte Satz: „... hat seine Schuldigkeit getan, ... kann gehen!" Vielleicht kommt sogar das verbissene Wort von der „verd... Pflicht und Schuldigkeit!" Über der heiligen Messe steht: „Nie von dir gehen ..." – „Morgenstern, der in Ewigkeit nicht untergeht."

Die Messe ist ein Fest

Fest ist das Gegenteil vom Alltag. Fest bedeutet Freiheit vom Geknechtetsein durch unentrinnbare, ungeliebte, bedrängende Arbeit. Fest bedeutet Emporgehobenwerden zu höheren Werten aus Langeweile und Nichtigkeiten. Fest bedeutet Freude nach Tränen und Trauer, bedeutet Singen nach Stummheit und Klagen, bedeutet Gemeinsamkeit nach der Einsamkeit. Was in der Kategorie des Seins die Ewigkeit ist, das ist in der Ebene des Lebens das Fest. Man möchte F. W. Nietzsche ändern: Denn jedes Fest will Ewigkeit, will tiefe, tiefe Ewigkeit.

In diesem Sinne ist die heilige Messe ein Fest; sie versetzt uns in Freiheit, Freude, Erhebung, Lied und Gemeinschaft, sie gibt uns – Ewigkeit.

Zum Fest gehört nicht gute Laune, nicht Stimmung als Voraussetzung. Im Gegenteil, die Trauer kann als dunkler Vorhang das Gold des Festes noch mehr zum Leuchten bringen. Zum Fest gehört nicht Sattheit, sondern Hunger, Durst und Sehnsucht. Mit vollem Magen kann man nicht singen! Zum Fest gehört nicht Reichtum, vielleicht eher Armut, sicher Bedürftigkeit. Fest wächst aus der Vorbereitung. Wenn nicht daheim vorher gewischt und geputzt wurde, kommt kein Fest zustande. Wenn man nicht gesorgt und geplant, eingekauft und vorbereitet hat, wird nie ein Fest werden. All das gilt auch vom Fest der heiligen Messe.

Es kann jemand seinen Namenstag allein auf einer einsamen, menschenleeren Insel feiern. Man sagt, es gebe Verwitwete, die ganz allein ihre Goldene Hochzeit begehen. Doch dann bringt ihnen die Erinnerung so viele Gäste und Freunde, daß der Hochzeitssaal gefüllt ist wie mit Gästen! So kann man auch heilige Messe feiern: ganz allein. Nicht nur die Erinnerung, sondern geistige Gegenwärtigkeit läßt dann die ganze Kirche versammelt sein.

Weil die Messe ein Fest ist, gehört zu ihr das Singen, überhaupt die Musik. Deshalb empfinden wir das Hochamt mit dem Gregorianischen Choral, mit Chor und Orchester als die höchste Formentfaltung. Die nur gesprochen vorgetragene Lesung entspricht weniger dem Festcharakter der Messe als die gesungene Lesung. Das Bündnis zwischen Messe und Musik ist untrennbar, manchmal aber auch beschwerlich. Ein unfähiger oder ein zu großartiger oder ein verweltlicher Kirchenmusiker kann die heilige Festfreude verwirren, verwässern, verderben. Auch ohne Musik bleibt die Messe ein einziges Singen. Ihre Psalmen sind Lieder, ihre Präfation ist ein Hochgesang. Ihr Halleluja und ihr Amen sind singende Rufe, ihre Texte stecken voll Rhythmus und Reim. In der stillsten Privatform der Messe kann man sich noch die Frage stellen: „Was ist dir, meine Seele, daß du singst?" Das Schweigen wird manchmal zum frohesten Lied.

Wenn die Messe ein Fest ist, gehört zu ihr der Tanz. Hier ist natürlich nicht an den Gesellschafts- und Unterhaltungstanz gedacht, sondern an den Tanz, der nichts anderes ist als gemessene Bewegung. Deshalb gibt es keine heilige Messe ohne Einzug und Auszug, ohne ihre wenigstens kleinen Prozessionen zum Evangelium, zur Opferung, zur Kommunion, zur Beweihräucherung. Am müden, ungelenken Schritt, am hastigen Laufen, am selbstbewußten Hacken der Absätze erkennt man, daß etwas fehlt – eben daß die Dimension der Bewegung, des Tanzes nicht beherrscht ist, und schon kann die festliche Wirkung darunter leiden.

Ist die Messe ein Fest, dann gehört zu ihr die festliche Kleidung. Festlich heißt nicht: aufwendig, noch weniger auffallend, sondern dem Fest entsprechend in aller Einfachheit. Das gilt für die Gewandung derer, die am Altar sind, und derer, die im Gläubigenraum weilen.

Die Messe ist eine Versammlung

Aus verschiedenen Anlässen werden Versammlungen gehalten. Sie haben immer ein und dieselbe Form. Der Vorsitzende eröffnet die

Versammlung. Er begrüßt die Anwesenden. Das Protokoll der letzten Versammlung wird verlesen; dabei wird festgestellt, welche Beschlüsse nicht durchgeführt wurden. Der Vorsitzende mahnt in einer Art Grundsatzerklärung zur Treue gegenüber den Zielen der Gemeinschaft. Dann verkündet er das Programm der gegenwärtigen Versammlung. Es beginnen die Beratungen. Einer liest vor, was eine Kommission überlegt und vorgeschlagen hat. Man diskutiert darüber und stellt das Wichtigste heraus. Ein zweiter Vorschlag wird verlesen. Auch er wird beraten und besprochen. Den dritten Vorschlag haben vielleicht die Vorsteher selbst ausgedacht und lassen ihn verkünden. Nun erhebt sich der Vorsitzende, um alle Vorschläge zu erläutern und der Versammlung nahezulegen. In einem großen Beschlußakt werden schließlich die Vorschläge angenommen und bekräftigt. Sie werden ausdrücklich für den ganzen Verein bestimmt.

So oder ähnlich geht es bei jeder Versammlung zu, ob es sich um einen Kirchenrat oder um eine Schützenbruderschaft oder um eine Wirtschaftsgemeinschaft oder um ein hohes Parlament handelt. Das Schema des Versammlungsverlaufes bleibt sich gleich. Der Inhalt der einzelnen Punkte des Schemas ist natürlich verschieden und paßt sich der Aufgabe und Eigenart der versammelten Gemeinschaft an. Man kann die Reihenfolge skizzieren:

(Irgendeine Einstimmung)

Eröffnungserklärung

Begrüßung

Verlesen des letzten Protokolls

Grundsatzerklärung

Programm

1. Vorschlag Diskussion
2. Vorschlag Diskussion
3. Vorschlag und Erläuterung

Beschlußfassung

Allgemeingültigkeitserklärung.

Die heilige Messe ist ihren Formen nach eine Versammlung. Sie ist mehr! Sie umschließt das Opfer Christi. Das ist ihre Würde und Größe. Doch das Opfer Christi wird inmitten der Kirche gegenwärtig. Kirche heißt griechisch ecclesia. Das bedeutet Versammlung, herbeigerufene, einberufene Versammlung des Volkes Gottes.

Darum ist es nicht verwunderlich, wenn die Formenwelt der heiligen Messe (nicht ihr Wesen) von der Versammlung stammt.

Der Verlauf der Messe entspricht nun genau dem Schema der Versammlung. Man kann es sehen, wenn man sich die kleine Mühe macht, mit der vorigen Seite zu vergleichen:

(Introitus)
Eröffnung: Im Namen des Vaters...
Begrüßung: Der Herr sei...
Besinnung auf das Frühere: Bußakt
Grundsatzerklärung: Kyrie, Gloria = Christus, Herr
Programm: Oration
(Herr, du bist heute in den Himmel aufgefahren, laß auch uns mit Sinn und Herz im Himmel wohnen...)

1. Lesung
   Antwortgesang
2. Lesung
   Antwortgesang
3. Lesung: Evangelium
   Darlegung, Homilie

Beschluß: Credo
Allgemeingültigmachung: Fürbitten.

Der Vergleich hat bisher nur den Wortgottesdienst erfaßt. Kann er auch für die Opferliturgie gelten? Hat das, was hier geschieht, mit einer Versammlung noch etwas zu tun?

Doch es gibt parlamentarische Akte, in denen es um Vertragsabschlüsse mit einem auswärtigen, außernationalen Partner geht. Zur Gültigkeit des Vertrages, des Bündnisses, des Paktes genügt nicht der einseitige Beschluß eines Parlaments. Beide gesetzgebenden Körperschaften müssen beschließen und dann ihre Beschlüsse austauschen.

Beim Austausch der Ratifikationsurkunden wickelt sich der Vorgang folgendermaßen ab: Der eine der Bündnisteilnehmer übergibt seine Ratifikationsurkunde dem Partner. Der überreicht seine Urkunde. Der Austausch ist von einer feierlichen Rede begleitet. Nach den Gepflogenheiten setzt man sich, als wolle man das Bündnis sogleich sichtbar machen, zu einem festlichen Mahl zusammen. Tischreden sprechen vom Frieden. Im Schema gezeichnet:

Die Ratifikationsurkunde des einen Partners

Die Ratifikationsurkunde des anderen Partners

Die festliche Rede

Das Mahl

Die Tischreden vom Frieden

Verwirklichung des Bündnispaktes
außerhalb der Feier in täglicher Mühe.

Der heiligen Messe liegt auch im zweiten Teil eine ähnliche Formwelt zugrunde wie internationalen Rechts- und Bündnisakten. Zwei Partner, Gott und Mensch, begegnen sich, um den Bund neu zu bekräftigen. Im Wortgottesdienst werden bestimmte Punkte des Bündnispaktes herausgearbeitet und beschlossen. Nun werden in der Opferung die Gaben gebracht, Brot und Wein, als Zeichen unseres Bündniswillens – Ratifikationsurkunden unseres Wollens zu Gott hin. Gott aber gibt die große Urkunde des Heils: Christus. Die Schuldurkunde ist zerrissen (vgl. Kol 2, 14). Das Heilsdekret, die Ratifikationsurkunde Gottes, ist der gekreuzigte und auferstandene Erlöser, Gottes Sohn. Sie wird uns übergeben in der heiligen Wandlung.

Da ist der Austausch, das admirabile commercium, vollendet: Gott gibt Christus, – wir geben uns in Christus. Die feierliche Rede, die dazu spricht, ist das Hochgebet. Nun darf und muß sich die erste Bundesverwirklichung, das Mahl, anschließen, das Friedensmahl der heiligen Kommunion, bei dem die Tischreden immer wieder vom Frieden sprechen. Doch am Ende des Mahles beginnt mit dem Weggang das mühsame Werk der Bündnisverwirklichung, dessen Erfolg noch nicht sicher ist.

Wiederum mag helfen die schematische Aufzeichnung, die man mit der vorigen Seite vergleichen kann.

Ratifikationsurkunde des Menschen:
Gaben von Brot und Wein

Ratifikationsurkunde Gottes:
Christus, der Gekreuzigte, Gottes Gabe für uns

Dabei als festliche Rede das Hochgebet

Das Mahl der Kommunion

Dabei die Friedensgebete und -riten

Verwirklichung in der Mühsal des
christlichen Lebens draußen.

Die Messe ist eine Versammlung, und zwar zu einem Bündnispakt. Das wollen ihre äußeren Strukturen aussagen. Es geht also nicht um magische oder theatralische Vorgänge, nicht um Pflichtübungen, sondern um die Versammlung der Kirche, die sich Gott zuwendet, mit Gott eins wird.

Daraus folgt Verschiedenes für den Teilnehmer an der Versammlung. Zunächst muß er anwesend sein. Man regt sich über den Abgeordneten auf, der die Parlamentssitzung versäumt. Jeder katholische Christ ist Abgeordneter in der Ecclesia, in der Bundesversammlung. Darf er einfach wegbleiben? Darf er teilnahmslos dasitzen, als gehe ihn das Wohl und Wehe der Menschheit nichts an? Man könnte eine lange Skala von Regeln rechten Verhaltens bei der heiligen Messe aus ihrem Versammlungscharakter ableiten.

Die Messe ist in ihren Formen eine Versammlung. Ihr Sinn und Gehalt und Wesen verbergen sich unter den Formen: Sie ist Versammlung unter dem Kreuz.

Die Messe als Gedächtnis

Man hält ein „Gedächtnis". Man baut eine Kaiser-Wilhelm-Gedächtniskirche. Man errichtet eine Gefallenen-Gedächtnisstätte. Man stiftet das und jenes zum Gedächtnis eines großen Menschen. In manchen Ländern, mit Vorliebe in Italien, werden Straßen nach einem Datum benannt, etwa via venti settembre, via ventiquattro maggio . . ., um das Datum eines meist kriegerischen Ereignisses in der Erinnerung zu halten. Ist es das gleiche, wenn Christus, der Herr, beim Abendmahl den Auftrag gibt: „Tut dies zu meinem Gedächtnis!"

In Köln wird jedes Jahr zur Erinnerung an die Erhebung des Erzbischofs Johannes Geißel zum Kardinal ein festliches Mahl für alte Herren veranstaltet. Darin bleibt das Echo vernehmbar, das die Kardinalserhebung im Jahre 1850 hatte. Wenn die heilige Messe nur ein Echo der Geschichte, wenn sie nur eine Art Denkmal Christi wäre, dann wäre sie nicht gut arrangiert. Mit so etwas wie einem Passionsspiel könnte man doch wohl viel besser das Gedächtnis Christi lebendig machen.

Oder ist die heilige Messe insofern Gedächtnis, weil über ihr die Erinnerungen an den Abend vor dem Leiden wehen? Das Klima jener Abendstunden, ihre Trauer, ihre Angst, ihre Innigkeit, ihre Mächtigkeit, müssen den Aposteln unvergeßlich geblieben sein. Jedesmal, wenn sie sich mit ihren kleinen Gemeinden zum abendlichen Mahl zusammensetzten, spürten sie dieses „gewisse Etwas", das von jener Donnerstagstunde in ihnen haftengeblieben war und sie nicht losließ.

Wenn die heilige Messe nur Gedächtnis im Sinne von dolci memorie wäre, dann wäre es zu wenig. Gewiß, sie *ist* Erinnerung. Sie umschließt die Worte seiner letzten Stunden. Sie feiert das Mahl des Herrn wie am Gründonnerstag. Sie beschwört die Geschehnisse Verrat und Verleugnung und Flucht herauf. Aber sie muß mehr sein. Vielleicht – mit allem Vorbehalt gesagt – liegt hier der Irrtum jener, die unter allen Umständen nur die Messe im kleinen Kreis und im Speisesaal und am normalen Tisch und inmitten noch nicht abgeräumter Teller begehen wollen. Sie suchen nach dem gewissen Etwas des Abendmahlsaales und meinen genug zu tun, wenn sie das heraufbeschwören mit sicher unzulänglichen Äußerlichkeiten.

Oder ist die Messe Gedächtnis des Herrn, wie ein Kalendertag Gedächtnis – Memoria – eines bestimmten Heiligen? Man muß die deutsche Übersetzung Memoria = Gedächtnis anfechten. Darum sagt der Kalender nunmehr: Gedenktag der Heiligen. Gedächtnis ist nicht das gleiche wie Gedenken und Gedenktag.

Um den Begriff „Gedächtnis", wie er von Christus gebraucht ist, zu verstehen, muß man in die Schule des Alten Testamentes gehen. Da spricht Gott seine Weisungen für die Rettung aus Ägypten aus. Das Lamm wird geschlachtet. Sein Blut wird an die Pfosten der israelitischen Häuser gezeichnet. Dann heißt es: „Zum Gedächtnis diene euch dieser Tag. Feiert ihn als ein Fest des Herrn in allen euren Geschlechtern" (Ex 12, 14). Später spricht der Herr: „Feiert zum Gedächtnis diesen Tag, da ihr aus Ägypten, aus dem Sklavenhause, gezogen seid" (Ex 13, 3). Die Zehn Gebote beginnen: „Ich bin der Herr, dein Gott, der dich aus dem Ägypterland, aus dem Frönerhaus, geführt hat" (Ex 20, 1). Über Gott wird gesagt: „Ein Gedächtnis seiner Wundertaten stiftete der Herr" (Ps 111 [110], 4).

Das Besondere an diesem Passah ist, daß seine erste Feier nicht so sehr in die Vergangenheit schaut, sondern ein Aufbruch in die Zukunft und in die Freiheit ist. Durch die Feier wird der Übergang aus dem Land der Knechtschaft in das Land der Verheißung gewährleistet und durchgeführt: Das Blut des Lammes ist an die Türpfosten gezeichnet – Gott geht vorüber – der Auszug ist gesichert. Bei der weiteren Feier des Passah muß es um das Gleiche gehen: Gegenwärtig ist das Blut des Lammes, dadurch wird die Strafe abgewandt, die Freiheit gegeben. Feier heißt hier neue Gegenwärtigkeit, wie sie damals war. Im Gedächtnis wird Gegenwart. Der gleiche Heilswille

Gottes, der Israel aus Ägypten führte, ist da, wenn Israel seiner gedenkt. Karl Otto Nußbaum hat diese Fragen klargestellt.

Im Sinne des alttestamentlichen Passah sagt der Herr im Abendmahlssaal: „Tut dies zu meinem Gedächtnis!“ Mit diesem Wort nimmt er sich göttliche Rechte. Er spricht wie Gott beim Auszug aus Ägypten. Noch deutlicher wird dies im paulinischen Abendmahlsbericht: „Sooft ihr trinket, tut es zu meinem Andenken. Sooft ihr nämlich dieses Brot esset und diesen Kelch trinket, verkündet ihr den Tod des Herrn, bis er kommt“ (1 Kor 11,26.27). Andenken und Gedächtnis sind Anlaß zur Verkündigung des Herrentodes: Das Blut des Lammes wird an die Pfosten der Kirche gezeichnet. Verkündigung ist Proklamation einer gegenwärtigen Wirklichkeit.

Der Gedächtnischarakter der Messe liegt im Grunde ihres Wesens. In Formen und Texten kommt er zwar zum Ausdruck, zur Sprache, zur Verdeutlichung – in dem Ruf der Gemeinde nach der heiligen Wandlung, in der Anamnese, die der Priester nach der Konsekration spricht, schon im Abendmahlsbericht selber werden erinnernde, gedenkende Worte gesprochen. Aber das eigentliche Gedächtnis liegt nicht in diesen hinweisenden Worten, sondern in der Gegenwart des Blutes und des Leibes, die uns fähig machen, in die Freiheit zu gehen.

Wer zur heiligen Messe geht, nimmt teil an einer Gedenkfeier, wo er aber den Bedachten persönlich trifft, als wäre es eine Gedächtnisstunde für einen „Verstorbenen“, der lebt und herrscht und selber unter den Seinen das Wort ergreift und den Tisch bereitet.

Die Messe ist ein Spiel

Die Messe ist keine Vorstellung: Man kann es einige Seiten vorher lesen. Ist das nun ein Widerspruch: Keine Vorstellung und doch Spiel?

Die heilige Messe ist kein Theater, keine Bühnenvorstellung, in der, wenn auch interessierte, aber doch passive, stumme Zuschauer sitzen. Je stummer und stiller sie sind, um so besser schauen sie zu. Dennoch ist die Messe ein Spiel.

Was ist denn Spiel? Die alte Definition antwortet: Spiel ist zweckloses Verströmen des Seins. Zwecklos – das bedeutet: Es steht kein

Zweck da, der erreicht werden müßte, kein Ziel, wie es einer Arbeit gesteckt ist, keine Absicht, die sich durchsetzen müßte. Spiel ist Sein und Leben, Wille und Mühe. Aber sie verströmen sich frei. Spiel kann viel intensiver sein als Arbeit. Spiel kann viel personaler sein als manche Tat. Man muß nur das Spiel des Kindes beobachten und belauschen. Das ganze Sein des jungen Menschen verströmt sich hier. Hiermit ist auch die Abgrenzung von Spiel und „Spiel" angebahnt. Ein Weltmeisterschaftsspiel ist letztlich kein Spiel, weil es von Zweck und Absicht beherrscht wird. Die Olympischen Spiele waren einmal in Olympia Spiele in absichtsloser Kindhaftigkeit vor den Göttern – heute sind sie alles andere, aber kein Spiel.

In einem solchen Sinne ist die Messe ein Spiel. Hier spielen die Kinder Gottes vor Gott. Unbeschwert, ohne Arbeitsziele, ohne Erwerbszweck „singen und spielen wir vor dem Herrn"! Dieses Spiel will, wenn es etwas will, Freude stiften, einfach Freude. Es will Gott „erfreuen" und will den Menschen erfreuen. Aber wichtiger noch ist die Freude, die sich im Spiel verströmt. Deshalb ist dieses Spiel nicht schreierisch, es ist nicht paradeartig, nicht fabriziert und organisiert, sondern unendlich still, versonnen, verinnerlicht.

Was wir da an Formen und Texten und Vorgängen sehen und hören, wird letztlich nur verständlich, wenn wir uns sagen: Das ist ein Fest – ein Spiel.

Wie geht es beim Spiel der Kinder zu? Zwei Parteien oder Partner stehen sich gegenüber. Die erste Gruppe singt einen Liedvers. Die andere Gruppe singt ihren Vers. Dann singen beide zusammen den gemeinsamen Schlußteil der Strophe: Hinüber, herüber, miteinander! Es ist die Kunst der Fuge: das eine Thema, das andere Thema, der Zusammenklang beider. In Hegelsche Philosophie übersetzt, heißt das: These, Antithese, Synthese – Satz, Gegensatz, Zusammensatz. Augustinus denkt tiefer und frommer: Das ist das Zeichen der Dreifaltigkeit, das allem Sein und Denken aufgeprägt ist, der Vater, der sich selbst ausspricht, der Sohn, der dem Vater ent-spricht und antwortet, der Heilige Geist, den beide sprechen und in dem beide zusammenkommen. Dieses Zeichen der Dreifaltigkeit leuchtet auch über dem sich verströmenden Sein des Spiels der Kinder.

Der Dreiersatz des Seins gibt auch dem heiligen Spiel der Messe die Struktur. Was geht vor sich? Unsererseits das Bekenntnis der Schuld, vom Jenseitigen her das Aufleuchten des Erbarmens und der Herrlichkeit in Kyrie und Gloria, den Zusammenklang gibt die Oratio, die Schuld und Erbarmen vereint. Weiter: von Gott her kommt der Prophet des Alten Bundes und verkündet Gottes Wort, unsererseits antwortet der Psalm; von Gott her kommt der Apostel des Neuen Bundes und spricht im Auftrage des Herrn, unsererseits entgegnet der zweite Antwortgesang. Dann schreitet von Gott her zu uns die frohe Botschaft, die aus Evangelium und Homilie besteht. Mit Glaubensbekenntnis und Gläubigengebet wird offenbar, daß wir mit Gott eins werden durch den Glauben (vgl. Eph 3, 17).

Noch einmal beginnt das Hin und Her, das Hinauf und Hinab des heiligen Spieles, nun in weiter ausgreifenden Bewegungen. Wir schreiten zu Gott hin mit den Gaben. Gott kommt zu uns in Christus bei der Wandlung. Wir gehen hin zu seinem Tisch mit den Gebeten und Liedern vom Vaterunser an. Gott kommt zu uns in der heiligen Kommunion. Wir erreichen die vollkommene „Synthese", die es zwischen Gott und Mensch geben kann, in der heiligen Kommunion. Wir blicken empor und danken, und der Segen kommt von Gott herab. Dann kann die Mühsal der Synthese zwischen Gott und Mensch in der Arbeit und im Leben draußen beginnen. – Graphisch:

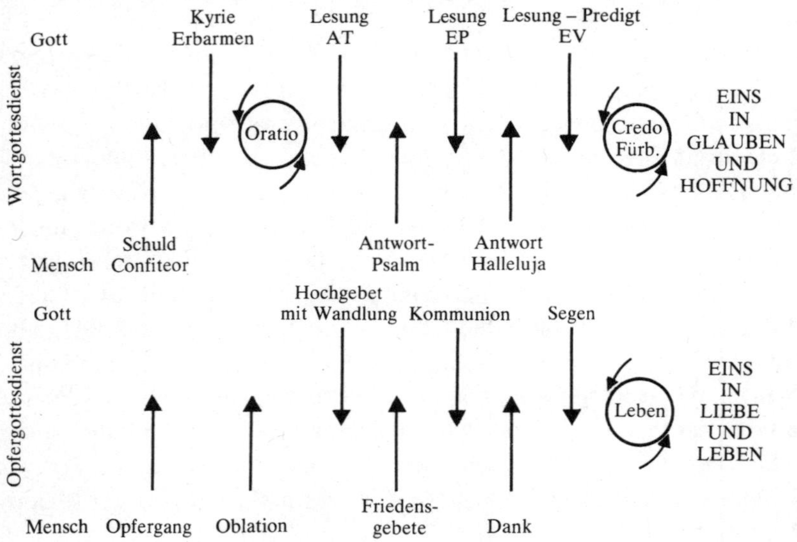

Erst wenn man diese Trithesis des heiligen Spiels beobachtet, spürt man die ungeheure Spannung, von der es erfüllt ist. Das ist ein Hin und Her, ein Auf und Ab, ein Zueinanderkommen und Einswerden, wie es das dramatischste Spiel kaum hat. Die Messe ist wahrhaftig kein Konglomerat ritueller Vorschriften, sondern eine gewaltige Bewegung zwischen Himmel und Erde, ein Spiel ohne Grenzen von Zeit und Raum: „Die Weisheit spielt auf der Erde" (Vgl. Spr 8, 30).

Die Messe ist ein Bundesvertrag

Das Alte Testament hat in großen kraftvollen Schilderungen die Ereignisse hervorgehoben, in denen Gott und Mensch den Bund geschlossen haben. Exodus 24 enthält den *Mosaischen* Abschluß des Bundes am Sinai. Ein Altar aus zwölf Steinen wird gebaut. Opfertiere werden geschlachtet. Mose nimmt das Buch des Bundes, liest dem Volke laut vor. Die Leute sprechen: „Alles, was der Herr geredet, wollen wir tun und darauf hören." Mose nimmt das Blut der Opfertiere, besprengt damit das Volk und spricht: „Das ist das Blut des Bundes, den der Herr mit euch schließt auf alle diese Worte hin" (Ex 24, 4–8).

Es ist unverkennbar, daß sich die Einsetzung der heiligen Eucharistie auf diese Stelle beruft. Wenn Christus, menschlich gesprochen, Bilder vor seinem Auge stehen sieht, dann den Sinai und Mose und die Gesetzestafeln und den Vater in der Herrlichkeit. Die Verwandtschaft mit der heiligen Messe drängt sich auf: die Verlesung aus den heiligen Büchern, das Heranbringen der Opfergaben, das Gelöbnis des Volkes, die Besprengung mit dem Blute als Besiegelung des Bundes – Parallele um Parallele zwischen dem Alten und Neuen Bund.

Damit wird gesagt: Die Messe ist nicht nur ein Gebetswert, nicht nur eine stille Gottesbegegnung. Sie ist ein Ereignis. Jedesmal von neuem schlägt sie die Brücke zwischen Mensch und Gott. Sie schließt das Bündnis zwischen Gott und Mensch. Wer in der Messe war, ist kein einsamer, verlorener Mensch mehr. Er hat Gott gefunden. Er kann damit rechnen, daß Gott mit ihm ist. Allerdings muß er sich zu Gott und seinen Geboten bekennen.

Das Buch Genesis zeichnet die düstere Vision des Bundesschlusses zwischen Gott und *Abraham*. Der Patriarch wird aufgefordert, verschiedene Tiere zu schlachten, sie in je zwei Hälften zu teilen. Sie werden so hingelegt, daß eine Gasse zwischen den Teilen entsteht. In nächtlichem Gesicht schaut Abraham, wie Rauch und Feuer durch die Straße zwischen den Opfertieren hindurchgehen. Das Opfer ist angenommen. Gott durchdringt die Opfergaben. So will er mit Abraham sein und ihn durchdringen, der die Opfergaben schenkt. – Hier ist wohl eine zu Unrecht wenig gelesene Stelle der Genesis. Sie wird stillschweigend zitiert, wenn im Römischen Kanon in der zweiten Strophe das Opfer Abrahams genannt wird (Gen 15, 9–18).

Etwas Vergleichbares geschieht in der heiligen Messe. Wir legen unsere Gaben vor Gott hin, und Gott durchschreitet und durchdringt die Gaben. Dadurch nimmt er sie an. Er nimmt sie sogar in sich, in seinen Lebensbereich hinein. Das Menschliche wird Gott verbunden, Mensch und Gott in einem Bund vereint. Wer angesichts dieses Geschehnisses noch davon spricht, man müsse die heilige Messe besuchen und die Sonntagspflicht erfüllen, sollte sich baldigst umstellen und sagen: Wir dürfen die heilige Messe mitfeiern und Gottes Bundestreue an uns erfahren. Wir ziehen alle Menschen in den Bund.

Die Messe ist so etwas wie eine Trauung. Zwei werden eins! Aber wie die Trauung keine Scheidung duldet, so auch die Gotteseinigung in der Messe nicht: „Laß uns nie von dir getrennt werden!" Aus der Trauung wird Familie gebaut, aus der Messe die Gottesfamilie.

Man kann nicht vorübergehen an dem Bericht aus der Genesis über den Bund Gottes mit *Noach:* „Ich schließe meinen Bund mit euch und euren Nachkommen und mit allen Lebewesen bei euch... die aus der Arche kamen... Ja, meinen Bund errichte ich mit euch, kein Fleischeswesen werde durch der Flut Gewässer mehr vertilgt, und niemals mehr komme eine Flut, die Erde zu verheeren. – Und Gott sprach: Dies sei des Bundes Zeichen, den ich aufrichte zwischen mir und euch und allen Lebewesen, die bei euch, für ewige Zeiten: Ich stelle meinen Bogen in die Wolken. Er sei das Bundeszeichen zwischen mir und dieser Erde" (Gen 9, 9–12).

Was bedeutet der Regenbogen als Bundeszeichen? Die Sintflut ist Vernichtung durch Wasser. Abziehende Gewitter bringen gelegentlich den Regenbogen hervor. Er ist das Zeichen, daß die herabflutenden Wasser zu Ende gehen. So sagt der Regenbogen aus seinen natürlichen Gegebenheiten: Das Ende der Katastrophe ist da, die Not zu Ende. – Vielleicht muß man auch Apokalypse 4, 3 heranziehen. Da wird Gott geschaut als der Thronende, und „ein Regenbogen erstrahlte rings um den Thron herum, der wie ein Smaragd aussah". Gottes Bundeszeichen, der Regenbogen, ist nichts anderes als die Herrlichkeit Gottes, die in der Schöpfung aufleuchtet. Sie bürgt dafür, daß wir Gottes Erbarmen erlangen.

In der heiligen Messe bringen wir Gott die Schöpfungsgaben. Sie leuchten von der Macht Gottes, sie sind Thron seiner Herrlichkeit. In ihnen gibt er uns seine Liebe, seine Güte, die uns von allem, was droht, befreit. Bund mit Gott ist Herrlichkeit und Barmherzigkeit.

Dieser dreifach gesteigerte alttestamentliche Bund war Jesus Christus gegenwärtig, als er am Gründonnerstag sagte: „Das Blut des Bundes". Das Alte Testament wird in der Eucharistie vollendet. Die lange Geschichte des Heiles für sein Volk findet hier den Gipfel. Hier geht der Alte in den Neuen Bund über. Neben Noach, Abraham, Mose tritt Christus. Er will unsere Treue und gibt die Liebe Gottes.

Die heilige Messe ist Opfer

Die beste Theologie des Opfers schrieb Pius XII. in der Enzyklika „Mediator Dei" (1947). Manche Seiten davon sind in die Liturgiekonstitution des Zweiten Vatikanischen Konzils eingegangen. Vielleicht kann man so zusammenfassen:

Das Opfer, die Selbsthingabe an Gott oder an die Menschen, hat immer zwei Ebenen: den Opferwillen und den Opfervollzug. Die beiden Ebenen verhalten sich zueinander wie Seele und Leib. Wir denken an das Martyrium. Es bedarf beider Elemente. Wer in den Tod um Gottes willen gestoßen wird, ohne es zu wollen, ohne es zu bejahen, dessen Hingabe mag eine blutige Verwirklichung finden, ist aber kein Opfer, weil der Opferwille, die Seele des Opfers, fehlt. Wer zum Opfer mit ernstem Wollen bereit ist, ohne daß die Stunde kommt, die ihm die Opferverwirklichung abverlangt, dem fehlt nicht die seelische Komponente des Opfers. Franziskus und Theresia u. a. waren Märtyrer in diesem Sinne der geistigen Hingabe bis zum äußersten. Manches Opfer der nationalsozialistischen Verfolgung war es im ersteren

Sinne leibhaftigen Geopfertwerdens, ohne daß es das Opfer geistig mitvollzog.

Die lateinischen Stichworte sind: immolatio (Opfervollzug) und oblatio (Opferwille).

Auf Jesus Christus angewandt, bedeutet das: Das ganze Leben des Herrn war eine einzige, immer neue oblatio. Sein Eintritt in die Welt ist begleitet vom Opfergebet: „Siehe, ich komme, deinen Willen zu erfüllen" (Hebr 10, 7 mit Ps 40, 7–9). Er verlangt, mit der Taufe des Leidens getauft zu werden, und glüht, bis sie vollendet ist (vgl. Lk 12, 50). Er sagt: der Menschensohn ist gekommen als Lösegeld für die Vielen (Mk 10, 45). Seine Abschiedsreden sind eine Opferpräfation. Die Einsetzung der Eucharistie weist hin auf das Kreuzesopfer, auf das vergossene Blut, das den Vielen zum Heile dient. So durchsetzen das Evangelium die Zeugnisse seiner Oblatio, seines Hingabewillens. – Seine Immolatio, sein Opfervollzug, liegt in seinem gesamten Leiden vom Ölberg, von Verrat und Gefangennahme bis zum letzten Wort, bis zum Todeshauch.

Der Opfervollzug ist in jedem Falle eine einmalige historische Handlung. Sie kann sich gewiß in mehreren Stationen vollziehen. Sie bleibt aber doch unwiederholbar, weil sie eben mit dem Tode endet. Der Opferwille dagegen ist statisch. Er kann ein ganzes Leben ausfüllen. Er kann nach seiner Vollendung noch als Grundhaltung bleiben; da der Opferwille nichts anderes ist als Liebe zu Gott, dauert er auch in der Verewigung weiter.

So ist denn das Kreuz ein Opfervollzug, eine Immolatio, die einmalig und historisch unwiederholbar dasteht. In diesem Sinne spricht der Hebräerbrief vom Kreuzesopfer. Jesus Christus ist Hoherpriester, der Opfer bringt „ein für allemal, indem er sich selber zum Opfer dargebracht hat" (Hebr 7, 27). „Christus kam als Hoherpriester für die zukünftigen Heilsgüter ... durch sein eigenes Blut ein für allemal hinein in das Heiligtum, wodurch er ewige Erlösung bewirkte" (Hebr 9, 11.12). „Er ward nur ein einziges Mal, zur Zeit der Weltvollendung, offenbar, um durch das Opfer seiner selbst die Sünde auszutilgen ... Christus wurde nur einmal geopfert, um die Sünden vieler hinwegzunehmen" (Hebr 9, 26, 28). „Kraft dieses Willens (Christi) sind wir ein für allemal geheiligt durch die Hingabe des Leibes Christi ... Dieser hat das eine Opfer für die Sünden dargebracht" (Hebr 10, 10.12). „Ja, durch ein einziges Opfer hat er für alle Zeit die vollendet, die heilig werden wollen" (Hebr 10, 14).

Der gleiche Hebräerbrief sagt von Christus: „Er ist immer derselbe, gestern, heute und in Ewigkeit" (Hebr 13, 8). „Er redet aus dem Himmel zu uns" (Hebr 12, 25). Sein Wort ist: „Mit ewiger Liebe habe ich euch geliebt, darum habe ich euch an mich gezogen" (Jer 31, 3). Wenn Jesus Gott ist, dann ist er die Liebe, wie Gott die Liebe ist (vgl. 1 Joh 4, 7). Also bleibt der Opferwille, die Opferliebe Jesu Christi zu uns, in Ewigkeit.

Daraus folgt: Der einmalige, den Gesetzen von Raum und Zeit unterworfene Opferakt Jesu Christi ist vergangen und hat das große Werk der Erlösung bewirkt. Er ist nicht wiederholbar und bedarf keiner Erneuerung, weil alles in ihm erneuert wurde. Doch es lebt weiter in Ewigkeit die Opferliebe, der Opferwille, die Opferhingabe an uns. Wenn Jesus Christus zu uns kommt, dann kommt in ihm und mit ihm diese Opferliebe, dann wird gegenwärtig sein Opfer, das immerwährende Liebe zu uns ist.

Er spricht über das Brot: Das ist mein Leib!, über den Kelch: Das ist mein Blut! In hebräischer Sprechweise besagt dies: Das bin ich! Ich bin hier! Dann auch mit ihm das Zeichen des Opfers, das sein Leib in den Wundmalen trägt, dann auch mit ihm das geöffnete Herz! Mit ihm ist seine Opferliebe, sein Opfer zugegen.

In diesem Sinne ist die Messe wahres Opfer: Die verewigte Opferhingabe Christi, vergegenwärtigt mit seiner Persönlichkeit. Die heilige Messe ist nicht Opfer durch eine Wiederholung der Schmerzen des Opferaktes und Opfervollzuges vom Karfreitag.

Doch ist der heiligen Messe nicht nur eine Oblatio, nämlich die Opferliebe Christi, eigen. Sie trägt in sich auch eine Immolatio – und zwar den Opfervollzug der Kirche, der versammelten Gemeinde, der einzelnen mitfeiernden Persönlichkeit. Wir sind ohne unser Zutun erlöst. Uns kommt es zu, ein Ja zu sagen zu dem, was der Herr für uns geopfert hat. Das geschieht in der heiligen Messe. In ihr geben wir uns in Christi einmalige Opfertat hinein und lassen davon unser Leben als ständig neuen Opfervollzug geformt sein.

So kommt der Messe der Name Meßopfer zu. In ihr lebt die Opferliebe Christi, in ihr werden wir mit ihm zum Opfer. Ohne Opfertheologie ist die Messe nur eine Versammlung unter vielen anderen, nur eine Gedenkstunde wie hundert andere. Das Wesen der Messe liegt im Opfer. Aber da geht es nicht um bronzezeitliche Götterhaine, sondern letztlich um das Herz, das Herz, das nur auf Hingabe an unser Heil bedacht war und ist – unser Herz, das sich öffnet in Hingabe an den Herrn.

Die heilige Messe ist Mahl

Das Opfer der heiligen Messe ist ein Mahlopfer und ein Opfermahl. Die Worte klingen archaisch, unmodern. Doch gibt es kein halbwegs festliches Mahl, ohne daß man das Glas erhebt und es den Versammelten oder einem bevorzugten Gast entgegenhält mit den Worten: „Zum Wohl!" Es ist eine Form der Höflichkeit, die von der Widmung des Trankes an eine Gottheit übrigblieb, der zivile Überrest eines religiösen Ritus, eines Trankopfers.

Die Messe ist ein Mahlopfer, wie es das Opfer des Königs Melchisedek war – Mahlopfer, wie es die Israeliten bei manchen Gelegenheiten, vor allem beim Laubhüttenfest, kannten. Mahlopfer, das heißt, unser Opfer vor Gott hat die äußere Form eines Mahles. Wir bereiten ein Mahl aus üblichen Speisen und Getränken. Hier sind es Brot und Wein. Aus menschlicher Vorstellungswelt laden wir Gott zu Tisch ein. Dabei wissen wir genau, daß der erhabene, unsichtbare Gott keiner Speise und keines Trankes bedarf. Wir stellen ihm aber ein Zeichen hin, daß wir ihn ehren, daß wir alles für ihn tun und daß wir alle Arbeit und Mühe um das tägliche Brot ihm übereignen wollen.

Der andere Ausdruck, Opfermahl, bedeutet: Was wir Gott übereigneten, etwa das Opfertier im Brandopfer, gehört Gott. Wenn der Mensch davon genießen darf, dann darf er an dem, was Gott gehört, an Gott teilnehmen. – Die heilige Messe ist Opfermahl. Denn wir dürfen von dem, was Gott geopfert und dargebracht worden ist, auf eine wundersame geistige Weise verkosten, vom Opferlamm Jesus Christus. Es geschieht ähnliches wie beim Auszug aus Ägypten, als das Osterlamm geschlachtet und gegessen wurde. Nur liegt in der

Messe alles auf der Ebene des verklärten Seins. Das Irdische und Leibliche ist in die jenseitig vergeistigte Seinsform hineingehoben, erhöht worden.

Mahlopfer und Opfermahl, wir müssen diese Begriffe von allem Materiellen und Primitiven lösen und ganz ins Geistige erheben. Das Mahlopfer steht da für die geistige Wertwelt der Freundschaft und der Liebe: Unsere Liebe Gott allein! Das Opfermahl steht da für die jenseitige Gottesfreundschaft zu uns. Gottes Liebe umfaßt uns. „Ich habe euch Freunde genannt!" Es geht aber nicht ohne das sinnenhafte Zeichen. Denn für uns Menschen gibt es nichts im Geist, was nicht vorher in den Sinnen war. Aber das Sinnenhafte ist nicht das Gemeinte, nicht das Eigentliche, sondern nur das Vorläufige, es will uns den Weg in die geistige, jenseitige und verklärte Welt auftun.

Das Mahlopfer der Messe wird bereitgestellt in der Gabenoblation, von Gott angenommen durch die Hereinnahme in das göttliche Sein bei der Wandlung. Dann dürfen wir bei diesem Mahl Gott bei uns zu Gast – uns bei Gott zu Gast sehen. Das Opfermahl wurde zugerüstet und bereitet am Kreuz bei der Hingabe des Osterlammes. Wir können davon genießen, weil Kreuzesopfer und Opferlamm durch die Erhöhung und Auferstehung in die jenseitige geistige Welt erhoben wurden. Von da her wird uns das Opfer als Mahlanteil dargereicht.

Augustinus hörte aus der materialistischen Welt seines früheren Manichäismus und aus der Erdgebundenheit seiner nordafrikanischen Gemeinde den Vorwurf: Eine Meßfeier ist Anthropophagie – Menschenfresserei. Schon in der Märtyrerzeit wurden den Christen ähnliche Vorwürfe gemacht: Sie schlachten ein Kind und verzehren es. Augustinus gab zur Antwort: Das Spirituelle ist das Eigentliche. Das Materielle dient nur als Zeichen. Der geopferte Christus kann nicht auf materielle Weise von uns verzehrt werden. Wir geben ihm unseren Geist hin unter den Zeichen der irdischen Gaben, und er gibt uns zu verkosten seinen Geist unter dem Zeichen seines irdischen, geopferten, gegenwärtigen, verklärten Leibes. Wir bringen Gott das Opferlamm des Kreuzes dar, und er gibt uns davon im Opfermahl Anteil. Wir genießen wahrhaft, wirklich, wesentlich, real, aber nicht in materieller, sondern in vergeistigter, verklärter Seinsweise.

Messe-Tradition

Traditionell sind die Gottesdiensträume, auch wenn es Kirchen modernen Stils sind. Traditionell sind die Gewänder derer, die den Altardienst verrichten. Traditionell sind die Gebete und die liturgischen Formen trotz aller Reformen. Traditionell bleibt das Verhalten der Gottesdienstbesucher. Traditionell ist das Wort des Predigers; er versichert, daß heute Ostern oder Pfingsten ist, und sucht aus alten geschichtlichen Berichten etwas für heute hervorzuholen. Traditionell ist das alles so sehr, daß oftmals ein Mensch, wenn er umzieht, etwa in eine entfernte Großstadt, alles von sich wirft; es braucht nicht abzusterben; es ist schon tot. Völlig hoffnungslos scheint jedoch der Versuch der Eltern, einen zeitfrohen, jungen Menschen zur heiligen Messe zu schicken unter Berufung auf die Tradition der Familie. Man möchte sagen, gerade die Traditionsgebundenheit des Vollzugs und der Formen der heiligen Messe stellen ihre größte Belastung gegenüber der Jugend und Gegenwart und Zukunft dar. Man schätzt sie vielleicht noch, aber so wie man ein Brauchtumsmuseum schätzt, wie man sich für heimatliche Traditionen einsetzt.

Das wird dann auch noch von der Liturgik bestätigt. Liturgiewissenschaften sind zur Hälfte ein Zweig der Geschichtswissenschaften. Da schwirren die Namen und Jahreszahlen nur so umher. Selbst modernste Diskussionen werden geführt mit Begriffen Missale Tridentinum, Pius V.... Die heilige Messe wird schon in alter Zeit sacra traditio genannt. Grund- und Urgestein des katholischen Gottesdienstes ist Überlieferung – Tradition.

Man möchte sich davon lösen und schafft neue Texte, neue Formen, Messe im kleinen Kreis, neue musikalische Umrahmung, Bandmesse, Motivmesse und schafft ab, was gestrig, vorgestrig, traditionell ist. Erfolg? Kommen mehr Menschen? Manche haben Meßbuch und „Schott" in den Keller gestellt. Was blieb, waren Lücken. Das „Moderne" ist schon längst verblichen, und der „Schott" ist zeitnah.

Fragen wir andersherum! Kann sich überhaupt ein Mensch von seinen Traditionen lösen? Alle Humanwissenschaften berichten, der Mensch sei ein Bündel von Traditionen. Das Erbgut seiner Vorfahren, seines Volkes, seines Stammes, seiner Sippe, seiner Familie steckt in ihm und drängt ihn gelegentlich zu handeln, wie er es nach schlichten Vernunftgesetzen, Einsicht und Überlegung nicht tun würde. Seine eigene Entwicklung, seine Kindheits- und Jugenderlebnisse stecken in ihm und lenken ihn oft genug, wohin er nicht will. „Kein Erlebnis geht dem Menschen jemals verloren!" versichert die Psychologie.

Auch unsere Lebensformen, unsere Zivilisation und Kultur sind von Vorgegebenheiten erfüllt. Der Geistliche löst sich um der modernen Zeit willen von der traditionellen Kleidung der Klerisei. Er legt eine Krawatte an. Der Gute ahnt nicht, daß er das kroatische (hrvadska) Halstuch des österreichischen Militärs des 17. Jahrhunderts anlegt. Warum trägt man Manschettenknöpfe? Warum gebraucht man ein Taschentuch? Warum nimmt man das Essen in solchen und solchen Formen? Bei jedem einzelnen Stück unserer Zivilisation leben wir in Traditionen. Verlassen wir die eine, steigen wir in eine andere hinein.

Der stürmische Protest rennt gegen diese Vorgegebenheiten an und gibt vor, es ganz anders zu machen. Wirklich, es gerät anders, aber nicht neu. Alle Bekleidungsstücke, Haartrachten, Begegnungsformen waren schon einmal da und sind literarisch und künstlerisch nachweisbar. Ein Sturm gegen die Historie ist ebenso erfolglos wie der Versuch, ohne Knochengerüst leben zu wollen. Weshalb also nimmt man gegen die Tradition der Messe einen nutzlosen Kampf auf?

Schon längst hat man sich mit dem Traditionsreichtum der Messe abgefunden. Der junge Mann bleibt hinten in der Kirche und ahnt nicht, daß er da der Kirchenordnung Karls des Großen folgt. – Das Brautpaar zieht feierlich zur Trauung, der Bräutigam von Brautführerinnen, die Braut von Brautführern geleitet – sie ahnen nicht, daß sie Urväterbrauch übernehmen: Die Väter haben über Heirat und Mitgift ihrer Kinder verhandelt, man schreitet zur Feier, der Bräutigam sieht eigentlich erst am Altar, wer für ihn ausgewählt worden ist und zu wem er sein Jawort sprechen muß. – Zu einer Beerdigung zieht vielleicht sogar ein Liebhaber von Nietenhosen einen schwarzen Anzug an, nicht ahnend, daß er in eine zweitausendjährige Tradition eintritt, in der die schwarze Farbe Festfarbe war. – Die Tradition gehört so unausweichlich zum Leben wie die Knochen zum Körper des Menschen. Warum soll also die Tradition des Gottesdienstes abgewiesen werden?

Allerdings, die Tradition darf nicht verknöchert, nicht leblos, nicht sinnlos sein. Man muß wissen, was dahintersteckt. Dafür hat sich dieses Büchlein in Marsch gesetzt. Es möchte die Tradition der Messe sichten, aufhellen, die Fragen beantworten, den lebendigen Strom erkennen lassen. Es möchte die Tradition liebenswert machen, aber nicht die Tradition um ihrer selbst, um ihrer musealen Werte willen, sondern weil sie die unablösbare Trägerschaft des heutigen, des jetzigen Lebens ist.

Messe ist Tradition. Es kann nicht anders sein. Sie gibt Festigkeit, Ruhe, Verwurzelung – und die Wurzeln gehen bis in die Tiefen jener Zeit, da Christus „mysterium suum tradidit".

Messe ist Missa

In der heiligen Messe regt es einen fast auf, daß eine Bereitung der anderen folgt: die kopflastigen Eröffnungsriten (diesen Ausdruck hat übrigens Kardinal Hermann Volk geprägt), die Gabenbereitung, die Mahlbereitung, dazu die Vorbereitungen für das Evangelium, für das Hochgebet u.a. Wo ist denn das Eigentliche, bei dem man verweilt und verharrt, bei dem man genießt und besitzt? Diese Momente sind flüchtig und eilen dahin. Kein Wunder, daß immer wieder die Klage hochkommt: Die Messe sei zu laut und zu hastig, sie entbehre der Stille und der Ruhe. – Doch wenn man es recht bedenkt, entspricht gerade das dem Wesen der Messe. Sie ist nicht Ende und Verweilen. Sie ist Weg, ein flüchtiges Sichniederlassen am Weg und dann wieder Aufbruch. „Iß und trink, denn du hast noch einen weiten Weg!" (Vgl. 3 Kön 19,7.) Das eucharistische Mahl ist wesentlich Bereitung und Zurüstung für das kommende Mahl, das Hochzeitsmahl der Herrlichkeit. „Donec veniat!"

Deshalb endet auch die heilige Messe mit dem Wort, das ihr den Namen gab: „Ite, missa est!" Missa ist die spätlateinische Form für missio oder dimissio = Entlassung. Zweimal spielte dieser Entlassungsruf eine Rolle in der Messe der Vergangenheit, einmal am Ende des Wortgottesdienstes, wenn die Katechumenen nach den Fürbitten weggeschickt wurden, sodann am Ende der Gesamtfeier. So konnte er Name des Gottesdienstes werden: Missa – Messe, sehr äußerlich, sehr verhüllend.

Doch irgendwie sagt Messe etwas vom Wichtigsten des heiligen Vorganges. Er ist neutestamentlicher Nachfolger des alttestamentlichen Passahmahles. Da hieß es, man solle es eilends, stehenden Fußes, den Wanderstab in den Händen, verzehren (Ex 12, 11).

Es war ja Opfermahl vor dem Aufbruch aus dem „Sklavenhaus Ägyptens" in das Gelobte Land. So ist auch die Messe Mahl aus dem Opfer des Lammes. Dieses Mahl stärkt für den Aufbruch aus dem „Sklavenhaus" unseres Alltags, unserer „Fleischtöpfe Ägyptens", unseres Frondienstes, unserer Selbstbezogenheit. Der Aufbruch vollzieht sich nach dem Mahl. Der heilige Dienst ruht nicht in sich selber, sondern ist Missa, hingeordnet auf die Sendung, die uns durch die Welt ziehen läßt, um sie nicht nur zu durchwandern, sondern zum gelobten Land Gottes gestalten zu helfen.

Wir gehen in die Messe, nicht um ein Stückchen Himmel zu erhaschen, nicht um in einem Fest auszuruhen, sondern um für die Missa gestärkt zu werden, damit es wieder gelinge, „ut mundum piissimo suo adventu consecraret – die Welt durch seine gnadenreiche Ankunft zu heiligen". Die zehn Plagen laufen ab. Die Finsternis senkt sich herab. Die geschlagenen Kinder schreien sich in den Tod. Der Engel zeichnet uns mit dem Blut des geopferten Lammes. Wir können essen und gehen, und Gott geht mit uns. Das Ziel ist nach dem Sklavenhaus die Freiheit der verheißenen Heimat.

Die Messe – der Pelikan

Was hat die Messe mit diesem eigenartigen Schwimmvogel der tropischen und subtropischen Breiten zu tun? Was will die Umschlagseite dieses Werkchens mit dem Pelikan Ewald Matarés vom Südportal des Kölner Doms sagen? Hier geht es um ein Symbol, das vieles aussagen und zusammenfassen möchte. Das Symbol ist ein Bild oder eine

Marke, die Assoziationen wecken wollen. Diese hier anströmenden Erinnerungen, Vergleiche, Gegensätze informieren über das, was in dem vom Symbol angeregten Gedanken oder Sachverhalt ausgesagt wird.

Das Symbol des Pelikans hat Verwandtschaft mit dem Symbol des Lammes. Es wird verwendet von Jesaja 34, 11 und im Psalm 101 (102), 7: „Ich bin geworden wie ein Pelikan in der Wüste, bin geworden wie eine Nachteule im Gemäuer." Der Pelikan ist ein Wasser- und Schwimmvogel, im Psalm geht es aber um einen in der Wüste klagenden Menschen. Jesaja und Zephanja (2, 14) sprechen von Verwüstung und Ruinen. So ist fraglich, ob das Alte Testament überhaupt unseren Pelikan meint.

Aus dem Psalter kommt der Pelikan in die Psalmenerklärungen. Augustinus diene als Beispiel. Er sieht im Pelikan, der in der Wüste, am Nil und in Ägypten wohnt, ein Bild des Christen, der inmitten des Heidentums lebt, in der Wüste. Dann aber erzählt er, nicht ohne Zögern und Zweifeln, die Legende vom Pelikan, der mit seinem Schnabel die Jungen tötet, drei Tage betrauert und dann sich selbst verwundet, um mit seinem Blut die getöteten Jungen wieder lebendig zu machen (Enarr. in Ps. 101 I, 7/8 – CC 40 p. 1430 ff).

Selbstverständlich gehört der Pelikan zum Bestand des „Physiologus", der großen byzantinischen Tierkunde aus dem 6. Jahrhundert, die nur die Wege der Symbolistik und der Legende kennt. Er sagt: Der Pelikan ist ein besonderer Liebhaber seiner Jungen. Wenn seine Jungen aufgewachsen sind, dann picken sie ihre Eltern ins Gesicht. Die Alten töten sie. Dann trauern sie drei Tage über die erschlagenen Jungen. Am dritten Tage kommt der Vater, öffnet seine Seite und läßt sein Blut über die toten Körper der Jungen fließen und richtet sie durch sein Blut vom Tode auf (Physiologus Bernensis. Voll-Faks.-Ausg. des Codex Bongarsianus 318 der Bürgerbibl. Bern. Wiss. Kommentar v. Christ. v. Steiger u. Otto Homburger. Alkuin-Verl., Basel 1964, fol. 9 v–10 r). So auch der Herr! – Die Tierlegende knüpft vielleicht an dem scharfen Haken an, den der Pelikan am oberen Teil seines Schnabels trägt, und fabuliert von der Möglichkeit der Selbstverwundung und denkt dann an die geöffnete Seite Christi.

Augustinus und der „Physiologus" haben sicherlich eine gemeinsame Quelle, vielleicht bei Origenes, der die Vogelgleichnisse liebte. Von da fließt die Idee des Pelikangleichnisses in das Mittelalter hinein. – Thomas von Aquin eröffnet die sechste Strophe seines „Adoro te devote" mit dem Ruf „Pie Pelicane, Iesu Domine!" Leider wird die reichere Form der antiken Legende fast vergessen. Man erzählt nicht mehr vom Aufruhr der Jungen gegen die Vogeleltern und von der tödlichen Bestrafung, sondern nur vom Hunger der jungen Vögel und ihrer Sättigung durch die alten Vögel (im Griechischen und bei Augustinus ist es die Mutter, sonst der Vater). Die soteriologische wird zur eucharistischen Aussage. Dabei bleibt die Frage unbeantwortbar, ob die Tierlegende theologisch ausgedeutet wurde oder ob die Theologie in die Legende hineingewoben wurde.

Angefangen von karthagischen altchristlichen Lampen bis in die spätmittelalterliche Kunst (Giotto, Masolino), bis in Renaissance und Barock, wird der Pelikan zur Zier und zur Deutung des Kreuzes und des Kelches, zum Schmuck von Ziborien und Altären. In neuerer Zeit wird der Pelikan vergessen. Matarés Domtüre bildet eine Ausnahme.

Das Symbol des Pelikans inauguriert eine so tiefsinnige Aussage über die heilige Messe, daß man es nicht vergessen sollte. Es spricht von Opfer und Mahl, von Passion und Auferstehung, Tod und Leben. Wir stehen gegen unseren Herrn auf, schlagen ihn, fallen dem Tod anheim, der Herr öffnet im Sterben seine Seite und macht uns lebendig mit seinem Blut. Er gibt sich hin für uns, seine Peiniger, er nährt uns mit seinem Opfer. Er ist selber unser Trank und unsere Speise, indem er sich für uns verwundet, obwohl wir ihn schlugen. Durch seinen Tod haben wir das Leben.

Die Tiefsinnigkeit und Hintergründigkeit des Pelikansymbols haben daneben noch die Besonderheit der Anschaulichkeit und Kindertümlichkeit. In einem Beispiel aus dieser Welt wird gezeigt, was der Herr für uns getan hat und was er uns ist. Das Symbol zeigt sich als Tür für Nachsinnen und Bedenken und Begreifen und Verstehen und Danken. Ähnlich spricht der Esel des Palmsonntags von Christi Königtum, das Lamm vom Opfer der Herrlichkeit, der Adler von der tragenden Kraft Gottes. Das Vergängliche ist ein Gleichnis für das Unvergängliche!

Eröffnung

Die Messe beginnt

Das Kreuzzeichen

Papst Paul VI. kommt nach Bogotá in Kolumbien zum Eucharistischen Kongreß. Er feiert eine heilige Messe mit dem ganz einfachen Volk des Landes. Es ist des Lesens und Schreibens unkundig, hat keine hohe religiöse Schulung und kennt keine geschliffene Liturgie. Aber das Volk ist sich der Anwesenheit des Nachfolgers Petri bewußt. Die Herzen öffnen sich von der Freude, mit dem Papst die heilige Messe zu feiern. Nun dringt die Stimme des zelebrierenden Oberhirten durch die Lautsprecher. Als die ersten Silben bekannter Worte vernehmbar werden, wissen sie sofort Bescheid. Sie fallen ein und sprechen in lautem Chor mit dem Heiligen Vater: „Im Namen des Vaters und des Sohnes und des Heiligen Geistes. Amen." Südamerika und Rom vereinen sich im Bekenntnis der Dreifaltigkeit am Beginn der Messe.

Seit Jahrhunderten begann so die Feier der heiligen Messe. Doch nur der Priester sprach die Worte. Sie lagen unter der Hülle der Introitusgesänge. Dann übte die Gemeinschaftsmesse ein paar Jahrzehnte den Brauch eines vernehmlichen und gemeinsamen Sprechens des Stufengebetes, aber diese Sitte gehörte nicht der Weltkirche. Nun wird in Kolumbien das neue Missale Romanum ins Leben gerufen. Noch sind die Verhandlungen über seine Form und Gestalt nicht beendet. Da entscheidet sich in Bogotá: Die heilige Messe kann nicht anders beginnen als mit dem einfachsten Gebet, das es gibt, nicht anders als mit dem Kreuzzeichen. Denn der Papst ist überwältigt und mitgerissen vom Chor des Volkes in Kolumbien.

Südamerika wird hier zum Vorbeter der Gesamtkirche, zum Entwicklungshelfer für die Liturgie der Welt – gewiß in einem kleinen Punkt, aber es ist doch tröstlich zu sehen.

Die Messe beginnt bei der *Taufe.* Wenn der Mensch Christ wird, dann wird in Kreuzesform Wasser über sein Haupt gegossen und gesprochen: „Im Namen des Vaters und des Sohnes und des Heiligen Geistes." Wenn der Christ die Eucharistie begeht, erinnert er sich des Anfanges und der Grundlegung. Nur der Getaufte kann die Eucharistie vollziehen und mitvollziehen.

Die Taufe ist das Tor zum Altar. Der Durchzug durch das Rote Meer muß geschehen sein, dann kann das Manna herabfallen. Der Jordan muß durchschritten sein, dann erschließt sich das Gelobte Land. Als Christus aus der Johannestaufe stieg, verkündete ihn der Täufer: „Seht, das Lamm Gottes!"

Über dem Hineingehen ins Gotteshaus steht schon für jeden einzelnen Ankömmling der gleiche Gedanke. Wir nehmen Weihwasser und bekreuzen uns zur Erinnerung an die Taufe.

Die Taufe gibt nicht nur Vollmacht und Grundlage, sie wird weiter durchgeführt. Im Wasser und im Heiligen Geist wird der Christ geboren. Nun wird er mit dem Brot des Leibes Christi genährt. Er wird vom Blute des Herrn getränkt. Das Gotteskind wächst empor, wächst in Christus hinein, wächst der Vollendung entgegen.

Die Messe beginnt mit *Ostern.* An einem Tag des vierzigtägigen Verweilens des auferstandenen Herrn bei den Seinen erging der Taufbefehl: „Geht hin in alle Welt und lehret alle Völker – macht sie zu Jüngern und taufet sie: Im Namen des Vaters und des Sohnes und des Heiligen Geistes." Der österliche Glanz umleuchtet das Wort. Das Kreuz ist umgewandelt in Herrlichkeit. Die Pforte der Messe wird von der Ostererinnerung aufgemacht. Die Höhe der Messe macht sich schon bemerkbar, in der wir singen: „Deinen Tod, o Herr, verkünden wir, und deine Auferstehung preisen wir." Da wir Ostermahl halten, muß der erste Satz ein Osterlied umschließen.

Die Messe beginnt in *Galiläa.* Da ist der Taufbefehl des Auferstandenen erteilt worden. Es war auf einem der galiläischen Berge, die den betenden Herrn sahen, die seine Nähe im Gespräch mit dem Vater erlebten. Der Anfang der Messe klingt zusammen mit dem

Anfang des Lebens Jesu. Die Heimat Jesu könnte sagen, daß wir in der Messe Heimat haben, daß uns ihre Feier heimatlich vertraut sein sollte.

Die Messe beginnt in der *Dreifaltigkeit.* Die drei Personen Gottes werden genannt, denn die Messe ist Ankunft Gottes für unser Leben, jede Messe eine Theophanie des Dreifaltigen. Die romanische Baukunst schuf Chorräume mit drei Konchen, mit drei Apsiden: Kleeblattchöre. Sie lernte es bei den irischen Missionaren, die von ihrem Landesheiligen St. Patrick gelernt hatten, den schlichten Menschen mit dem Kleeblatt das Dreifaltigkeitsgeheimnis zu erklären. In solchen Bauten steht der Altar inmitten eines gebauten Kleeblattes, also in einem Dreifaltigkeitshaus. Der Meßbeginn baut, wenn er sagt: „Im Namen des Vaters und des Sohnes und des Heiligen Geistes", um die Eucharistie ein Dreifaltigkeitshaus. Den Altar umfließt das dreifaltige Leben Gottes.

Die Messe beginnt am *Ende.* Denn die Vollendung ist in der Schau Gottes, „wie er ist", also in seiner dreifaltigen Fülle und Herrlichkeit. Man erreicht den Gipfel, wenn man vorher zu ihm emporblickt und ihn sich zum Ziele macht. Die Messe ist Aufbruch und Gipfel von ihrem ersten Satz an. Sie hilft allen, den Aufstieg zu finden.

Die Messe beginnt, wo der *Zweifel* sitzt. Sogenannte moderne Theologie will die Wahrheit und das Mysterium der heiligsten Dreifaltigkeit allenfalls als Mythos oder als Superlativ gelten lassen, nicht als unabdingbares Offenbarungs- und Glaubensgut. Dadurch wird das Wort „Im Namen des Vaters und des Sohnes und des Heiligen Geistes" zur Frage: „Glaubst du das?" (Joh 11,26.) Die Messe stellt sich in die Mitte der Zweifelnden und Gedankenlosen. Sie macht sich mit ihnen wieder auf den Weg zum Vater und zum Sohne und zum Heiligen Geist, dem einen Gott. Sie regt in ihnen die Bitte an: „Herr, ich glaube, hilf meinem Unglauben" (Mk 9,24).

Die Messe beginnt: *„Im Namen";* „eis to onoma", sagt die griechische Vorlage. Das heißt: in den Namen hinein. Wie die Tauffomel zum Sakrament gehört, das uns in das Leben und Wesen Gottes hineintaucht, so will auch die Eucharistie in ihrer Weise uns in den Namen Gottes tauchen. Namen, dieses Wort hören wir hier wie: in das Wesen – in das Sein – in das endlose Meer der Herrlichkeit.

„Im Namen“ darf und soll es auch weiterhin lauten. Wie der Richter „im Namen des Volkes“ urteilt, wie der Vollzugsbeamte „im Namen des Gesetzes“ handelt, wie jeder Stellvertreter im Namen des Eigentlichen agiert, so auch der Priester. Er weist auf seine Werkzeuglichkeit, seinen Auftrag, seine Vollmacht hin. Er erinnert hintergründig an den Ordo, an die heilige Weihe. Nur im Namen seines Herrn kann er wagen zu tun, was er tut.

Der Gruß

Erste Form:
Der Herr sei mit euch! So begrüßt der Priester seine Gemeinde. In einem Pontifikalamt der Zeit vor dem Konzil dauerten Choral und Polyphonie schon mindestens zwanzig bis dreißig Minuten, ehe der Bischof den Gruß sang. Darum war es – nicht so sehr der Vernunft als der einfachen Ordnung wegen – notwendig, daß die Erneuerung der Liturgie am Anfang dem Gruß den Platz gab. Doch die Neuordnung hatte ihre Nachteile. Da entdeckte manch einer sein Neuheitserlebnis, daß „Dominus vobiscum“ ein Gruß ist, und rasch übersetzte er den Gruß in die Alltagssprache und sagte „Guten Morgen, liebe Gemeinde“, ohne zu merken, daß im Sprung über die Hecke des Profanen ein Riß in sein eigenes Gewand kam. Ein Gruß ist immer situationsbedingt. Man sagt nicht am Morgen: „Guten Abend!“ Ein Kind hat dafür ein feines Ohr und reagiert mit Verwirrung, wenn es begrüßt wird mit „Auf Wiedersehen“. Ein profaner Gruß zu Beginn der heiligen Versammlung des Gottesvolkes ist nicht situationsgerecht. Er ist sogar unwahrhaftig, da er eine andere Situation vortäuscht, als sie in Wirklichkeit ist. Der Priester gibt sich wie ein Kommandeur, der seine Leute begrüßt; die Gemeinde wird als ein, wenn auch frommer Verein oder Trupp behandelt; die Feier wird auf die Ebene des Treffens herabgezogen.

„Der Herr sei mit euch!“ Man muß diesen Gruß in seinen *biblischen* Zusammenhängen hören. Boas grüßt die Schnitter auf dem Felde „Dominus vobiscum“ (Rt 2,4). Aus dem Gruß wird das Gespräch mit der Schnitterin aus der Fremde. Die Schnitterin Rut wird zur Stamm-Mutter des Erlösers.

Der Engel Gottes grüßt den Richter Gideon: „Dominus tecum" (Ri 6,12). Der Gruß weitet sich aus zum Auftrag, das Volk aus Not und Fremdherrschaft zu befreien.

Der Prophet Azarja erweitert und deutet diesen Satz: „Der Herr ist mit euch, wenn ihr mit ihm seid" (2 Chr 15,2). Es folgt eine Läuterung Israels und ein neues Bekenntnis zu Gott.

So grüßt an der Schwelle des Neuen Testamentes der Engel die Jungfrau Maria aus Nazaret: „Dominus tecum!" (Lk 1,28.) Es folgten das Einverständnis Mariens und die Ankunft des Erlösers.

Ein Netz von Beziehungen geht also vom Gruß zu Beginn der Messe aus. Der grüßende Priester nimmt die Züge des grüßenden Patriarchen, des Propheten, des Engels an. Die begrüßte Gemeinde steht ihm gegenüber als Arbeiter in der Ernte Gottes, als Kämpfer für Gott, als sich zu Gott Bekennende, – als Maria = Ecclesia. Ob man sich dessen bewußt wird?

„Der Herr sei mit euch!" Diese deutsche Fassung des Grußes enthält einen *Segenswunsch.* Das lateinische und das griechische Original enthalten zugleich die Feststellung einer *Tatsache.* Man müßte eigentlich übersetzen: „Der Herr ist mit euch." Wenigstens könnte man sagen: „Der Herr mit euch!" Dann bliebe unentschieden, ob man „sei" oder „ist" ergänzt. Der Vergleich mit dem Gruß des Engels in Nazaret macht die Sache klar. Gabriel sagt: „Dominus tecum!" Wir übersetzen: „Der Herr *ist* mit dir!" Wir denken gar nicht daran zu sagen: „Der Herr *sei* mit dir!"

Der Herr mit euch! Mit „Herr" ist Jesus Christus, der erhöhte *Kyrios,* der Sohn Gottes, gemeint. Der Gruß ist christologisch. Im Raume schwingt die Bitte: „Herr, lehre uns beten!" (Lk 11,1.) Der Priester antwortet mit der Zusicherung: „Der Herr ist mit euch, um zu beten mit euch." – Vorauf ging der Einzug. Er stellte die Ankunft des Herrn in unserer Mitte dar: „Wenn zwei oder drei in meinem Namen versammelt sind, bin ich mitten unter ihnen" (Mt 18,20). Die christliche Versammlung schart sich um Christus, und so erst wird die Versammlung Ecclesia. Diese Situation wird vom Gruß ausgesprochen.

Der Herr sei mit euch! Als der Auferstandene am Ufer des Galiläischen Sees stand und den wunderbaren Fischfang schenkte, flüsterte

Johannes dem Petrus zu: „Es ist der Herr“ (Joh 21,7). So sagt es der Priester seiner Gemeinde, da sie dem auferstandenen, gekreuzigten Herrn begegnet: „Es ist der Herr mit euch!“ Damit wird die *österliche* Dimension der heiligen Messe angezeigt. Dürfen wir dabei reichen Fischfang erwarten?

Zweite Form:
„Die Gnade unseres Herrn Jesus Christus, die Liebe Gottes des Vaters und die Gemeinschaft des Heiligen Geistes sei mit euch!“ Diese zweite Form des Grußes, zur Auswahl angeboten, entstammt dem Ende des zweiten Korintherbriefes (12,13) und bildet dort die abschließende Grußformel, die nach den Angaben der anderen paulinischen Briefe vom Apostel eigenhändig angefügt wurde.

Der zweite Korintherbrief, im Jahre 57 aus Mazedonien nach Korinth geschrieben, ist in seinem Inhalt reich an Angaben des Apostels über sein Leben und sein Werk wie auch über sein Denken und Empfinden; er ist nach Karl Prümm besonders durchgefeilt und von künstlerischen Formen griechischer Literatur geprägt. Selbst in dieser kurzen Grußformel leuchtet die Eigenart des Briefes auf. Man spürt den klingenden Rhythmus.

Gegenüber der ersten und dritten Form der Begrüßung fällt bei der zweiten vor allem ihre konsequente trinitarische Fassung auf. Gratia Christi – Caritas Dei (Patris) – Communicatio Sancti Spiritus. Nicht nur das Dreifaltigkeitsgeheimnis in sich wird ausgesprochen, sondern auch seine Beziehung zu den Menschen: Gnade, Liebe, Gemeinschaft.

Nach der kleinen Trinitatishymne des „Im Namen des Vaters“ wird nun wieder ein *Dreifaltigkeitswort* gesagt. Er weist hin auf Ende, Ziel und Zweck der gegenwärtigen Feier. Gnade, Liebe und Gemeinschaft des dreieinigen Gottes sollen mit dem Menschen hinausgehen, wenn er heimkehrt. In der heiligen Messe kommt der Christ an Quellen des dreifaltigen Lebens, hier kann er trinken und erfüllt werden und wegtragen.

Schade, daß die deutsche Übersetzung wegen des Anschlusses von Gruß und Antwort „... mit euch! Und mit deinem ...“ auf die Wiedergabe der Originalfassung „sei mit euch allen – cum omnibus vobis!" verzichten mußte. „Euch allen" gibt dem Gruß eine größere Weite, die den ausgestreckten Armen des Grüßenden entspricht. Alle Anwesenden, auch die geistig noch Abwesenden, auch die noch nicht Geöffneten, auch die dem Grüßenden vielleicht nicht Genehmen – alle sind willkommen, alle werden umfaßt. Es klingt die Einladung zum Hochzeitsmahl mit: „Ladet ein, wen immer ihr findet... und sie brachten alle, die sie fanden" (Mt 22,9.10).

Die Erwähnung der Bezogenheit Gottes zu uns wird in die drei Worte gefaßt: Gnade, Liebe, Gemeinschaft. Darin liegt ein kurzer vielsagender Hinweis auf das Wesen des Dreifaltigen: Er ist lauter Liebe, Gnade, Gemeinschaft. Dabei will Gnade – gratia – charis sprechen von der Liebenswürdigkeit, Schönheit, begeisternden Herrlichkeit Gottes; Liebe – caritas – agape von der liebevollen Hinneigung, von der erfahrbaren Güte Gottes; Gemeinschaft – vom Einswerden mit Gott in der umfassenden Einigung der Himmelsstadt (com-municatio hängt zusammen mit moenia – Mauern, innerhalb der gleichen Mauern sein). Wenn uns Christus begeistert, umfaßt uns der Vater, führt uns zum ewigen Ziel der Geist. Das gibt uns die heilige Messe. So verkündet es der Gruß.

Dritte Form:
„Gnade und Friede von Gott, unserem Vater, und dem Herrn Jesus Christus sei mit euch!" Diese dritte Form des Grußes wird im Deutschen beantwortet mit dem gewohnten „Und mit deinem Geiste!" Im Lateinischen heißt es: „Gratia vobis et pax a Deo Patre et Domino Iesu Christo", dazu die Antwort: „Benedictus Deus et Pater Domini nostri Iesu Christi". Es war sicherlich klug, die Entgegnung des Volkes im Deutschen unverändert zu belassen. Doch spricht die Fülle der Antwort „Benedictus" an und, weil ungewohnt, wird sie mehr bedacht. Der Grüßende wünscht Gnade und Frieden, der Begrüßte preist Gott, als sei der Wunsch bereits in Erfüllung gegangen. Der Begrüßende erbittet Gottes Frieden, und der Begrüßte entgegnet, als wolle er vornehm korrigieren, zuerst müsse man Gott loben und preisen.

Der Gruß „Gnade und Frieden", manchmal erweitert durch „Barmherzigkeit" oder eine andere kleine Abwandlung, ist der normale Anfang aller paulinischen Briefe und der beiden petrinischen Briefe, ist Gemeingut des christlichen Briefstils. Was soll mit „gratia et pax" gesagt sein? Der Lateiner grüßt wortkarg mit „Salutem"; er wünscht mit „salus" das Heil, das heißt die Gesundheit, und denkt dabei vielleicht auch an das Heil im religiösen Sinn. „Gratia et pax" wird am besten übersetzt vom italienischen, franziskanischen „Pace e bene – pax et bonum – Friede und Gutes!" Zuvor muß man hören: Draußen vor der Kirchtür ist allzuviel Unfriede und Böses, Durcheinander, Aufruhr, Verwirrung im allgemeinen und Mächtigkeit des Bösen im einzelnen. Nun sollen die Christen in der Kirche Frieden, Ruhe, Ordnung – und das Gute schlechthin finden.

Im Zusammenhang der neutestamentlichen Theologie will „gratia et pax" die wesentlichen Gaben Gottes wünschen. Gnade ist die Huld, die Geneigtheit, die sich uns öffnende Schönheit Gottes. Friede ist, was daraus folgt, die Ruhe und Ordnung im einzelnen Menschen, unter den Menschen und der Menschen mit Gott. Man entdeckt den feinen Unterschied: Eine gibt es, der die Gnade Gottes nicht gewünscht wird; ihr wird vielmehr gesagt, daß die Gnade unbegrenzt da ist – wenn Gabriel Maria grüßt „gratia plena – Begnadete, Gnadenvolle". Die andern hungern und warten noch. Man beachte den erheblichen Unterschied: Der profane Gruß wünscht einen guten Morgen oder ähnliches und bleibt im Alltag und im Augenblick hängen, während der liturgische und biblische Gruß sich emporschwingt, das ganze Leben überblickt und das dauernd Gute herabholt.

Der bischöfliche Gruß:

„Pax vobis – Der Friede sei mit euch!" blieb trotz allen Abbröckelns der Pontifikalriten der Gruß des Bischofs an die versammelte Gemeinde.

Der bischöfliche Gruß wurde nicht etwa als besonders bischöflich klingend ausgesucht. Hier hat sich lediglich eine andere Form erhalten, die aus Ägypten und Nordafrika über Spanien und das Frankenreich in die römische Bischofsliturgie gelangte. Ähnlich verhält es sich auch mit anderen bischöflichen Riten und Insignien; sie sind nicht bischöflich, sondern nur anders. Man sollte nicht versuchen, sie als episkopal herauszustreichen. So ist der Pileolus, das bischöfliche

Scheitelkäppchen (in der heutigen Form erst eine Erfindung des 18./19. Jahrhunderts, anstelle der früheren Kapuze), der Schutz eines jeden männlichen Mitglieds der menschlichen Gesellschaft vor der Anfälligkeit von Erkältungen infolge geringen Haarwuchses. Das Brustkreuz ist genau wie der Madonnentaler oder das Silberkreuzchen der Damen ein bürgerlicher, wenn auch echt christlicher Brustschmuck, den man nicht verbischöflichen soll, indem man ihn über dem Meßgewand anlegt und dann vor dem Altarmikrophon klappern läßt.

Der Bischof übernimmt den österlichen Gruß des Herrn: „Friede sei mit euch!" Die erste Begegnung des Auferstandenen mit seinen Aposteln wird so eröffnet (Joh 20,19). Die Einsetzung des Vergebungssakramentes wird so begonnen (Joh 20,21). Die Begnadigung des Zweiflers Tomas nimmt mit diesem Wort den Anfang (Joh 20,26).

Wenn der Bischof, ob in der Verlassenheit einer Missionsstation oder in der turbulenten lärmvollen Einsamkeit der Großstadt eine Pfarrei besucht, dann ist das ein österliches Ereignis, das man, wie einmal Johannes Hofinger meinte, mit der Ostermesse feiern sollte. So hat der Ostergruß Christi in der Messe einen inhaltlich sehr gerechtfertigten Platz.

Wenn man die eucharistische Theologie bedenkt, dann gibt das „Pax vobis" am Anfang der Messe die mystischen Dimensionen an. Man braucht nur den Text weiterzudenken: „Reich deine Hand her und lege sie in meine Seite!" (Joh 20,27.)

Die Zeremonie beim Gruß:
Der Priester breitet beim Gruß die Hände aus und faltet sie wieder.

Wenn ein Kindergartensprößling den Pfarrer bei der Liturgie beobachtet, ahmt er bewundernd das Ausbreiten der Hände des Grüssenden nach. Der Dominus-vobiscum-Ritus ist vertrautester Baustein katholischen Zeremoniells – und zugleich unbekanntes Land.

Woher kommt dieser Gestus? Was bedeutet er?

Er stammt wohl aus der antiken Rhetorik, die sehr genau in ihren Anweisungen für Haltung und Sprache war und die Pate gestanden hat bei der Entwicklung unserer Liturgie. Heute noch gehört es für den Politiker bei der Parlamentsrede wie für den Vereinsredner bei der Generalversammlung zur Selbstverständlichkeit, daß man bestimmte Sätze und Hauptsachen nicht nur mit erhobener Stimme spricht, sondern auch mit der Bewegung der Hände zu betonen hat. Man streckt die Hände dem Zuhörer entgegen. Urväterhausrat antiker Rhetorik wurde Bestandteil liturgischer Aktion.

Was diese Gestik *bedeutet*, ist damit noch nicht gesagt. Ist sie eine beginnende Umarmung, die in einem Friedensgruß die Gemeinde umfassen möchte? Auf jeden Fall ergänzen sich Wort und Gebärde. Das Wort wünscht und verkündet die Verbundenheit mit dem Herrn, die Gebärde nimmt den Herrn, um ihn den Gläubigen zu überreichen. Fast fühlt man sich an den Gestus der Darbietung erinnert, mit dem die Bilder der Dolorosa den vom Kreuz Abgenommenen der Menschheit darreichen.

Die Antwort – Der Gegengruß:
Hier stehen wir mitten in modernen Diskussionen, wenn die Entscheidung durch die Bischofskonferenzen auch längst gefallen ist. Soll die deutsche Übersetzung des „Et cum spiritu tuo" lauten: „Und mit deinem Geiste" oder „Der Herr sei mit dir"? Ein Glück, daß der lateinische Text nicht in Frage steht, sonst wäre die Verzweiflung nahe!

Die Übersetzung „Und mit deinem Geiste" wird angefochten, weil sie angeblich ein Hebraismus ist, weil sie aus Subordinationshöflichkeit kommt, als wollte man sagen: „Und auch mit Euer Hochwürden!" Der hebräische Stil verlangte statt des „mit dir" das höfliche „mit deinem Geiste". Da solch ein Ausdruck dem modernen Empfinden zuwider ist, muß eine deutsche Übersetzung einfach sagen: „Und auch mit dir!" – Diese Übersetzung ist aber musikalisch und stilistisch kaum tragbar. Sie klingt abgehackt und fast – unhöflich. Darum wird vorgeschlagen, den Segenswunsch des Priesters zu wiederholen und zu sagen: „Der Herr sei mit dir!"

Andere möchten die Übersetzung „Und mit deinem Geiste" erhalten. Man sagt, das Wort Geist sei keine hebräisierende Höflichkeitsformel, sondern gezielte Begriffsbildung. Emil Lengeling hat die Arbeiten amerikanischer Forscher vermittelt: „Geist" steht hier im Sinne des hebräischen Ruach, nicht im Sinne des hebräischen

Nephesch, im Sinne des griechischen pneuma, des lateinischen spiritus, nicht anima. Das besagt: auch mit dir, der du vom Geist erfüllt bist, sei (bzw. ist) der Herr. Es wird an den Heiligen Geist erinnert, den der Bischof, der Priester, der Diakon durch die Weihe empfangen haben. Ähnlich schreibt der Apostel Paulus an seinen Lieblingsschüler Timotheus: „Vernachlässige nicht die Gnadengabe in dir, welche dir verliehen worden ist durch die Handauflegung..." (1 Tim 4, 14). Das Wort Geist ist also nicht Höflichkeitsformel, sondern Glaubensaussage. Dem geweihten Vorsteher wird erbetet, daß die Gegenwart des Herrn ihn in der geistgewirkten Weihegnade bestärke. So faßte es die mittelalterliche und nachtridentinische Meßerklärung auf. Balthasar Fischer hat diesen Befund in die anregende Formulierung gebracht: „Et cum spiritu tuo – das kürzeste Gebet für den Priester".

Die Messe begann

Die Messe begann mit der Einzugsprozession.
Schon längst vor dem Kreuzzeichen „Im Namen des Vaters"! lag dieser Anfang. Die Einzugsprozession hat einen großen Nachkommen im Aufzug der Mannschaften bei den Olympischen Spielen oder ähnlichen Festspielen. Der Nachkomme bringt mit seiner Aufwendigkeit den Vorgänger in Verruf; man verweist auf die Einfachheit des Herrn. Darum beobachtet man da und dort in der Praxis: Platz und Sitz des Priesters ist in der ersten Bank der Gläubigen, von dort tritt er vor die Gemeinde hin, wenn es eine bestimmte Aufgabe erfordert.

Die Einzugsprozession fordert einen bestimmten *Weg* – an Feiertagen von der Sakristei durch den ganzen Kirchenraum zum Altar hin, an Sonntagen sicherlich nicht rasch von der Seite, aus dem „Kulissenraum" auf die Bühne, sondern in gemessenem, wenn auch nicht aufwendigem Zug, wenigstens durch einen Teil des Gemeinderaumes. Sie predigt von der pilgernden Kirche, die unterwegs ist zum Hause Gottes in der Herrlichkeit.

Die Einzugsprozession hat eine Hochamtsform. An der Spitze gehen die Träger des Rauchfasses, wenn sie in der Feier gebraucht werden. Es folgen der Kreuzträger mit dem Kreuz, das am Altar aufgestellt wird und als Altarkreuz dient, und neben ihm die Leuchterträger mit brennenden Kerzen. Der Vorleser oder im feierlichen Hochamt der Diakon kommt nun mit dem Evangelienbuch, das er erhoben trägt. Schließlich folgt der Priester, neben ihm ein etwaiger zweiter Diakon. Auch in ihrer Form hält die Prozession eine Predigt: Christus, der Herr, kommt, das Kreuz ist sein Zeichen, das Buch enthält sein Wort, der Priester ist seine Hand, die Lichter sagen: Er ist das Licht; der Weihrauch spricht: Ihm sei die Ehre!

Die Messe begann mit dem Einzugslied oder Einzugsgesang.
Der lateinische Introitus, das deutsche Einzugslied, der psalmodisch gestaltete Einzugsgesang, der gesprochene Einzugsvers stehen hier fast gleichberechtigt nebeneinander.

Der Introitus war einst ein großer Psalm, von Versen oder Rufen unterbrochen. So brillierte er im klassischen Zeitalter der Liturgie, ähnlich bei den Katholikentagen, beim Münchener Eucharistischen Kongreß. Seine Choralweisen sind durch nichts zu überbieten. Vergleicht man diese Hochform mit dem jetzigen Missale Romanum oder seinen landessprachlichen Nachfahren, so findet man nur noch die Angabe eines Verses. Alles andere wurde abgeschnitten. Nur die einstige „Antiphona ad introitum" blieb.

Die Operation war notwendig, weil die Hochform nur verhältnismäßig wenig sich entfalten kann. Die schlichte Tagesmesse oder das schlichte Sonntagsamt dürfen sich mit dem knappen, gehaltvollen Vers begnügen, der angibt, um was es in der gegenwärtigen Feier geht.

Doch der rudimentäre Eingangsvers droht ganz zu verdorren. Das anstelle des Verses gestattete deutsche Lied ist so mächtig, daß der Introitus daneben nicht bestehen kann. Den Vorsteher der Gemeinde drängt es, ein Grußwort zu sagen, darum läßt er den Eröffnungsvers beiseite. Viele Gemeinden kennen ihn nicht mehr. Er erfüllt aber eine wahre Aufgabe, wenn er dem oft etwas wässerigen Wort des Zelebranten Kraft und Würze gibt oder wenn man an ihm erkennt, weshalb wir der Buße und Vergebung bedürfen.

Man sollte im lateinischen Hochamt den immer noch legitimen alten Introitus, oft erweitert durch den Psalm, singen. Das muttersprachliche Hochamt sollte den Introitus pflegen durch die im „Gotteslob“ angebotenen Psalmenlieder oder psalmodischen Gesänge, die den Text des Introitus enthalten. Jede Meßfeier mit Liedern sollte das dem Introitus entsprechende Lied suchen.

Wenn die muttersprachliche Meßfeier kein dem Introitus entsprechendes Lied findet oder überhaupt nicht singt, darf sie den Introitus nicht beiseite schieben; sie muß ihn wenigstens sprechen.

So wird der Introitus zum Leitgedanken für unseren Weg zum Altar und für das Innehalten zu Beginn der Feier. Leitgedanke oder Motiv heißt in der italienischen Musiksprache „Motto“ oder „Motteto“. Der Roman, die Abhandlung, das literarische Werk der klassischen Ära wird eröffnet von einem Motto. Friedrich Schillers „Glocke“ trägt als Motto die Glockeninschrift „Vivos voco, mortuos plango, fulgura frango“. Dadurch wird deklariert, daß das Epos nicht ein Gedicht über den Glockenguß, sondern eine Meditation über das Leben ist. – Die drei weihnachtlichen Feiern haben als „Motto“-Introitus: 1. „Der Herr sprach zu mir: Mein Sohn bist du“, 2. „Ein Licht strahlt ... geboren ist uns der Herr ... Gott, Friedensfürst“, 3. „Ein Kind ist uns geboren, ein Sohn ist uns geschenkt. Auf seinen Schultern ruht die Herrschaft“. Diese drei Leitworte sind eins in der Aussage, daß das Kind von Betlehem Gott ist. Jede Feier seiner Geburt will den ehren, der Gottes Sohn ist. Das war seit Nizäa der Inhalt der Weihnachtsfeier. – Das Thema der Epiphanie, des Gottesbesuches bei der Menschheit, wird schon beim Introitus angegeben: Seht gekommen ist der Herrscher, der Herr!

Noch immer bleibt die Frage: Was soll das Motto, der Leitgedanke des Introitus? Viele Menschen leiden unter der Wirrnis der Eindrücke, die unsere Zeit bietet. Schon Gregor der Große klagt im Embolismus nach dem Vaterunser, Gott möge die Verwirrung hinwegnehmen. Man sucht nach Leitplanken. Man hält Ausschau nach Wegweisern. Der Introitus hilft bei der heiligen Messe, indem er dem Sonntag eine Leitidee, ein Leitgebet gibt. Dadurch übt er eine schulende Kraft aus. Wir lernen Gedanken und Einsichten, Themen und Eindrücke zu ordnen. Ein Fortschritt in der Fähigkeit zu ordnen, tut unserer Predigt und unserer gesamten Kommunikation gut.

Die Messe begann mit Ehrenbezeigungen vor dem Altar.
Erste Reverenz ist die *Verneigung* oder die *Kniebeuge,* die dann gefordert ist, wenn sich das Allerheiligste Sakrament im Altarraum befindet.

Die Kniebeuge will zunächst einmal besagen: Ich mache mich klein, ich erniedrige mich. Das geschieht aus Liebe. Der junge Vater kniet sich auf den Boden, um mit seinem kleinen Sohn zu spielen, er begibt sich in das Kind- und Kleinsein hinein, um es zu erfreuen, um es mehr und mehr zu lenken und emporzulenken. So ist die Kniebeuge eine Darstellung dessen, was Gott zu uns hin tat, als er „sich entäußerte und Knechtsgestalt annahm – er erniedrigte sich" (Phil 2,7.8). In der Kniebeuge wird der Mensch klein aus Ehrfurcht vor dem großen Gott: „Im Namen Jesu sollen sich beugen alle Knie" (Phil 2,10). Das eigene Kleinsein wird noch unterstrichen und gesteigert. So duckt sich das Tier vor dem herrischen Menschen. So wirft sich der Besiegte alter Zeiten vor dem Sieger nieder. Dabei wird eine völlige Unterwerfung ausgesprochen: Du kannst mich zertreten. Zahllos sind die Wendungen in der Heiligen Schrift: Den Staub lekken, den Kopf zertreten ...

Diese große Form des Sich-nieder-Werfens, die Prostratio, bleibt im Frühmittelalter als Begrüßung Gottes in seinem Haus. Sie erhält sich bis heute am Karfreitag, bei den heiligen Weihen, bei der Ordensprofeß. – Dann erdenkt man sich Erleichterungen: Dem Papst wird bei der Prostratio Halt geschafft durch das Faldistorium, den Vorgänger des Betschemels; der Bischof kniet nieder auf einem Kissen an den Altarstufen; die orientalischen Riten wandeln die Prostratio um in eine Verneigung, bei der die Hand versucht, den Boden zu erreichen. Viele Miniaturen haben die Formen der Kniebeuge geschildert. Man spürt ihre Sinnwelt: Ehrfurcht und Liebe.

Zweite Reverenz ist der *Altarkuß.* Er gehört zu den unbeliebten Zeremonien. Seine Unbeliebtheit kann echte Gründe haben. Die japanische Bischofskonferenz hatte schon vor der konziliaren Liturgieerneuerung die Genehmigung erhalten, daß der Altarkuß ersetzt werde durch die Berührung des Altares mit der Stirn. Grund ist, daß der Landessitte ein Kuß in der Öffentlichkeit völlig unbekannt ist.

Man sagt nun, der Altarkuß müsse aus ähnlichen Gründen auch hierzulande abgeschafft werden – und viele handeln so. Doch zeigt ein flüchtiger Blick auf die Straße, daß der Kuß heute so öffentlich ausgetauscht wird wie früher nur auf einem italienischen Bahnhof vor Abfahrt eines Fernschnellzuges. Bei großen Empfängen spart man nicht mit dem Handkuß. Sollte es dann zuviel sein, das Heilige mit dem Kuß zu ehren?

Der Kuß bezeugt zunächst die Ehrfurcht. Er kommt aus der gleichen Haltung, die Origenes von seinem Vater, dem späteren Märtyrer Leonides, berichtet: Mit einem Kuß auf die Brust seines kleinen Sohnes begrüßte er den durch die Taufgnade innenwohnenden Heiligen Geist.

Der Kuß spricht auch von der ehrfürchtigen Liebe. Der Altar weist auf Christus hin. Denn der einzige Altar des Christentums ist Christus, der unser Opfer, Priester und Altar ist. Der Altar unseres Gottesdienstes dient nur als Hinweis auf den eigentlichen Altar, auf Christus. Der Kuß meint also den Herrn, dem Ehrfurcht und Liebe erzeigt werden wollen. Da sollte die Frage nach der Berechtigung des Altarkusses nicht mehr gestellt werden.

Allerdings wird gerade jetzt der Kuß, der Christus meint, aufregend. In der Planung des Verrates sagt Judas: „Den ich küssen werde...“, in der Ausführung heißt es: „... und er küßte ihn“ (Mt 26,48.49; Mk 14,44.45). Der Herr tadelt: „Mit einem Kusse verrätst du den Menschensohn“ (Lk 22,48). Jeden Altarkuß warnen diese Verse.

Im Haus des Pharisäers Simon beklagt sich Christus: „... du hast mir keinen Kuß gegeben!“ Dagegen küßt die Sünderin die Füße des Herrn und salbt sie (Lk 7,37–40). Ehe man den Altarkuß abschafft, sollte man diese Stelle noch einmal aufschlagen.

Dritte Reverenz ist die *Inzensation* des Altars. Darf man hier an die Weisen aus dem Morgenland denken? Sie bringen nach der Ankunft des Gottessohnes in Betlehem unter ihren Gaben auch den Weihrauch (Mt 2,12) – und hier am Altar geschieht eine neue Ankunft des Herrn.

Darf man sich an die Salbung in Betanien erinnern? „Das ganze

Haus wurde vom Duft erfüllt" (Joh 12,3) – und hier wird ebenfalls ein Gastmahl bereitet für die Freunde des Herrn, darunter der, den er vom Tode auferweckt hat.

Darf man die Tempelweihe Salomos nachlesen? (2 Chr 7,1.2): Der Herr kam in der lichten Wolke und erfüllte das ganze Haus.

Wichtiger ist die Erinnerung an den zweiten Korintherbrief (2,14): „Wir sind der köstliche Duft Christi", und an die Mahnrede an die Weihekandidaten im früheren Pontificale Romanum (De ord. Presb., Admon.): „Die Frische unseres Lebens sei Erquickung für die Kirche Christi!" Im Gegensatz dazu betete der Taufritus des alten Rituale Romanum: „Der Täufling möge frei bleiben von allem Pesthauch der bösen Begierden." Gewiß, diese Bilder erscheinen unzeitgemäß. Aber spricht man nicht heute vom Smog über den Großstädten, vom Bleigehalt der Luft, vom schlechten Klima eines Betriebes?

Die Messe begann, indem der Priester seinen Sitz einnahm.
Der Priestersitz ist gemeint, von dem die Anweisungen der Institutio Generalis des Missale sagen: Die Sedes des Priesters soll so aufgestellt werden, daß alle sie sehen und alle erkennen können, daß hier der Vorsitz der gottesdienstlichen Versammlung geführt wird. – Ein solcher Priestersitz darf nicht einer Bischofskathedra gleichen. Andererseits ist nicht ein Platz in der ersten Bank der Gläubigen gemeint. Die Sedilien in Altarnähe sind keine sedes sacerdotis, der den Vorsitz der heiligen Feier führt. Ein Chorstuhl, eine Chorbank, ein schöner Sessel bieten nicht notwendig das Bild eines Vorsitzendenstuhles. Der Sitz des Papstes am Altar von St. Peter seit den Konzilstagen ist trotz seiner Einfachheit mehr Kathedra, mehr Vorsitz als der frühere übliche Thron, der vor der Westapsis aufgestellt wurde. Wer sich bemüht, die Anweisung zu erfüllen: „sichtbar und als Vorsitz zu erkennen", findet die richtige Form des Priestersitzes.

Man schlägt den lukanischen Bericht von der Predigt Jesu in der Synagoge auf: „Als er das Buch zusammengerollt hatte, gab er es dem Diener zurück und setzte sich, alle Augen in der Synagoge waren auf ihn gerichtet" (Lk 4,20). Etwas von der erregenden Bedeutsamkeit dieses „Er setzte sich" liegt über dem Priestersitz in der Messe.

Eine Parallele bietet der Beginn der Bergpredigt. „Als er die

Volksscharen sah, stieg er auf einen Berg, und als er sich gesetzt hatte, traten seine Jünger zu ihm, und er tat seinen Mund auf und lehrte sie" (Mt 5,1).

Schon in der Jugendgeschichte Jesu steht: „Da fanden sie ihn im Tempel, wie er unter den Lehrern saß" (Lk 2,46), und im schmerzlichen Rückblick bei der Verhaftung: „Täglich saß ich im Tempel und lehrte" (Mt 26,55).

Wer als Priester in der ersten Gläubigenbank sitzt, verstößt nicht so sehr gegen die „Rubrik", sondern gegen sein Selbstverständnis. Welcher Inhaber eines Universitätslehrstuhles setzt sich unter seine Zuhörer?

Die Messe beginnt, kann beginnen mit einem einleitenden Wort. Priester oder Diakon sprechen es. – Diese Möglichkeit war gedacht als Angabe eines Platzes für berechtigte Mitteilungen über Form und Inhalt der heiligen Feier. Der Priester braucht dem staunenden Volk kaum noch zu versichern, daß heute Weihnachten ist. Wohl aber sind die Ziffer des Sonntages, der Platz und die Nummern im Gebetbuch, der besondere Charakter des Festes oder Sonntages, ein Segenswunsch für die heilige Messe erwünscht. Ist der Introitus noch nicht verwendet worden, dann mag seine Lesung hier erfolgen. Das Ganze dauert, wenn man überhaupt von der Möglichkeit Gebrauch macht, zwei Minuten.

Freundlich ist der Mißwuchs, wenn jemand an dieser Stelle seine Predigt hält, die er vielleicht dem gesamten Meßformular widmet. Allerdings – auch Unkraut kann schön aussehen. Manchmal kann man das Gerede im Stil des Rundfunkansagers kaum ertragen. Gäbe es noch eine Kapuzinerpredigt im Sinne von Abraham a S. Clara, sie würde den Eröffnungsrednern prophezeien, daß sie vor der Himmelstür zuerst hundertmal die Tonbänder ihrer mißratenen Produkte anhören müssen.

„Brevibus verbis!" Dann versieht das Einleitungswort seinen Dienst.

Der Bußakt

Die Ahnen

Der Bußakt nennt als seinen Urahn die große Prostratio zu Beginn der päpstlichen Messe des Frühmittelalters. Er fügt aus fränkischem Formgefühl zum Tun das Wort: das Schuldbekenntnis. Diese Selbstanklage wird im hohen Mittelalter zum Confiteor, das dem gegenwärtigen ähnlich ist. Spätgotische Zeit parallelisiert und rhythmisiert diesen Text und macht ihn zu dem großen Confiteor, das Joseph Könn einmal ein Bild des himmlischen Gerichtshofes nannte. In manchen Orden und Orten hat man einst in das Confiteor wirkliche Beichten eingefügt. Man hat die ursprünglichen Absolutionstexte Misereatur und Indulgentiam gelegentlich als wirklichen Lossprechungsakt aufgefaßt. Dieser Wachstumsprozeß zeigt, wie lebendig der Bußakt war, wie sehr er als passend und notwendig empfunden wurde.

Der Bußakt blieb ein Beten unter der verhüllenden Wolke des Introitusgesanges. Erst der liturgischen Bewegung und der Gemeinschaftsmesse blieb es vorbehalten, ihn in das Rampenlicht gemeinsamen Betens von Priester und Gemeinde zu ziehen. Das hielt nicht lange. Denn die bischöflichen Richtlinien von 1942 hüllten ihn wieder in Halbstille des Wechselgebetes zwischen Priester und Ministranten.

Nun kam das Zweite Vatikanum. Die deutschsprachigen Konzilsväter und Konzilsberater trugen nachdrücklich das Anliegen vor, in die Messe gehöre ein vernehmlicher, deutlicher Bußakt. Französisch sprechende Liturgiker scherzten in dem dem Konzil eigenen Klima der Brüderlichkeit: Natürlich, ihr Deutschen habt es sehr nötig, Bußakte zu tun, aber wir anderen ...! Der Bußakt wurde beschlossen und verfügt; die ersten, die ihn problematisch nannten, waren die Deutschen.

Ein Bußakt befand sich immer an der Schwelle der heiligen Messe. Ohne Bußakt, hier oder dort im Verlauf der Feier, geht es einfach nicht. Gleich vier Formulare werden für den Bußakt angeboten. Die Einleitung kann der Priester selbst formulieren. Hier wäre zu wiederholen, was zum Mißruhm der Redseligkeit gesagt wurde. Auf jeden Fall folgt der Admonitio zum Bußakt eine kleine Weile der Stille. Sie ist unentbehrlich. Sonst wären vorhergehende Worte wie „prüfen wir uns selbst“, „wollen wir uns besinnen“ unwahrhaftig.

Aspersio und Tauferinnerung

Unter den eigentlichen Bußakten ist sicherlich der schönste die sonntägliche *Aspersio.* Sie ist Tauferinnerung und Bußakt, sie ist Waschung und Läuterung, zugleich Erquickung und Rettung durch das Wasser. Hier verbindet sich der Meßritus mit der sonntäglichen Vesper, die den 113. Psalm, das Lob aus der Flut, singt. Hier fügen sich zusammen Gründonnerstag und Ostern, Taufe und Eucharistie, Fußwaschung und Abendmahl. – Text und Gesang stehen leider nur im Anhang des neuen Missale; im „Gotteslob“ fast unauffindbar.

Der Priester segnet das Wasser, dann stimmt er an: „Asperge me“ bzw. „Vidi aquam“. Während der Chor Antiphon und Psalm singt, durchschreitet der Zelebrant den Gläubigenraum, oder er geht wenigstens bis an dessen Anfang und besprengt die Gemeinde mit dem eben gesegneten Wasser. An den Priestersitz zurückgekehrt, singt er das dargebotene Abschlußgebet.

Im Vorhof der antiken Basilika steht ein Brunnen. Wer kennt nicht St. Peters rauschende Brunnen im Rahmen der Kolonnaden Berninis? Der Brunnen war kein Zierat. Man wusch sich hier das Gesicht und die Hände. Ein alter griechischer Kirchbrunnen mahnt: „Nipson anamemata, me manan opsin – Wasche deine Sünden ab, nicht nur das Gesicht!“ Das Weihwasserbecken von St. Paul vor den Mauern zeigt einen Engel, der mit Weihwasser den Teufel vertreibt. – Wer keinen Brunnen vorfand, wer daheim keinen Wasserkrug hatte, hauchte in seine Hände und barg dann sein Gesicht in die feuchten Hände; wenigstens eine rudimentäre Waschung wollte er vollziehen. Zugleich wollte er sich erinnern, daß wir nur durch den Gotteshauch, den Heiligen Geist, geläutert werden können. Brunnen und Wasser weisen auf Taufbecken und Taufwasser hin, wo der Mensch von der Erbsünde befreit wird. Das Wasser erinnert an das Rote Meer, in dem das Volk Israel gerettet, seine Feinde vernichtet wurden. – Kein anderer Bußakt schließt solche Gedankenverbindungen auf. Darum gehört die Aspersio mindestens in das sonntägliche Amt.

Der Gesang „Asperge“ enthält Verse des 51. (50.) Psalmes, den

David als Reuegebet sprach. Was heißt: „Entsündige mich mit Ysop"? Man nimmt den an allen Gemäuern wachsenden Ysopstengel, taucht ihn in Wasser und besprengt sich damit; denn man muß mit dem Wasser sparsam umgehen, und man darf es nicht für die später Kommenden verunreinigen. – Aber nicht das Wasser wäscht uns rein, sondern Gott. Darum leuchtet der entsündigte Mensch heller als Schnee. Menschensitte und Naturbeobachtung werden zum Gleichnis für das Gottesvolk und die Seele des Menschen.

„Vidi aquam", der Gesang in der österlichen Zeit enthält einen Text des Propheten Ezechiel. Der Seher schaut einen Wasserstrom, der aus der rechten Seite des Tempels hervorquillt und das ganze Land überflutet. Der christliche Deuter denkt an das Wasser und Blut, die aus dem Tempel des neuen Bundes, aus dem Herzen des Gekreuzigten, flossen und der Welt die Rettung brachten.

Confiteor

Die gebräuchlichste Form des Gebetes zum Bußakt ist das *Confiteor*. In der Weile der Besinnung wurden wir uns wieder dessen bewußt, daß wir arme Sünder sind. Wir stellen uns dem Gericht. Der Gerichtshof wird gebildet vom ewigen Richter Gott und von unseren Mitmenschen. Die deutsche Übersetzung sagt zu sorgsam: „allen Brüdern und Schwestern", während der lateinische Text nur von „fratres" spricht. Die deutsche Sprache hat leider das Bewußtsein verloren, daß „Brüder" auch die „Schwestern" meint. Wir sprechen ja von Bruderliebe und schließen natürlich die schwesterliche Liebe nicht aus; andererseits sagen wir „Geschwister", auch wenn es sich um „Gebrüder" handelt.

Vor dem Gericht Gottes und der Menschen bekennen wir uns schuldig. Die Schuld ist nicht nur das Menschlichste am Menschen, sondern auch das Individuellste am Individuum. Darum blieb es bei: „Ich bekenne... daß ich gesündigt...“; das Glaubensbekenntnis schaltete auf „wir" um. Doch bleibt ein Rest unguten Gefühls, wenn wir zu vielen sprechen: „Ich bekenne, daß ich..." Oder sollen wir sagen: „Wir bekennen, daß wir...“? Vielleicht ist es gut so, daß die Dissonanz stehenbleibt und zum Nachdenken zwingt. Sie zwingt, daß man mitten im gemeinsamen Vollzug, der verschleiernd wirken und Anonymität schaffen kann, um so bewußter betet: „Ich bekenne... daß ich..." Das betonte Ich im Gemeinschaftsgebet öffnet andererseits die Sicht dafür, daß wir in der persönlichen Schuld nicht nur das eigene Herz, sondern auch die Gemeinschaft verwunden und der Kirche schaden.

Vor dem Gerichtshof Gottes und vor den Menschen bekennen wir – ich, daß ich viel gesündigt habe. Viel! Eigentlich muß es heißen „allzuviel – nimis". Gemessen an der Gnade Gottes, an der Not der Brüder, an der Aufgabe des einzelnen, ist jede Schuld zuviel. Die größte Schuld wäre, wenn man sagte: „Ich sehe keine Schuld, ich weiß nicht, was ich bekennen soll." Dann kommt zur Schuld auch noch die Uneinsichtigkeit.

Der deutsche Übersetzer hat mit einem Kunstgriff „nimis" und „omissione" zusammengefügt zu dem ersten bekennenden Satz: „daß ich Gutes unterlassen und Böses getan habe". Dadurch hat die Unterlassung des Guten mehr Gewicht bekommen und das „allzuviel" wurde noch deutlicher.

Gutes unterlassen: Hier liegt unsere häufigste Verschuldung, daß wir versäumten, nichts taten, wo wir handeln und helfen mußten, daß wir das Gute zu Boden fallen ließen – unterlassen haben. Wir waren wie der Priester und Levit; sie ließen den Mann, der unter die Räuber gefallen war, liegen (Lk 10,30–37). Wir waren wie die Törichten, die kein Öl für die Lampen mitnahmen (Mt 25,3). Wir sind wie der faule, unnütze Knecht, der das Gut seines Herrn in seinem Taschentuch verwahrte (Lk 19,20), in seinem Acker vergrub (Mt 25,25). Wir sind wie der Pharisäer Simon, der nichts getan, aber vieles unterlassen hat: er gab dem Herrn kein Wasser, keinen Willkommenskuß, kein Salböl – keine Liebe (Lk 7,36–50). Der Unterlassende empfängt weniger Vergebung und Erbarmung als der reuige Sünder, der Schuld getan hat (Lk 7,47).

Gesündigt in Gedanken. „Was denkt ihr in eurem Herzen?" sagt Christus zu den Schriftgelehrten und Pharisäern angesichts des Gelähmten, der durchs Dach zu ihm herabgelassen worden war (Lk 5,22). Er kannte ihre Gedanken (Lk 5,22; Mk 2,8). Er wußte, was im Menschen war (Joh 2,25). Er klagt über die Pharisäer. „Ihr reinigt das Äußere des Bechers und der Schüssel; euer Inneres ist voll Raub und Bosheit" (Lk 11,39). Er sieht das Gute der Gedanken: „Da du unter dem Feigenbaum warst, ehe Philippus dich rief, habe ich dich gesehen" (Joh 1,48). – Das volkstümliche Wort sagt: „Ich war ganz in Gedanken!" Die Gedanken sind die Proben zur Tat. In den Gedanken verliert sich das Ich, aus den Gedanken muß sich das Ich herausreißen.

In Worten! Sogleich tritt der Apostel Jakobus auf: „Wer in Worten nicht fehlt, der ist ein vollkommener Mensch, fähig, auch den ganzen Leib im Zaume zu halten ... Die Zunge ist ein Feuer, eine Welt von Ungerechtigkeit. Die Zunge ist unter unsern Gliedern das Organ, das den ganzen Leib befleckt und das Lebensrad in Brand steckt, sie, die selbst von der Hölle ihr Feuer empfängt ... Die Zunge kann kein Mensch bändigen ... Mit ihr preisen wir den Herrn und Vater, und mit ihr verfluchen wir die Menschen ... aus demselben Mund geht Segen und Fluch hervor" (Jak 3,2–10). – Augustinus steigert: „Ihr habt ihn getötet mit dem Schwert der Zunge, als ihr gerufen: Kreuziget ihn, kreuziget ihn!" Beim Abschluß der Tauffeier werden Ohren und Mund des Menschen angerührt, so wie Christus Lippen und Ohren der Taubstummen angerührt hat. Ohr und Wort des Menschen sollen geöffnet sein, Gott zu preisen und das Gute zu sprechen. Auch hier gilt: Das schlimmste sind noch nicht einmal die bösen Worte, die wir sprechen, sondern die guten Worte, die wir nicht sprechen.

In Werken! „Er wird einem jeden vergelten nach seinen Werken" (Mt 16,27). Und dann wird das Feuer offenbar machen, was unser Werk war (1 Kor 3,13), denn ihre Werke folgen ihnen nach (Offb 14,13). Das Werk ist entscheidend auch für das, was im Menschen ist. Von den zwei Söhnen ist der eine dem Vater lieb, der zwar zuerst sagt: Ich mag nicht, dann aber doch hingeht und im Weinberg arbeitet. Er ist wertvoller als der andere, der zwar: Ja, ja! sagt, aber dann doch nicht geht und arbeitet (Mt 21,28–31).

Durch meine Schuld! Schuld ist immer stolz: Ich weiß es besser, mir kann nichts passieren, ich werde schon ... Schuld ist Ichverhaftung. Nur einer öffnet dieses Gefängnis: „Da krähte der Hahn. Da wandte sich der Herr um und sah Petrus an. Jetzt erinnerte sich Petrus ... und er ging hinaus und weinte bitterlich" (Lk 22,62).

„Durch meine Schuld" kann nur sagen, wen der Herr angesehen hat. Dann wird jede Schuld zur „felix culpa", wenn sie Christi Auge auf sich sieht. Als Jesus zum drittenmal fragte: „Liebst du mich?", sagte Petrus: „Herr, du weißt alles, du weißt auch, daß ich dich liebe" (Joh 21,17). Petrus sagt nicht „durch meine Schuld", sondern „du weißt alles". Er sieht die Schuld mit den Augen seines Herrn an, nicht mit psychologischer Erklärung und Verständlichmachung. Das Wissen des Herrn: „Du weißt auch, daß ich dich liebe", bringt die Begnadigung. Wenn die Liebe auch so klein ist wie ein Senfkorn, sie wird den Berg der Schuld versetzen.

Vor dem Gerichtshof Gottes sehen wir neben der richterlichen Majestät unsere Anwälte. Wir wenden uns an die, zu der das Salve-Regina singt „advocata nostra". Ich bitte die selige Jungfrau Maria (lateinisch heißt es: die selige Maria, die Jungfrau allzeit – beatam Mariam semper virginem; das griechische Vorbild ist noch kräftiger: aeiparthenos!). Wir bitten alle Engel, wir bitten die Heiligen, die mit dem Herrn zum Gericht kommen und auf richterlichen Thronen sitzen (Lk 22,30). Wir wenden uns an unsere gefährlichsten Ankläger und Richter, die Mitangeklagten – unsere Brüder und Schwestern: Für uns zu beten bei Gott, unserem Herrn.

Kein Wort steht im gesamten Text von Christus. Doch das letzte Wort „zu beten bei Gott, unserem Herrn – orare pro me ad Dominum Deum nostrum" erinnert an Tomas: „Mein Herr und mein Gott!" (Joh 20,28). Wir stehen also vor Christus, dem Gekreuzigten und Auferstandenen. Wir sprechen den gesamten Text des Confiteors auf ihn hin, der Richter ist und zugleich seine Wunden zeigt. Unter unseren Brüdern steht auch, der uns Bruder geworden ist, der in allem den Brüdern ähnlich sein wollte (Hebr 2,17), der sich nicht schämt, uns Brüder zu nennen (Hebr 2,11) – Christus. Er aber „lebt allezeit, um als Fürbitter für uns einzutreten" (Hebr 7,25). Wenn wir ihm sagen: Orare pro me! sind wir der Vergebung sicher.

Darum kann der gesamte Text Confiteor heißen und mit Confiteor beginnen. Confiteri heißt nicht nur bekennen im Sinne von gestehen, sondern auch im Sinne von preisen. Denn fari bedeutet sprechen, fateri eindringlich sprechen, confiteri mit jemand und von jemand kräftig sprechen. Daher kann es die Bedeutung von preisen und eingestehen annehmen; der Doppelsinn schillert fast jedesmal, wenn wir das Wort benutzen. Die „Confessiones“ des hl. Augustinus sind gleichzeitig Bekenntnisse und Lobpreisungen, Schuldbekenntnisse und Gnadenbekenntnisse. So steht das Wort auch in der heiligen Messe: Die Lobpreisung ist notwendig, weil die Schuld so groß ist. Das Schuldbekenntnis ist erforderlich, weil die Lobpreisung verwelkte.

Das Confiteor des Bußaktes macht uns fähig, das Confiteor Jesu Christi zu vernehmen. „Confiteor – ich preise dich, Vater, Herr des Himmels und der Erde, daß du dieses vor Weisen und Klugen verborgen, Kleinen aber geoffenbart hast ... Kommt alle zu mir, die ihr mühselig und beladen seid, und ich will euch erquicken. Nehmt mein Joch auf euch ... ihr werdet Ruhe finden für eure Seelen. Denn mein Joch ist sanft, und meine Bürde ist leicht“ (Mt 11,25–30).

An die Brust klopfen

Im Confiteor *schlägt man an die Brust.* Ist das unzeitgemäß? Der eine Politiker fordert den anderen auf, er solle wegen seiner Mißgriffe an die Brust schlagen. Die sprichwörtliche Redensart ist immer noch lebendig. – Die ärztliche Untersuchung eines Menschen verlangt, daß der Arzt an die Brust des Klienten klopft, um die inneren Organe abzuhören. Der Vergleich mit der Medizin kann den zeichenhaften Gestus der Liturgie verständlich machen: Es geht um die Gesundung der Seele! – Nach dem Bericht über den Tod Jesu heißt es: „All die Volksscharen, die zu diesem Schauspiel zusammengekommen waren und die Ereignisse sahen, schlugen an die Brust“ (Lk 23,48). In der Messe feiern wir den Tod des Herrn! – Das Gleichnis sagt: „Der Zöllner schlug an seine Brust und sprach: Herr, sei mir Sünder gnädig! Ich sage euch, dieser ging gerechtfertigt nach Hause“ (Lk 18,13). Hier geht es darum, daß wir gerechtfertigt werden.

Andere Bußaktformen

Die kürzeste Form des Gebets zum Bußakt ist: „Erbarme dich, Herr, unser Gott, erbarme dich!“

Die Ursprünge der ersten zwei Versikel liegen wohl in der viel wuchtigeren Fastenantiphon aus Joel 2,17: Parce, Domine, parce populo tuo, quia peccavimus tibi – Schone, Herr, schone. – Die letzten Versikel geben den 7. Vers aus dem zu Advent und Heimsuchung verwendeten Psalm 85 (84) wieder; die anderen Aussagen schwingen mit: „Sein Heil ist nahe ... Es begegnen einander Huld und Treue, Gerechtigkeit und Frieden küssen sich ... Heil folgt der Spur seiner Schritte." Advent, Heimsuchung geschieht in der heiligen Messe. – Der kürzeste Bußakt bedarf, um sinnvoll zu bleiben, einer besonders eindringlichen Stille zur Besinnung.

Die *vierte* Form des Gebets zum Bußakt ist die problematischste und zugleich innigste, ist die klarste und zugleich undurchsichtigste. Sie zieht das „Kyrie, eleison" in den Bußakt und verfremdet es dadurch. Im Zusammenhang mit dem Kyrie müssen wir uns Gedanken über diesen Bußakt machen. Für den Augenblick fragen wir nach dem im Meßbuch vorliegenden Text.

Für seine Form haben die mittelalterlichen Kyrie-Tropen Pate gestanden. Die klösterlichen und stiftischen Sangesmeister suchten nach Hilfen für die Einstudierung der weit ausladenden Kyriemelodien. Da unterlegten sie die einzelnen Noten mit Worten, zum Beispiel: Kyrie, fons bonitatis, eleison. Davon stammen die Namen der Kyrieweisen, die bisher noch im Graduale verzeichnet sind. Einem ähnlichen pädagogischen Vorgang verdankt die Sequenz ihre Entstehung.

Nach dem Vorbild der Tropen wird der Herr angeredet: „Herr Jesus Christus, du bist vom Vater gesandt, zu heilen, was verwundet ist: Herr, erbarme dich. – Du bist gekommen, die Sünder zu berufen: Christus, erbarme dich. – Du bist zum Vater heimgekehrt, um für uns einzutreten: Herr, erbarme dich." Dabei steht die Anweisung: Die nachstehenden Anrufungen sind als Beispiele zu verstehen. Sie werden immer mit einem Kyrie eleison beantwortet. Die Zusammensetzung solcher Anrufungen verlangt die Besinnung darauf, was Tag oder Fest von der Barmherzigkeit des Herrn und von seiner Huld für den Sünder aussagen. Sie verlangt andererseits die sorgsame Beachtung des Charakters des Kyrierufes, der keine Klage ist, sondern eine Lobpreisung bleibt. Daher sind Schilderungen der Erbarmungswürdigkeit der Menschen und seiner Not in diesen Anrufungen weniger angebracht.

Beim angegebenen Text spricht der erste Vers von der Sendung

Christi, zu heilen, was verwundet ist. Hier wird die Predigt Jesu in der Synagoge von Nazaret nach der großen Prophetenlesung aus Jesaja zitiert (Lk 4, 18 ff). – Der zweite Vers stammt aus dem Bericht über die Berufung des Mattäus, wo es heißt: „Ich bin nicht gekommen, Gerechte zu berufen, sondern Sünder" (Mt 9, 13 b). – Der dritte Vers kommt aus den Abschiedsreden Jesu (Joh 16, 28).

Vergebungsbitte

Des Bußaktes letztes Glied ist die *Bitte um Vergebung*. Es dürfte wohl geklärt sein, daß es sich hier nicht um eine Lossprechung im Sinne des Bußsakramentes handelt. Es dürfte auch bekannt sein, daß die beiden Texte: „Der allmächtige Gott erbarme sich unser" und „Nachlaß, Vergebung und Verzeihung" bis jetzt einen Platz in der Eröffnung der sakramentalen Absolution hatten und daß sie im ersten Jahrtausend der Kirchengeschichte zu den Formeln gehörten, mit denen die Lossprechung erteilt wurde. Sie sind sowohl als priesterliche und – sofern Misereatur vom Diakon oder Ministrant gesprochen wurde – als nichtpriesterliche Vergebungsfürbitte an das Confiteor angeschlossen worden.

Der Priester betet: „Der allmächtige Gott erbarme sich unser. Er lasse uns die Sünden nach und führe uns zum ewigen Leben."

Dem Erbarmen folgt die Vergebung, der Vergebung folgt der Weg zum ewigen Leben. Vielleicht dachte man bei „ewigem Leben" auch an das Lebensbrot, an die heilige Eucharistie. Das sind auch die Schritte menschlicher Versöhnung: Mitleidige Liebe – Verzeihung und Vergebung – gemeinsamer Weg zum ewigen Leben. Der eine Schritt bedingt den anderen.

Wenn man das Gebet christologisch interpretiert, hört man die Schriftworte: „Er erbarmte sich des Volkes, denn sie waren wie Schafe, die keinen Hirten haben" (Mk 6, 34). – „Jesus sprach: Mich erbarmt des Volkes, denn ... sie haben nichts zu essen" (Mt 15, 32). In beiden Fällen geht das Erbarmen der Brotvermehrung voraus. Jesu Erbarmen öffnet uns die Eucharistie. Darum geht es.

Das zweite, zur Abwechslung angebrachte Gebet lautet: „Nachlaß, Vergebung und Verzeihung unserer Sünden gewähre uns der allmächtige und barmherzige Herr." Die ersten Worte zeigen einen

Pleonasmus, der in drei Ausdrücken das gleiche sagt. Doch 1. „Nachlassung“ ist ein mehr handelsrechtlicher Akt im Bereich von Zahlung und Schuldigbleiben. Es geht also um eine alles umfassende restlose Versöhnung. Die Versöhnung mit Gott beruht aber nicht auf Ansprüchen, sie ist nicht einklagbar; sie fließt aus der Barmherzigkeit und Allmacht Gottes. – 2. „Vergebung“ ist ein mehr persönlicher Akt im Bereich von Mensch zu Mensch. – 3. „Verzeihung“ ist ein richterlicher Akt im Bereich der Autorität.

Das dritte Gebet sagt: „Der Herr erbarme sich unser, er nehme von uns Sünde und Schuld, damit wir mit reinem Herzen diese Feier begehen.“ Hier finden wir einen Text, der im alten Missale nach dem Stufengebet und bei der Ankunft am Altar stand. Der Text war noch erweitert durch die Erwähnung der „Sancta sanctorum“, vermutlich der so betitelten Päpstlichen Hauskapelle im Lateran. Die Schuld liegt auf uns wie eine schwere Last. Der Herr nimmt sie von uns. Er nimmt sie auf sich und trägt sie für uns in seinem Kreuz, das hier in der Messe gegenwärtig ist. – Die Schuld liegt in uns wie Schmutz. Der Herr gibt uns das lautere Herz – durch die Durchbohrung seines Herzens.

Kyrie

Urgehalt

Das Kyrie der Messe gleicht einem hochangesehenen, aber verarmten, konkursnahen Fürstengeschlecht. Ältester Adel! Der Verehrer des *Sol invictus* betete auf dem Dach seines Hauses zur aufgehenden Sonne hin sein Morgengebet: Kyrie, eleison. Es ist das große Stoßgebet des Sonnengottkultes, vielleicht der glühendste Ruf der antiken heidnischen Frömmigkeit.

Ältester Adel! Wenn ein Triumphator über das römische Forum die Via Sacra zum Kapitol hinauffuhr, dann klang ihm von allen Seiten, von den Soldaten und aus der Volksmenge in endlosen Litaneien entgegen: Kyrie, eleison. Wenn einer der Kaiser zum Staatsbesuch, „Epiphania“ genannt, in eine Stadt kam, rief man ihm zu „Kyrie, eleison“. Was das „Hurra“ des 19. Jahrhunderts, das „Heil“ der hitlerschen Ära, das „Hotschimin" der studentischen Revolten um 1965 bedeutete, war das „Kyrie, eleison" in der antiken Welt – ein etwas unartikulierter, halb militärischer, halb demonstrativer Jubelruf, mit anderen Ausrufen zur unendlichen Litanei verbunden. Da die Grenzen zwischen religiösem und weltlichem Gebrauch fließend waren – da der Triumphzug eine Prozession zum Tempel des Jupiter Capitolinus und zum Dankopfer war – da der siegreiche Feldherr eine Art Verwandtschaft mit den Göttern in sich trägt –, bleibt „Kyrie, eleison" auch in diesem weltlichen Gebrauch ein kultischer Ruf.

Dieser alte Adel des Kyrie blieb vor allem in der Musik erhalten. Er brilliert in den Kompositionen der Polyphonie. Allerdings schmückt das Geschmeide der Stimmen, Instrumente und Melodien oft einen falschen Träger – das Kyrie, das nur noch Klageruf, nicht mehr Huldigung sein will. – Klarer blieb der alte triumphale Inhalt in den einfachsten gregorianischen Melodien, etwa im Kyrie XVIII oder im Kyrie der Allerheiligenlitanei. Werden sie zügig und kraftvoll gesungen, so kommt ein Echo der ursprünglichen Siegesprozession zum Klingen. Auch wenn das deutsche Kirchenlied seine „Leisen" singt (die oft unmerklich in ein Halleluja umgewandelt wurden), kommt in dem „Kyrie, eleison" mehr Gruß und Freude als Klage und Schmerz zum Ausdruck.

Lob und Klage

Gewiß, Kyrie, eleison heißt: Herr, erbarme dich! Es ist ein echter Flehruf, Klage des Bettlers, Vergebungsbitte des Schuldiggewordenen. Doch diese Selbsterniedrigung, Selbstbescheidung, Selbstanklage des Rufers setzt voraus, daß er emporblickt zur Höhe des Erbarmers. Die Anerkennung der eigenen Dunkelheit ist unabdingbar mit dem Bewußtsein des hellen Lichtes verbunden, aus dem der Erbarmende sich herabneigt. Die Bitte ist in sich ein Lob des Angesprochenen. Der Flehruf sagt das Vertrauen auf die Güte und Macht des Angeflehten aus. So bleibt das Kyrie Lob, auch wenn es bittet, ja gerade, indem es bittet. Diese innerste Verwandtschaft und Zueinanderordnung muß dem Beter und dem Komponisten, der Gemeinde und dem Vorbeter bewußt bleiben. Kyrie ist kein Hurrageschrei und kein Winseln, isoliert für sich genommen, sondern Lob aus der

Demut, Bitte aus preisendem, anbetendem Staunen. Die beste Interpretation des Kyrie ist das nachfolgende lobende und bittende Gloria.

Adressat

Wer ist nun der Kyrios, den das Kyrie anruft? Der Kyrios ist *Christus*. Im Fundament des Kyriegesanges ist eingemeißelt Philipperbrief, 2. Kapitel: „Alle Zungen bekennen zur Ehre Gottes des Vaters: Jesus Christus ist der Herr!“ Auch hier gilt, daß der Gloriagesang das Kyrie interpretiert: „Du allein der Herr... Jesus Christus!“ Die Engel sagten vom Kinde in Betlehem: „Er ist der Christus, der Herr!“ Johannes flüstert es dem Petrus nach der Auferstehung zu: „Es ist der Herr!“ Die gesamte Gottesaussage, die in der Anrede „Herr“ enthalten ist, schwingt dabei mit.

Jeder der sechs oder neun Kyrierufe wendet sich demnach an Christus, nicht nur die Zeile „Christe, eleison!“ Der Adressat dieses Gebetes ist und bleibt Christus. Deshalb ist ein Lied wie „Kyrie, eleison. Zu Gott dem Vater rufen wir, zu Gott dem Sohne flehen wir...“ falsch adressiert.

Letztlich wendet sich alles Beten des christlichen Volkes unmittelbar an Christus. Dem Repräsentanten Christi, dem Priester, ist vorbehalten, das Wort an den Vater zu richten, während die Gemeinde sich an den Bruder, an das Haupt Christus wendet. Denn alles Beten geht zu Gott „Durch Christus, unseren Herrn“. Nun ist das Kyrie Gemeindegesang, also wendet es sich an den erhöhten Herrn Jesus Christus.

Das Antlitz des Angeredeten

Vor dem Blick des Beters steht Christus – Sohn Gottes, Mensch geworden, einer von uns, unser Bruder, der durch sein Opfer in die Herrlichkeit der Auferstehung ging, zur Rechten des Vaters thront und als König über allen Dingen waltet. Das Gebet geht nicht an eine nebelhafte unerkennbare Gestalt, sondern an den, der als Mensch unter den Menschen sein Gottesgeheimnis verbarg und Menschenantlitz trug. Dadurch gewinnt das Kyrie seine *Menschlichkeit*, seine Nähe, seine Unmittelbarkeit, seinen Gesprächscharakter. Der strahlende Triumphgesang wird zum brüderlichen, bittenden Du und klingt ähnlich wie das Wort des Schächers: „Herr, gedenke meiner, wenn du in dein Reich kommst!“ Dabei darf die antike Grundstimmung nie vergessen werden. Der homo Christus Jesus kommt zu uns in seiner göttlichen Herrlichkeit. Er kommt wie am Psalmsonntag. Er hält Staatsbesuch = Epiphanie. Er verkündet die Überwindung von Sünde, Satan, Tod. Er geht auf wie das Licht, schenkt den Sonnenaufgang des Heiles. Er kommt, wie es die Liturgie von Epiphanie und Lichtmeß schildert: „Seht, gekommen ist der Herrscher, der Herr. In seiner Hand ist die Macht und das Reich. – Seht, Christus, der Herr, kommt in Macht und Herrlichkeit, er wird die Augen seiner Diener erleuchten.“

Im Geleit der Engel

Diese Herrlichkeit wird noch unterstrichen von dem ordnenden Eingriff Gregors des Großen in den liturgischen Gebrauch des Kyrie. Der große Papst präzisierte die vorher nicht festgelegte Zahl der Kyrierufe auf neun. Dabei dachte er an die neun Chöre der heiligen Engel, eine seiner Lieblingsideen. Er sieht Christus kommen, geleitet und umgeben vom Zuge der singenden Engel. Das Kyrie wird einem vorausgenommenen Sanctus ähnlich: „Veniet Dominus, et omnes sancti eius cum eo!“ Der Parusiecharakter, der der heiligen Messe eigen ist, wird herausgestellt.

Leider ist die Herkunft der Neunzahl aus Gregors neunfachem Engelchor gründlich in Vergessenheit geraten. Das Hochmittelalter las die Neun als dreimal drei und meinte eine dreimalige Anrufung der drei göttlichen Personen der Heiligen Dreifaltigkeit zu finden. Zahlreiche Lieder und sogar die Tropen des mittelalterlichen Chorals fassen es trinitarisch auf. Die Mysterienspiele, etwa Calderóns Darstellung des Geschehens der Messe, zeigen den Vater des verlorenen Sohnes, der vom Heimkehrenden angerufen wird: „Vater, ich habe gesündigt vor dir!“ Wenn die erneuerte Liturgie sich ad pristinam sanctorum Patrum normam halten will, muß sie sich von dieser Auffassung lösen und sich wieder an das Grundkonzept halten. Das Kyrie darf keine Ergänzung des Confiteor sein, sondern es muß zum Gloria hinführen und oftmals die Funktion des Gloria ersetzen.

Tragödie des Kyrie

Hier beginnt die Tragik des Kyrie in der Liturgiereform des Zweiten Vatikanum. Man kann sie mit der Behauptung umschreiben: Das Kyrie ist in eine hoffnungslose Nähe zum Bußakt geraten.

Aus den vor- und nachkonziliaren Diskussionen wurde bekannt: Liturgiker der französischen Sprachgebiete, ganz durchdrungen vom Flehcharakter des Kyrie, meinten es zum Gläubigengebet hinübernehmen zu können; andere Liturgiker wollten das Kyrie unbedingt an seiner alten Stelle erhalten wissen; einig waren sich alle, daß die Eingangsriten entlastet und verringert werden mußten. Einig sind sich nunmehr alle – daß die neue Regelung nicht gefällt. Der nur sechsmalige Kyrieruf geht nach der Wucht des gemeinsamen Confiteor unter. Er wirkt als Anhängsel des Bußaktes. Als königliche Akklamation kommt er kaum zum Schwingen, sicherlich nicht in der gesprochenen Messe, die leider der Regelfall ist. Benutzt man den Bußakt C, so erhält das Kyrie mehr Relief. Aber es gerät nicht nur in die Nähe des Bußaktes, sondern ist Bußakt. Der epiphanische Jubel, die Palmsonntagszweige, der Feldherrnmantel werden verhüllt vom Büßergewand. Statt der Prozessionslitanei ein auf dem Boden kauernder Büßer! Dadurch wird eine Verfremdung geschaffen, die mit der oft geforderten veritas rerum nicht mehr vereinbar ist. Die liturgische Erneuerung hat sicherlich keine Erneuerung des alten Glanzes des Kyrie hervorgebracht, sondern seine Demontierung. Man sieht es auch an etlichen Rubriken. Wenn eine bestimmte Funktion der Messe voraufgeht, entfällt das Kyrie. Erst recht erkennt man die Demontage in den selbstformulierten Anrufungen auf gedruckten und in ungedruckten Texten. Das Leid der Menschheit wird darin ausgesprochen. Sie sind Selbstporträt des Sünders, nicht Schilderung des allein Heiligen – Klagen der Erbarmungswürdigen, nicht Rühmung des Erbarmers.

Hoffnungen für das Kyrie

Der Gedankenreichtum des Kyrie könnte neu belebt werden, wenn man die Chancen des Bußaktes C ausnutzt. Die Anrufungen sollten den erbarmenden Herrn preisen, der die wahre Sonne ist – den König, der da kommt – den Überwinder von Sünde und Tod – den

Freund der Sünder, der den verlorenen Sohn aufnimmt und den Verbrecher am Kreuz losspricht. Wenn diese Anrufungen bewußt als Rühmung formuliert werden, kann auch die Antwort „Kyrie, eleison" freudig und beschwingt erfolgen.

Ein weiteres Heilmittel ist, das Kyrie grundsätzlich zu singen. Zahlreiche Kyrielieder und Kyrierufe stehen aus altem und neuem Gesangbuch und „Gotteslob" zur Verfügung. Erhalten seien die gregorianischen Kyriegesänge. Sie sind prall gefüllt von Erinnerungen an den antiken Triumphzug. Nur bedürfen sie des zügigen, freudigen, begeisterten Gesanges, damit ihr akklamatorischer Charakter und ihre freudige Bewegtheit dargestellt werden. Erhalten sind die Weisen der Polyphonie, die gleichfalls beschwingte Darbietung erfordern, sogar unter Änderung der Anweisungen des Komponisten.

Wichtiger als die formalen Elemente ist die Bewußtseinsänderung beim Vollzug des Kyrie. Man muß wissen, was man sagt und tut: Es geht um das Lob des Erbarmens, das in Christus zu uns kommt.

Wenn die Messe Epiphania Domini ist, dann gehört zur Begrüßung des Kommenden die Kyrielitanei, die man nie leichten Herzens weglassen sollte. Sie ist kein „Mea culpa", von vielen gemurmelt, sondern ein dahinwallendes Lied der Gesamtgemeinde. Sie ist der große Gruß der Ecclesia an ihren Herrn, jedenfalls wichtiger als die wortreichen Begrüßungen, die der Priester an die Gemeinde zu richten pflegt.

Gloria

Wie das Stimmen!

Mit Dissonanzen fängt es an. „Gloria, victoria ...", klang nicht so ein Lied kaiserlicher Ära? Unberechtigte Übernahme religiöser Formen und Worte in den weltlichen Bereich, in Vaterlandsreligion? Die Werbung und die Titel aller möglichen Industrieprodukte schließen sich an. – „Gloria in excelsis Deo", intoniert der Zelebrant. Die Choralweise gelingt nicht immer glückhaft.

Gloria – eine weihnachtliche Melodie bei der Gedächtnisfeier des Todes und der Auferstehung! So erklärt man; aber unklar bleibt, warum man den Weihnachtsgesang jahrhundertelang nur Ostern gesungen hat, warum er ein Höhepunkt der Osternacht blieb.

Gloria – eine Übersetzung aus dem Jahre 1928 faßte den Text gefällig, rhythmisch, aber nicht sehr tiefschürfend zusammen. In einer Sitzung von mittags bis nachts 2 Uhr wurde sie von allen damaligen Meßbuchinteressenten unter Vorsitz von Joseph Könn in Köln, St. Aposteln, geschaffen. – Eine Neufassung war nunmehr fällig vor allem, um einen Einheitstext mit dem protestantischen Gottesdienst zu schaffen. Der aber ist textlich gelungen und sinnentsprechend, aber er schwingt und klingt nicht, bleibt zu herb und darum unbeliebt.

Das Gloria soll gesprochen oder gesungen werden. Die Rubrik sagt freundlich: „Das Gloria darf durch ein Gloria-Lied ersetzt werden." Das Lied ertönt. Der Text ist allenfalls eine Doxologiestrophe eines Kirchenliedes, oder es kommt doch das Wort Lob darin vor. – Noch schlimmer kommt es, wenn das Gloria gesprochen wird, die einen nach altem, die anderen nach ökumenischem Text, die einen gemessen, die anderen eilig. Man flieht in eine durchkomponierte moderne Gloriafassung. Wenige singen mit, denn das Neue geht nicht ins Ohr. Sicherheit findet man nur auf der Insel des Gregorianischen Chorals. Aber wer stimmt ihn noch an?

Dissonanzen! Aber nur wie das Stimmen der Instrumente vor der Symphonie.

Triumphlied

Der erste Satz dieser Symphonie heißt: *Römischer Triumph.* Das Gloria stammt ab von den Rufen, die – mit dem Kyrie, eleison – beim Triumphzug eines Triumphators über die Via sacra zum Tempel des Jupiter Capitolinus geschrien werden, und zwar in verschiedenen Chören und Gruppen. Da ruft einer „Laudamus te", dort eine Schar „Benedicimus te", drüben eine Gruppe „Adoramus te" ... Es ist ein Brausen und ein Singen und doch wie Trompetenstöße und Paukenschläge. Die gregorianischen Melodien haben die Einzelrufe zu Versen zusammengebunden, haben aus dem Gewoge einen geordneten Hymnus, einen Psalm gemacht, den man nicht mehr auseinanderreißen kann, ohne das Gefüge zu zerstören. Die Zusammenfügung der Rufelemente macht aus der dionysischen Begeisterung eine apollinische Ordnung. Sie setzt die glitzernden Mosaiksteine zum klaren Bilde zusammen. Denn das Schöne ist „splendor ordinis – Glanz der

Ordnung". Dadurch kommt aus den jähen, taumelnden, aufwallenden Rufen des Triumphzuges erst die volle Schönheit des Gloria-Psalmes zum Ausdruck, wenn sie gebunden wird. Doch im Unterbewußtsein müßte der Sänger des Gloria die Erinnerung an den Eigenwert der einzelnen Rufe – der einzelnen Mosaiksteine festhalten. Der Glanz der Ordnung kann nicht sichtbar werden, wenn die geordneten Einzelelemente nicht ihren Stellenwert behalten. Das wird sich dann auch in der Ausführung der Sänger sichtbar machen.

Morgenlied

Der zweite Satz heißt: *Morgenlied.* Das Gloria stammt aus einem altchristlichen Morgenlied. Schon in den paulinischen Briefen ist erkennbar, welch ein Singen das Christentum in die Welt brachte, wenn man die eingestreuten kleinen Lobhymnen beobachtet, die aus dem Gottesdienst in die Episteln hineinfließen. Das schönste Stück dieser Reihe ist und bleibt das Lied vom Christusmysterium im Philipperbrief (2, 6–11). Das umfangreichste Werk des altchristlichen Liederfrühlings sind die Oden Salomos. Manches kam auf uns innerhalb anderer Hymnen, z. B. im Tedeum. Auch das Gloria gehört dazu. – Die Gnostiker mißbrauchten die altchristlichen Hymnen, um ihre Ideen zu verkünden. Darum verbot man ihren Gebrauch, und das meiste wurde vergessen. Im Gloria blieb uns ein Morgenlied aus dem Jahrhundert nach Christus. Wie sinnvoll, daß es uns an der Schwelle der sonntäglichen Messe beim Sonnenaufgang der Eucharistie blieb.

Primizlied

Der dritte Satz heißt: *Primizlied.* Wenn im frühesten Mittelalter der Papst die Quatembernacht (man möchte sagen: die vierteljährliche Osternacht) feierte, brachte man die ganze Nacht betend, lesend, singend zu. Dabei empfingen die Weihekandidaten das Sakrament des heiligen Ordo. Doch blieben sie nicht bei der eucharistischen Feier in der päpstlichen Gemeinde. Vielmehr ritt der neugeweihte Priester – Kardinalpriester, weil zum Presbyterium des römischen Bischofs gehörend – zu seiner Titelkirche. Beim Ritt sah man über den Sabiner Bergen das erste Morgenlicht. Im Titulus erwartete die kleine Gemeinde ihren neuen Presbyter. In dieser Situation war es fast selbstverständlich, den Gottesdienst mit dem Gloria, dem Morgenlied, zu eröffnen. Die anderen Eröffnungsformen waren auch schon in der Nacht gebraucht worden. So steckt im Gloria ein Primizlied, das Morgenlied zum Leben im heiligen Dienst.

Osterlied

Der vierte Satz heißt: *Osterlied.* Die Ziffer gibt keine geschichtliche Reihenfolge an. Das Morgenlied Gloria nimmt seinen allerersten liturgischen Platz in der Osternacht ein. Vermutlich führen dahin die gleichen Umstände, die in der Quatembernacht wirksam waren. Die Eucharistiefeier der Osternacht beginnt, wenn schon die Morgendämmerung sichtbar wurde. So drängt sich das Morgenlied hier von selber auf. Es wird zum Lob des neuen Morgens der Auferstehung, zum Morgenlied des Reiches Christi. – Der Priester darf laut Anweisung des Gregorianischen Sakramentars nur Ostern das Gloria singen. Dem Bischof wird es schon vor 514 von Papst Symmachus auch für die großen Märtyrerfeste und für die Sonntage gestattet. Immerhin bleibt der österliche Charakter des Gloria dabei sichtbar. Denn jeder Sonntag ist Wochenostern. Jedes Märtyrerfest ist Auferstehungsfeier. – Noch im 11. Jahrhundert fragt man, warum der Priester nicht einmal an Weihnachten das Gloria, das doch so weihnachtlich beginnt, verwenden dürfe. Erst im 12. Jahrhundert wird für den Priester die Regel allgemein, daß alle Sonntage und alle Festtage durch das Gloria ausgezeichnet werden.

Osterlied zum Ostermahl des Herrn! In diesem vierten Satz vollendet sich die symphonische Dichtung des Gloria.

Christozentrischer Beginn

Die Messe beginnt. Alles, was geschieht, alles, was gesprochen wird, ist christusbezogen. Kuß und Weihrauch ehren den Bruder und König Christus. Der Introituspsalm spricht von Christus und zu Christus. Der Bußakt stellt sich dem Richter Christus. Die Vergebungsbitte wendet sich an die Barmherzigkeit Christi. Das Kyrie singt das Lob dessen, der der Herr ist. Das Gloria bezieht sich auf den Sieger, den Auferstandenen. Man könnte die vielen Eröffnungsakte verdichten zu einer Christuslitanei:

Christus, du Kommender
Christus, du Bruder
Christus, du König
Christus, du Gekreuzigter
Christus, Gott-mit-uns, Emmanuel
Christus, du Richter
Christus, du Barmherziger
Christus, du Herr
Christus, du Sieger
Christus, du Triumphator
Christus, du Auferstandener.

Um diese Christus-Litanei sollte man wissen, wenn man die allzu reiche Eröffnung der Messe vollzieht. Dann verliert sich ihre Kopflastigkeit. Dann findet sich alles zusammen in einem: Christus.

Oration

Ihre Gestalt

Die Oration hat drei *Teile.* Ihr erstes Stück ist die Einladung, das kurze Invitatorium „Oremus – lasset uns beten". Es klingt ehrfürchtig. Nicht imperativisch: Wir wollen beten, oder: Wir beten!, sondern auffordernd, überredend, mitreißend, sich selber miteinschließend sagt der Priester: „Lasset uns beten."

Der zweite Teil ist nicht druckfähig. Es ist die *Stille.* Ihr Inhalt ist das persönliche, unformulierte *Gebet der Gläubigen.* Für dieses Beten wird angegeben „... per aliquod temperis spatium in silentio orant – Nach einer kurzen Stille, in der sich alle zum Gebet sammeln." Einige Sekunden währt das Schweigen. Die Erfahrung der Eigengesetze des Gottesdienstes rät: eine halbe Minute ist zuviel, zehn Sekunden bilden in der sonntäglichen Pfarrmesse ein erträgliches Maß, wenn man überhaupt mit der Uhr an die Sache herangehen darf. Einerseits sollte die Oremusstille weder einer Verlegenheitspause noch einer Atempause im schnellen Lauf der Eiligkeit gleichen. Andererseits sollte sie nicht ein Loch bilden, das nur noch von dem Gedanken erfüllt ist: Wann mag er endlich weitermachen? – Was kann man nun in diesen

Sekunden aussprechen? Vielleicht: Ach, lieber Heiland, ich kann doch nicht beten, bete du für mich! Oder man sagt im Hinblick auf das Festgeheimnis: „Herr, ich glaube, hilf meinem Unglauben!" (Mk 9,24.) Oder, wie es früher im monastischen Offizium Gebrauch war, einfach nur ein „Kyrie, eleison – Herr, erbarme dich unser!" Das stille Gebet der Gemeinde sei an Kürze und Intensität ein Stoßgebet. Jeder Versuch großartiger Aussagen führt zur Unwahrhaftigkeit.

Der dritte Teil ist die *Oration* selber. Oratio heißt feierliche Rede, im Gegensatz zu Sermo, womit die ausgedehnte, aufgebaute Rede etwa des Anwalts oder Politikers gemeint ist, im Gegensatz zur vertraulichen, väterlichen Homilia. Oratio heißt die Rede, die Herodes Agrippa I. in Caesarea an die Friedensgesandtschaft aus Tyrus hält. Oratio ist der Trinkspruch, die Regierungserklärung, das programmatische Leitwort. Nach den Regeln der antiken Rhetorik können sich weder Sermo noch Oratio öffentlich vernehmen lassen, wenn sie nicht nach strengen Gesetzen aufgebaut sind. Der Aufbau richtet sich nach dem sogenannten *Cursus,* jenem Prosaversmaß, das sich nicht nach den langen und kurzen Silben richtet wie die Poesie, sondern nach den betonten und unbetonten Silben.

Die Oration des vierten Adventssonntages, zugleich Schlußgebet des „Engel des Herrn", wurde im Unterricht des Mittelalters als Schulbeispiel für die drei hauptsächlichen Cursusmetren angegeben.

Gratiam tuam quaesumus, Domine, mentibus nostris infunde
(Cursus tardus)

ut qui Angelo nuntiante Christi Filii tui incarnationem cognovimus
(Cursus planus)

per passionem eius et crucem ad resurrectionis gloriam perducamur
(Cursus velox)

Daneben gibt es zahlreiche andere Metren. Der Cursus schenkt der Oration ihren würdevollen Fluß. Er wird auch von den neueren Orationen fast regelmäßig verwendet. Die deutsche Übersetzung kann diesen Cursus nicht im entferntesten wiedergeben.

Auch die strenge *Dreiteilung* der Oration in Anrede, Bittformel und Wunsch wird von der deutschen Übersetzung des öfteren aufgelöst, um den Inhalt herausholen zu können. Das erste Glied enthält eine Memoria, ein Gedächtnis der Heilstat oder des Heilswillens Gottes, die keineswegs eine captatio benevolentiae oder zielstrebige Schmeichelei sein will. Das zweite Glied bekennt die demütig bittende Haltung der Flehenden; gelegentlich ist es nur ein einziges Wort, z.B. „quaesumus". – Das dritte Glied sagt, was wir wünschen. In den drei Teilen kann man sehen: Geschichte, Gegenwart, Zukunft. Sie bekennen den Glauben an Gottes Heilstat – erkennen und bekennen Schuld, Not, Demut – erwarten hoffend die helfende Güte Gottes in der aktuellen Heilsverwirklichung.

Was Friedrich Schiller vom Distichon sagte, gilt in etwa auch von der Oratio: Sie steigt empor, fällt herab, füllt dann ein Becken – wie ein Springquell.

Diese lateinische Gesetzmäßigkeit der Form weicht im Deutschen dem Primat des Inhalts und Gedankens. Die Übersetzer haben manches Mal meisterlich den Gedanken ihrer Vorlage nicht nur wiedergegeben, sondern entfaltet und dadurch der Oration neuen Glanz gegeben. Leider wurde nicht immer die Gefahr vermieden, daß zu viele Nebensätze, zu viele Worte gebraucht wurden. Doch auch hier bleibt die Oratio ein Geflecht von Glaube, Demut und Hoffnung.

Ihre Funktion

Die Oration gehört noch ganz in den christozentrischen Anfang. Aber sie ist doppelgesichtig: Hier spricht Christus für uns zum Vater, hier spricht zu uns der Vater durch Christus.

Oration heißt nicht Gebet, sondern Rede. Sie ist ein Gebet in Form der Rede, der gebundenen, feierlichen Rede an Gott, sie ist Rede in Form des Gebetes.

Wer redet hier? Äußerlich gesehen, der Priester als Vorsteher der heiligen Versammlung des Gottesvolkes. Doch der Priester spricht nur als Vertreter eines anderen, der ihn zu seinem Instrument erwählt hat. Christus ist der eigentliche Sprecher. Ihn haben die Gebete des Gottesvolkes herbeigerufen. Er hat sein Volk in das Haus des Vaters geführt. Nun redet er für das Volk zum Vater: Allmächtiger, Gott, Himmlischer, Vater, sieh hier bin ich und die Kinder, die du mir gegeben hast, das Volk deines Bundes... (vgl. Hebr 2,13 mit Jes 8, 17.18). – In ähnlicher Weise begrüßt im alten Ritus der Visitation ein Bischof den Titelheiligen des Gotteshauses, indem er ihn mit der Oration anredet. Hier geschieht die Visitatio Christi bei uns: Der Hohepriester der künftigen Güter kommt in das Heiligtum (Hebr 9,11).

Wer redet? Christus! Man sieht es an den ausgebreiteten Armen des stellvertretend sprechenden Priesters. Sie erinnern an die ausgestreckten und angenagelten Arme des Gekreuzigten, mit denen er alle an sich ziehen will. Er lebt allzeit, um für uns zu bitten (Hebr 7,25). Bittend zeigt er Gott dem Vater „die Wunden, den Preis unserer Erlösung“ (Ambrosius, In Lc 10,24). Vielleicht darf man auch daran denken, daß die erhobenen Hände – heute noch, im Krieg und vor dem Träger der Gewalt – Zeichen der Wehrlosigkeit und Zeichen des Sich-Überlieferns sind. – Die Hände eines Versinkenden und Fallenden strecken sich empor zu stärkeren, rettenden Armen. Die angenagelten Hände des Gekreuzigten sind Zeichen, daß er „sich selbst opfert“ (vgl. Hebr 7,27), daß er sich im Gehorsam unterwirft (vgl. Hebr 5,8), daß er Bitten und Flehrufe unter lautem Klagen und unter Tränen emporsendet (vgl. Hebr 5,7), daß er sich aus dem Nichts des Unterganges emporhebt zum Leben. Die erhobenen Hände illustrieren, daß die Liturgie des Hebräerbriefes sich hier in der Messe erfüllt.

Hier redet Christus. In der Form des Gebetes spricht er zum Volk, das er vor den Vater geführt hat, und verkündet die Ziele der Bundesversammlung des Neuen Testamentes. Er gibt das Programm bekannt. An den Festen geht es um die beiden Programmpunkte: Gedächtnis der Station des Heiles (etwa: Christus ist in den Himmel aufgefahren) und Erlangung des zukünftigen Heiles (etwa... daß auch wir mit Geist und Herz im Himmel wohnen). An Sonntagen gilt etwa das Programm: 1. Wir sind Gottes Familie. 2. Darum stützen wir uns allein auf die Hoffnung auf die himmlische Gnade. 3. Wir bedürfen der Vaterliebe Gottes jeden Augenblick. Das Programm der eucharistischen Versammlung ist Rückblick und Ausblick: Rückblick auf das Heil, das geschehen ist, Ausblick auf das Heil, das erlangt werden muß, dazwischen der Blick auf das eucharistische Mysterium, das Brücke zwischen Heilsgeschichte und Heilsverwirklichung ist.

Christus gibt die Tagesordnung der heiligen Feier bekannt und spricht damit über den Vater die Gläubigen an. Christus meldet sich mit den Versammelten beim Vater und spricht mit ihnen und für sie den Vater an. So hat die Oratio eigentlich zwei Adressaten: den Vater und das Volk.

Fast möchte man die Oration ein Gebilde aus Gedanken des Hebräerbriefes nennen: So haben wir zuversichtliche Hoffnung auf den Eingang in das Heiligtum durch das Blut Jesu. Einen neuen Lebensweg hat er uns aufgetan durch den Vorhang hindurch, das ist durch sein Fleisch. Da wir nun einen Hohenpriester über das Haus Gottes haben, so laßt uns hinzutreten mit aufrichtigem Herzen in der Fülle des Glaubens... Unsere Versammlung wollen wir nicht versäumen, wie es einige in der Gewohnheit haben, sondern einander aufmuntern, und das um so mehr, als ihr den Tag herannahen seht (Hebr 10, 19–25).

Wortgottesdienst

Das Gespräch mit Gott

Die eigentliche Wortverkündigung

Funktion und Struktur

Aurelius Augustinus, Professor der Rhetorik, hat sich in den Garten seines Mailänder Hauses geflüchtet. Der Tag ist heiß. Die Gedanken glühen. Er ist unsicher geworden. Sein elegantes Leben kann nicht weitergehen. Die Grundlagen seiner manichäischen Philosophie wanken. Er sucht einen Ausweg. Da hört er aus dem Nachbargarten Stimmen spielender Kinder. Sie singen einander zu: „Nimm und lies! Nimm und lies!“ Er horcht auf. Die Bibel liegt da auf einem Gartentisch. Er nimmt sie und läßt die Schriftrolle ablaufen, er greift zu, wo die Rolle stehengeblieben ist, und findet Römer 13, 11: „Brüder, die Zeit ist da, vom Schlafe aufzustehen ...!“ Die Lesung trifft ihn wie ein Schlag. Er geht zum Bischof, zu Ambrosius, und meldet sich als Taufbewerber an. Eine einzige Lesung der Heiligen Schrift wird zum Anlaß der Entscheidung, der Bekehrung.

Der eigentliche Wortgottesdienst im heiligen Spiel der Messe beginnt. Da klingt es wie eine helle Stimme: „Nimm und lies!“ Wir lesen, wir hören. Die Stimme dessen, der diese Lesung sprach und schrieb, dringt ein, gewiß, oft zum anderen Ohr wieder hinaus, oft gedankenlos, fruchtlos. Aber dann, irgendwie, irgendwann bohrt sich ein Wort, ein Satz, ein Gedanke fest und bewirkt eine neue Sicht des Lebens, eine Umkehr.

Der reiche Antonius hört in der Kathedrale seiner ägyptischen Vaterstadt beim Wortgottesdienst irgendeines Sonntages den Satz:

„… alles verlassen!“ Er verläßt die Messe, verläßt die Kathedrale, verkauft auf der Stelle seinen Besitz, geht in die Wüste, wird der Vater des Mönchtums.

Ihm ging es nicht anders als dem großen alttestamentlichen König. David hat gesündigt. Er ist Ehebrecher und Mörder geworden. Da kommt sein Ratgeber Natan, der Prophet. Der erzählt eine Geschichte aus dem Alltag: Ein reicher Mann holt seinem armen Nachbarn, der nur ein Lamm hat, das Tierchen weg und bewirtet damit seinen Gast. David hört, aber erkennt noch nicht. Er will richten, Ordnung schaffen: „Wer ist dieser Mann!“ Da erhält er die Antwort: „Du bist dieser Mann!“ (Vgl. 2 Sam 11, 1–7.)

Das Hören weicht nun der Betroffenheit. David, betroffen, bekehrt sich.

„Du bist dieser Mann!“ So will jede Lesung der heiligen Messe jeden Hörer treffen. Das kann nicht jedesmal gelingen. Aber vielleicht ist es ein Sandkörnchen, das unmerklich in Bewegung gerät. Morgen kommt ein zweites hinzu. Am Ende ist eine Düne gewandert. Ein Mensch hat einen neuen Standpunkt gefunden. Eine Erneuerung, eine Bekehrung ist geschehen.

Noch nicht lange her ist eine vorkonziliare Diskussion unter den Freunden des Gottesdienstes. Wird die Epistel vom Subdiakon des Hochamtes, dem Volke zugewandt oder dem Altare zugewandt, gesungen? Die Rubrik sagte „contra altare“. Das bedeutet „dem Altare gegenüber“. So hieß es auch beim Evangelium. Doch man übersetzte falsch „auf den Altar hin“. So wurde denn die Epistel auf den Altar zu, abgewandt vom Volk, gesungen. Jemand begründete: Das muß so sein, weil die Lesung zur Ehre Gottes gelesen wird! Besser hätte er gesagt: Die Lesung kommt aus der Ehre und Herrlichkeit Gottes zu uns hin! Zeichen dafür ist dann, was uns selbstverständlich wurde, die Wendung des Lesers auf uns zu: „Du bist dieser Mann!“ Dich betrifft das! Das Schwert kommt aus Gottes Mund und will uns treffen, verwunden, aufreißen, zum Bluten bringen. Er will, daß wir aufschreien. (Vgl. Hebr 4, 12.)

Damit beginnt die Lesung, zum Gespräch zu werden. Das Wort verlangt Antwort, die Rede Gegenrede. Auch in der heiligen Messe darf das Wort nicht monolog sein. Erst in der Antwort wird offenbar, ob das Wort vorüberrauschte oder traf und be-traf. Der Aufschrei der Antwort zeigt an, ob das Wort eindrang und verwundete: „Du bist dieser Mann!“

Natürlich kann die Antwort genauso mechanisch sein wie in manchem Gespräch das „Ja, ja!“ und „Was Sie nicht sagen!“ Solche Antworten machen nicht den Monolog zum Dialog. Doch ebenso schlecht ist die verbreitete Sitte, die Antwort zu unterdrücken und eine Lesung an die andere zu reihen oder statt der Antwort ein Heilig-Geist-Lied auf das Evangelium hin zu singen.

Das Missale hat hervorragende Arbeit geleistet. Es hat mit Meisterschaft zur Lesung den rechten Psalm ausgesucht und den bestgeeigneten Antwortvers angegeben. Wer sich Antwortpsalm und Antwortvers zu eigen macht, schwingt in den Dialog zwischen Gottes Wort und des Menschen Antwort hinein.

Geschichte

Die Ordnung des Lesegottesdienstes ist nicht neu. Sie entstammt der Synagoge.

Es ist für Israel Tradition, Gesetz und Propheten am Sabbat zu hören – Gesetz: die geschichtlichen Bücher von Genesis bis Makkabäer, Propheten: die prophetischen Bücher von den Psalmen bis Weisheit, von Jesaja bis Maleachi.

Die Tradition ist nach der Babylonischen Gefangenschaft feierlich wiederaufgenommen worden: Die Schilderung des zweiten Buches Esra gehört zu den schönsten Seiten der Heiligen Schrift: „Da versammelte sich wie ein Mann das ganze Volk vor dem Wassertor. Sie baten den Schreiber Esra, das Buch der Lehre Moses herzubringen, die der Herr Israel gegeben. Der Priester Esra brachte die Lehre vor die Gemeinde, die Männer und Frauen, vor alle, die zuzuhören verstanden, am ersten Tage des siebten Monats. Er las daraus auf dem Platz vor dem Wassertor von Tagesanbruch bis zum Mittag ... und das Volk lauschte gespannt dem Buch der Lehre. Der Schreiber Esra aber trat auf einen hölzernen Turm, den man zum Reden gemacht hatte ... Esra öffnete nun das Buch vor den Augen des ganzen Volkes; denn er stand höher als das ganze Volk. Als er es öffnete, war es im ganzen Volk still. Da pries Esra den Herrn, den großen Gott, und alles Volk sprach unter Händefalten: ‚Amen.‘ Dann warfen sie sich nieder und beugten vor dem Herrn das Angesicht zur Erde ... Das Volk stand da. Sie lasen aus dem Buche, aus der Lehre Gottes in Übersetzung vor und gaben den Sinn an. So verstanden sie das Vorgelesene ... Das ganze Volk weinte, als es die Worte der Lehre hörte ... Da ging das ganze Volk daran ... ein Freudenfest zu halten, denn sie verstanden die Worte, die man sie gelehrt hatte“ (Esr 8, 1–12).

Der israelitische Gottesdienst blieb dieser Tradition treu. Wir erkennen es in den Evangelien und in der Apostelgeschichte. Den schönsten Bericht über den Lesegottesdienst der Synagoge bietet das 4. Kapitel des Evangeliums nach Lukas: „So kam Jesus auch nach Nazaret, wo er aufgewachsen war. Und wie gewöhnlich ging er am Sabbat in die Synagoge und meldete sich zum Lesen. Man reichte ihm das Buch des Propheten Jesaja. Er machte die Rolle auf und traf auf die Stelle, wo es heißt: ‚Der Geist des Herrn ist über mir; er salbte mich dazu, den Armen frohe Botschaft kundzutun; er sandte mich, zu heilen, die zerknirschten Herzens sind, Gefangenen Erlösung, Blinden das Augenlicht zu verkünden, Niedergebrochene in die Freiheit zu entlassen, das Gnadenjahr des Herrn zu künden und den Tag der Vergeltung‘ (Jes 61, 1ff; vgl. 58, 6). Dann rollte er das Buch zusammen, gab es dem Diener und setzte sich. Aller Augen in der Synagoge waren gespannt auf ihn gerichtet. Und er begann, zu ihnen also zu sprechen: Heute ist die Stelle, die ihr soeben gehört habt, erfüllt.“

Wir erkennen im lukanischen Bericht, wie die Lesung (sicherlich die Zweierlesung von Gesetz und Propheten) zu Christi Zeiten Mittelpunkt des israelitischen Gottesdienstes ist. Das wirkt sich auch im Glaubensgespräch außerhalb des gottesdienstlichen Raumes aus. Jesus übernimmt in der Osterkatechese für die Jünger auf dem Wege nach Emmaus die gleiche Ordnung: „Dann fing er mit Mose an und mit all den Propheten und erklärte ihnen, was in den Schriften von ihm geschrieben steht“ (Lk 24, 27).

Angesichts dieser Tradition darf man sich wundern über die „innere Überlegenheit“, die statt Mose Mao, statt Schrift Zeitung vorliest. Bemerkenswert ist auch das „Selbstbewußtsein“, das das Alte Testament still beiseite schiebt, obwohl der Herr, wenn er von der Heiligen Schrift sprach, nur das Alte Testament meint.

Die Zahl

Die frühe Christenheit übernahm die synagogale Ordnung. Wir erkennen es an liturgischen Formularen aus ältester Zeit, z. B. am Karfreitag alten Stiles. Da sind die Lesungen: Gesetz = Exodus, und Propheten = Habakuk. Man fügte das Evangelium als dritte Lesung hinzu. Es war in der ersten Generation wohl sicher nicht als Lesung, sondern als mündlicher Bericht über Leben und Wort, Tod und Auferstehung Jesu Christi gedacht; es konnte erst Lesung werden, nachdem die mündlichen Berichte schriftlich niedergelegt worden waren.

Die *Dreizahl* der Lesungen blieb dann nur noch an liturgisch hohen Tagen erhalten, bis in die Neuzeit mancherorts an Weihnachten, allgemein an Quatembertagen. Doch denkmalhaft blieb die Erinnerung an die drei Lesungen in der Zweizahl der Antworten. Fast täglich bot das Missale Graduale und Hallelujagesang hintereinander an. Die mittlere Lesung dazwischen war entfallen. Erst das Zweite Vatikanum hat für Hochfeste und Sonntage die Dreizahl der Lesungen wiederhergestellt.

Man klagt oft über mangelnde Ruhe der Feier der heiligen Messe. Gerade die Dreizahl der Lesungen gibt der Feier die Ruhe. Man kann sich hinsetzen und hören. Diesem Hören muß, um Romano Guardinis Wort zu gebrauchen, das „Auf-hören" vorangehen; damit ein Handwerker, der gebeugt über seine Arbeit sitzt, hören kann, muß er erst die Arbeit lassen, muß sich nach oben wenden und aufrichten; er hat die Hand an die Ohrmuschel gelegt und hört nach oben hin auf eine Botschaft. Das Hören der Lesung setzt also das Aufhören der Geschäftigkeit voraus. Wenn das wirklich geschieht, entsteht von selber der Raum der Ruhe um die Lesungen. Dazu gehört ein richtiges Vorlesen, eine klare Verständnismöglichkeit, ein entspanntes Hören als Voraussetzung. Dann ist die innere Ruhe reife Frucht der Lesung. Daß die Wiederherstellung der Dreierlesung durch das Zweite Vatikanum diese Ruhe eröffnet hat, müssen wir dankbar erkennen.

Dreizahl der Lesungen ist der Normalfall der Sonn- und Hochfesttage. Das deutsche Meßbuch hat hier seine Anweisungen mit Eleganz formuliert: „Folgt eine zweite Lesung ..." Die ursprüngliche Idee des Gesetzgebers, vorbereitet durch stürmisches Verlangen aus deutschen Gauen, war wirklich die Dreizahl. Sie findet auch ihre selbstverständliche Annahme in der Weltkirche. Nur im deutschen Sprachgebiet hat man inzwischen die traurige Entdeckung gemacht, daß die Gemeinden für drei Lesungen nicht aufnahmefähig sind, obwohl in den meisten anderen Sprachen von Italien bis Indien die sonntägliche Dreizahl der Lesungen mühelos angenommen ist.

Gegenwärtigkeit

Die Aktualität der Lesungen besteht nicht nur im Ansprechen des einzelnen Menschen: „Du bist dieser Mann!" Sie liegt nicht nur in ihrem Objekt. Die Lesung ist in sich Akt des Vollzuges des Gelesenen. Christus sagt in Nazaret: „Heute ist das an euch in Erfüllung gegangen!" Die Lesung ist also nicht nur Bericht oder Information. Sie selbst ist Ereignis. Das in ihr Berichtete geschieht jetzt und heute. Wenn bei der liturgischen Lesung der Passion der Tod des Herrn berichtet wird, dann knien die Versammelten nieder. Sie tun nicht, als ob sie unter dem Kreuz stünden; sondern das Erlösersterben ereignet sich jetzt, wird jetzt gegenwärtig.

Daraus folgen Heilsgegenwart und Mysteriengegenwart im Lesegottesdienst. Nicht nur in den sakramentalen Gestalten ist Jesus Christus anwesend, sondern auch schon im Wortgottesdienst, weil eben die Lesung das berichtete Ereignis gegenwärtig sein läßt. – Das Gesagte gilt vor allem für das Evangelium.

Bei dieser Gelegenheit muß ein mögliches Mißverständnis bedacht werden. Gegenwart ist nicht gleich Gegenwart. Sie hat Stufen. Das Axiom der scholastischen Philosophie sagt: „Potest aliquid esse plus vel minus tale – Etwas kann mehr oder weniger dieses sein!" Das Leben zum Beispiel ist Leben, wenn auch mehr oder weniger Leben im Kristall, in der Pflanze, im Tier, im Menschen, in Gott. So ist die Gegenwart unseres Herrn im Gebet und im Wort nicht das gleiche wie seine eucharistische Gegenwart und doch wirkliche Gegenwart. Er spricht. Sein Werk wird vollzogen. Seine Liebe ist da. Er ist wirklich gegenwärtig.

Vom Evangelium gilt ausdrücklich und unmittelbar: „Der Meister ist da und ruft dich" (Joh 11, 28). Er ist da. Es geht nicht nur um das Vorlesen seiner Worte, nicht nur um das dadurch gegebene Klima seiner Geistigkeit, nicht nur um die Vorstellbarkeit seiner Nähe. Er ist da. Der Vorleser leiht ihm die Lippen und den Mund. Der eigentlich Sprechende ist Christus selber. Christus sagt: „Komm und folge mir!“ Er sagt: „Habt Vertrauen!“

Riten

Die Gegenwärtigkeit Christi wird durch verschiedene *Riten* in Erinnerung gebracht. Beim Einzug wird das Evangelienbuch *vorangetragen:* Christus kommt. Gäbe es doch wieder einmal Evangeliare! Während des Wortgottesdienstes führt das Evangelienbuch den Vorsitz. So geschah es, wie von verschiedenen alten Abbildungen festgehalten wurde, bei den Konzilien bis hin zum Zweiten Vatikanischen Konzil. So sollte es bei jedem Hochamt sein: Christus präsidiert. – Das Buch wird *aufgeschlagen.* Vor dem Gottesdienst muß das heilige Buch verschlossen sein, wie es auch nach dem Gottesdienst nicht offen liegen bleiben darf. Das Öffnen des Buches erinnert an die Geheime Offenbarung: „Als es (das Lamm) das siebte Siegel öffnete, ward es still im Himmel...“ (Offb 8, 1). Vielleicht muß man auch ganz praktisch daran denken, daß das mit Tinte handgeschriebene Buch oder die Pergamentrolle, wenn sie geöffnet liegen bleiben, gefährdet sind. Jedenfalls bereitet die Öffnung des Buches die Lesung vor, sie hebt die Verschlossenheit und das Geheimnisvolle auf, macht sie zugänglich, vernehmbar. Sicher kein unbedeutender Akt! Das gesamte 5. Kapitel der Offenbarung wäre hier anzuführen.

Die *Lichterträger* ziehen auf. Schon das alte Rom stellte den Codex Iuris zwischen brennende Lichter. Erst recht gehört der Kodex der Frohbotschaft zwischen Lichter: „Ich bin das Licht der Welt!“ Viele Bistümer haben bis ins hohe Mittelalter, ja bis heute, wörtlich die Apokalypse nachgeahmt: „... ich sah sieben goldene Leuchter, inmitten dieser Leuchter einen, der einem Menschensohn glich“ (Offb 1, 12, 13). Darum ließ man sieben, später, der Gleichzahl wegen, acht Leuchterträger kommen. „Die sieben Leuchter sind die sieben Gemeinden selbst“ (Offb 1, 20). Das Licht der Welt zündet die Lichter der Gemeinden an.

Der *Rauchfaßträger* kommt. Die Apokalypse ist wieder deutend zur Hand: „Dann kam ein anderer Engel und trat vor den Altar mit einem goldenen Rauchfaß, dann gab man ihm viel Räucherwerk ..." (Off 8, 3). Darf man nicht auch vergleichen mit Mattäus 2, 11: „(Die Weisen) traten in das Haus ... öffneten ihre Truhen und brachten ihm Geschenke dar: Gold, Weihrauch und Myrrhe." Der Weihrauch ist Königshuldigung. Hier sind, wie Chrysostomus meinte, die „reliquiae Christi" in den Worten Jesu.

Der Sänger des Evangeliums bittet um den *Segen*. Der Zelebrant spricht: „Der Herr sei in deinem Herzen und auf deinen Lippen, damit du sein Evangelium würdig verkündest. Im Namen des Vaters ..." Der Text hat seine Herkunft aus der Berufungsvision des Jesaja (6, 7).

Verkündet der Zelebrant selbst das Evangelium, dann bittet er: „Heiliger Gott, reinige mein Herz und meine Lippen, damit ich dein Evangelium würdig verkünde." Es geht nicht nur um den äußeren Dienst. Das Herz muß dabeisein.

Nun folgt die kleine *Evangelienprozession*. Sie ist nur ein schwaches Abbild ihres Gegenstückes in der byzantinischen Liturgie. Aber wenn sie gut vollzogen wird, wenn sie alles verwendet, was dahingehört, die zwei oder sieben oder acht Lichter, den Weihrauch, das würdevoll getragene Buch, gewinnt sie ihre Schönheit und zeigt ihren Sinn.

Ziel der kleinen Prozession ist der *Evangelienambo*. Das Wort Ambo kommt von anabaino = hinaufsteigen, bedeutet also: erhöhter Platz. – Es ist derzeit allerorts üblich geworden, daß die Verkündigung aller Lesungen und die Predigt an der gleichen Stelle, am gleichen Lesepult vorgenommen werden. Die Gesetzgebung spricht von einem Ort der Wortverkündigung. Sie spricht auch nicht mehr von Epistel- und Evangelienseite. Das ist natürlich sehr praktisch und vor allem vernünftig, wenn der Gottesdienst nur von einem getragen wird. Es ist aber kein Grund einzusehen, weshalb die mehr als tausendjährige Tradition einer doppelten Verkündigungsstätte, also zweier Ambonen, aufgegeben werden müßte, vor allem wenn ein alter Bau eine solche Unterscheidung schon in sich trägt. Das Evangelium, Christi eigenes Wort, gehört dann an die rechte Seite des in der Apsis Thronenden, also an die linke Seite des Gläubigenraumes.

An der Schwelle der Verkündigung darf man sich des Textes der

Offenbarung des heiligen Johannes erinnern, der alle Vergleiche mit Dichterlesung oder Hochschulvorlesung oder Tischlesung und ähnlichem beiseite schiebt: Offenbarung 10. Der Text gehört sogar zu den Worten der Umgangssprache, ohne daß wir es ahnen: „Ein Buch verschlingen!" Das kleine Buch, das der Engel reicht, wird vom Seher verschlungen. Es ist im Munde süß wie Honig, aber im Magen bitter. Das Wort des Johannes will verglichen werden mit Ezechiel 3: Der Prophet muß eine Buchrolle verzehren; sie wird seinem Mund honigsüß. Verkünder und Hörer müssen vor diesem Bild aus Johannes und Ezechiel nachdenklich werden.

Allein schon die *Prozession,* das Schreiten auf die Verkündigungsstätte hin, sagt: Der Herr kommt! Die Evangelienverlesung ist eine Ankunft, eine Epiphania Domini.

Das wird unterstrichen vom *Gruß.* Hier möchte man ihn wirklich übersetzen: „Der Herr *ist* mit euch!" Die Ansage: „Aus dem heiligen Evangelium ..." oder lateinisch „Lectio Sancti Evangelii ..." wird persönlich beantwortet: „Ehre sei dir, o Herr!"

Persönliche Huldigung ist auch die *Inzensation* des Buches. Der Huldigung an den, der gekommen ist, dient auch das Geläut der *Turmglocke,* das glücklicherweise noch vielerorts erhalten ist; jedenfalls ist es auch ein Signal nach außen hin zu den Kranken und Verhinderten: „Wir sind nun soweit ...!" Aber mehr noch ist das Geläut ein Gruß, wie sonst, wenn der Bischof kommt, wie beim Einzug, wie bei der Wandlung. Alles fügt sich zusammen, um deutlich zu machen: Der Herr spricht persönlich zu seinem Volk.

Ein letztes Element zur Verdeutlichung der personalen Dimension des Evangeliums ist der *Gesang* seiner Worte. Wenn die Einleitungsworte des Evangeliums gesungen und dann die heiligen Worte gesprochen werden, wie es gestattet ist, spürt man den Stilbruch. Man hört aus dem Sprechton die Mitteilung, die Vorlesung, die Information. Es geht aber doch um mehr. Der Herr spricht. Das Singen hebt die Worte auf eine höhere Ebene. Die großen Redner des Altertums haben nach der Sitte ihrer Zeit die Reden mehr gesungen als gesprochen. Die Prediger des christlichen Altertums haben, wie zum Beispiel das Prosaversmaß des hl. Leo des Großen, der sogenannte Cursus, zeigt, ihre Sermones und Homilien mehr singend als sprechend vorgetragen. Mancher Prediger hat heute noch einen urtümlichen Zwang in sich, die Predigt zu „singen“. Ganz im Gegenteil dazu meint mancher Liturge und Homilet, den Gesprächscharakter des Wortgottesdienstes durch eine Art des Vor-sich-hin-Sprechens erneuern zu müssen, was nichts mehr mit dem Dienst am Wort zu tun hat. Jedes gehobene Sprechen wird als Pathos abgetan. Singen sollte man das Evangelium wenigstens im Amt, wenigstens am Sonntag! Das Singen muß natürlich gekonnt, es darf nicht entartet sein. Das augustinische Wort „Cantare amantis est – Singen ist dem Liebenden eigen“ kommentiert dann das Evangelium als Botschaft dessen, der „die Liebe ist!“

In der Dimension der Liebe liegt auch der *Kuß* auf das Evangelium nach seiner Verkündigung, früher vom Zelebranten, jetzt vom Verkünder vollzogen. Man darf vergleichen Apostelgeschichte 20, 37: Paulus hat in Milet zu den Abgesandten von Ephesus gesprochen, um Abschied zu nehmen. Nach seiner Predigt kniet er nieder und betet; da brechen alle in Weinen aus, fallen Paulus um den Hals und küssen ihn. Der Kuß ist Dank für das Wort. Nur ist er nach dem Evangelium kein Abschied, sondern Gewißheit der nie verlöschenden Stimme.

Auswahlprinzipien

Was gelesen wird, steht unter der vom Zweiten Vatikanischen Konzil gegebenen Anweisung: Der Tisch des Gotteswortes soll reicher gedeckt werden. Dazu kommt das formgebende Prinzip: Ein Buch nach dem anderen, ein Kapitel nach dem anderen! Der Fachausdruck sagt: Kursorische Lesung oder Bahnlesung. Die Hochfeste allerdings wahren das alte Prinzip, das von der Pilgerin Egeria um 390 gekennzeichnet wurde: „Was dem Tag und dem Ort zukommt!“

Für die Sonntage entstanden dadurch die *drei Lesejahre* A, B und C, besser: Mattäusjahr, Markusjahr, Lukasjahr. Der heilige Johannes bedarf keiner Reservierung eines Jahres, weil er der Evangelist der Festzeiten ist. Die Werktage sind nicht in das Jahresprinzip eingebunden; sie lesen nach eigenem Plan die vier Evangelien. Daher kann es unversehens kommen, daß ein Werktagsevangelium ein eben verkündetes Sonntagsevangelium wiederholt. – Innerhalb eines

Lesejahres folgt ein Kapitel auf das andere, eine Wanderung durch die biblische Welt dieses Evangelisten.

Die sonntägliche Auswahl hat nun dem jeweiligen Sonntagsevangelium eine *passend* ausgesuchte *alttestamentliche Lesung* vorausgeschickt. Ist zum Beispiel im Evangelium von der Heilung eines Aussätzigen die Rede, bringt die erste Lesung die alttestamentliche Gesetzgebung über den Aussatz. Der alte Satz wird deutlich: „In Vetere Novum latet, in Novo Vetus patet – Im Alten Testament ist das Neue verborgen, im Neuen wird das Alte offenbar.“ Darum kann auch die Predigt den Zusammenhang zwischen Evangelium und alttestamentlicher Lesung zeigen und erklären. – Dabei bleibt eine Ausnahme: Die Osterzeit kennt keine alttestamentliche Lesung. Statt dessen wird sie von der fortlaufenden Lesung der Apostelgeschichte und der Geheimen Offenbarung beherrscht. Altchristliche Zeit sah in diesen Büchern die Osterevangelien.

Anders ging die Auswahl der *Epistellesungen* vor sich. Hier gilt zunächst wieder das Prinzip: Brief auf Brief, Kapitel auf Kapitel. So kommt ein Brief nach dem anderen zur Verlesung: Brief an die Römer, an die Korinther usw. Zwar ergeben sich allerlei Verschiebungen durch die Aufteilung der Briefe auf die drei Lesejahre. Doch im Laufe der drei Lesejahre kommen alle Briefe der Apostel zur sonntäglichen Verlesung. Dabei kann an den einfachen Sonntagen keine Rücksicht auf den Zusammenhang der Apostellesung mit dem Evangelium oder mit der alttestamentlichen Lesung genommen werden. Eigenständig und zusammenhanglos steht die sonntägliche Epistel aus den apostolischen Briefen zwischen dem Alten Testament und dem Evangelium. Das gemeinsame Thema aller Teile der Heiligen Schrift ist aber das *Heil,* das Gott schenkt, das der Mensch empfängt, das in Christus gegeben wird. Darum findet man immer wieder mühelos auf der Brücke der Gesamtthematik Affinitäten, die man auswerten darf. Nur darf man nicht behaupten, die Epistellesung sei bewußt auf die Nachbarlesungen ausgewählt worden.

Als Beispiel sei herausgegriffen der 8. Sonntag im Jahreskreis, Lesejahr B. Der Evangelist Markus bringt anläßlich der Fastenfrage das Herrenwort vom „Bräutigam“, also von der „Hochzeit Gottes“ mit seinem Bundesvolk. Vorbereitet hat Hosea (2, 16–22) dieses

Thema der Hochzeit und Brautschaft Gott–Volk. Dazwischen tritt nun – beziehungslos? – der zweite Korintherbrief (3, 1–6) mit seiner Perikope vom Brief Gottes, der durch den apostolischen Dienst besorgt wird; aber dann heißt es: „Gott hat uns zu Dienern des Neuen Bundes befähigt, er ist ... ein Bund des Geistes." Es bedarf jetzt nur einer kleinen Fortsetzung des Gedankens: Der Bund Gottes mit seinem Volk gleicht einem hochzeitlichen Bund, Diener dieses Bundes ist das Apostelamt, der Apostel ist Brautführer im Sinne des Täufers. Nun lassen sich die Schlußfolgerungen ziehen: Nur Diener, nur Brautführer ist der Träger des Apostelamtes, niemals darf er den Menschen an sich binden, sondern nur Christus, dem Bräutigam, zuführen.

Alle Festtagslesungen sind dem gefeierten Ereignis, dem Tag und dem Orte verbunden: „convenientes diei et loco". Hier kann man unmittelbar die Spiegelung des Festes in den drei Lesungen aufspüren, herausarbeiten, aufzeigen. Eine echte Aufgabe der Betrachtung.

Die Werktagslesungen haben wieder eine andere Ordnung. Sie bringen im Laufe eines Jahres eine kursorische Lesung aus Mattäus, Markus und Lukas. Dazu fügen sich im deutschen Sprachgebiet für die erste Lesung der heiligen Messe zwei Jahreszyklen „Jahr I" und „Jahr II". Man wollte einfach eine größere Zahl von Lesungen. Das ist trotz der kleinen Komplizierung sehr dankenswert.

Daraus folgt: Evangelium und Lesung des Werktags können nicht bewußt und thematisch aufeinander zugeordnet sein. Das Zusammentreffen ist zufällig. – Dennoch haben alle Lesungen der Heiligen Schrift, wie gesagt, ein einziges Grundthema: das Heil in Christus!

Quantität

Die *Quantität* der in den Lesungen der Sonn- und Feiertage verkündeten Perikopen der Heiligen Schrift kann etwa folgendermaßen schätzungsweise angegeben werden:

Die vier Evangelien werden fast ausnahmslos vorgelesen;
die Apostelbriefe werden vorgelesen zu etwa 9 Zehnteln;
das Alte Testament wird vorgelesen zu etwa 3–4 Zehnteln.

Nimmt man die Werktagslesungen hinzu, so entstehen einige Verdoppelungen von Evangelienlesungen.

Hinzu kommen noch Perikopen aus den apostolischen Schriften, Perikopen aus dem Alten Testament.

Man kann aufaddieren: Ein katholischer Christ, der täglich die heilige Messe mitfeiert, liest innerhalb von drei Jahren fast die gesamte Heilige Schrift.

Quantitative Wertung ist fragwürdig, wenn es um das Buch der Bücher geht. Wenn aber das Zweite Vatikanische Konzil angeordnet hat: „Der Tisch des Wortes soll reichlicher gedeckt werden", so dürfen wir feststellen: Der Konzilsauftrag ist erfüllt. Manche Gemeinschaften der Christenheit kennen in ihrem Gottesdienst keine Schriftlesungen mehr. Die Kirchen der Reformation stellen in manchen Gegenden den Wochenspruch auf. Er hat die Länge von mehreren Schriftversen, er ist bestens ausgewählt. Doch mehrere Schriftlesungen in Perikopenlänge sind unbekannt. Die Schriftlesung wird der frommen Initiative des einzelnen überlassen, und sie hat dort eine wirkliche Heimat. Trotzdem darf es uns froh machen, daß der katholische Gottesdienst eine solche Fülle des Gotteswortes in sich birgt. Allerdings schafft die Gabe Aufgaben: dem Hörer des Wortes die Aufgabe der Meditation, dem Vorsteher des Gottesdienstes die Aufgabe der immer neuen Erläuterung.

Predigt

Die liturgischen *Bestimmungen* sagen: An Sonn- und Feiertagen ist die Homilie zum Evangelium Pflicht. An den Werktagen der Fasten- und Adventszeit wird sie dringend angeraten. An allen anderen Tagen ist sie sehr empfehlenswert. Eine große Last? Sicherlich nicht, wenn man voraussetzt, daß jeder Zelebrant täglich seiner Meditation (früher sagte man Betrachtung) obliegt. Wer aus dem Wort Gottes lebt, dem sollte es leicht sein, das Wort Gottes den Seinen lebendig zu machen.

Das Evangelium und mit ihm die Lesungen rufen einfach nach der Homilie, nach der Erläuterung und Erklärung. Die Szene in der Synagoge von Nazaret zeigt es: „Er rollte das Buch zusammen und setzte sich … Aller Augen waren auf ihn gerichtet, und er begann zu sprechen." Durch die Predigt wird die Lesung erst recht zum lebendigen

Wort. In der Zusammenfügung von Lesung und Predigt wird wieder sichtbar, was in der Zeit nach Christus geschah. Der Leser beendete die Lesung. Der Apostel begann mit der Predigt, und die Predigt, die Verkündigung, wurde zum Evangelium, das dann schriftlich fixiert wurde. Das Evangelium hat seinen Ursprung in der apostolischen Predigt, wird nun seinerseits ebenfalls zur Lesung. Aber diese Evangelienlesung kann nicht für sich bleiben. Sie wird zu neuer Verkündigung und Predigt, weil sie in sich die Unruhe trägt, die Hörenden zu erreichen. Deshalb beenden die Bischöfe der frühchristlichen Zeit ohne einen Zwischensatz, ohne einen Wechsel des Tones und des Ortes das Evangelium und fahren einfach fort: Die heiligen Worte, die ihr soeben vernommen habt... Deshalb ist zwischen Evangelium und Predigt ein nahtloser Übergang. Nicht der Zelebrant des Hochamtes, sondern der Diakon küßt das Evangelium; dadurch wird der Übergang unmittelbar. Es geht einfach weiter: Die Worte unseres Herrn, die wir soeben vernommen haben, sagen uns...

Die *Einrichtung* des christlichen basilikalen Gotteshauses illustriert dies. Die israelitische Synagoge sah im Scheitel des Versammlungsraumes den Tora-Schrein mit den heiligen Büchern. Der Schrein mit den heiligen Büchern des Gotteswortes rückt im christlichen Gotteshaus auf die linke Seite des Raumes, also auf die rechte Seite des dem Volk zugewandten Thronenden. (Als später dieser rechtsseitige Platz vom heiligsten Sakrament beansprucht wird, geht der Wandschrank mit den heiligen Büchern an die Epistelseite.) Jedenfalls wird die Mitte, der Scheitelpunkt des Versammlungsraumes, nicht mehr vom Schrein des niedergeschriebenen Gotteswortes eingenommen, sondern vom Zelebranten. Der Bischof mit seinem lebendigen Wort, mit dem lebendigen Lehramt, mit dem lebendigen Zeugnis für Christus ist Höhe und Mitte der Versammlung.

Darum ist die *tägliche* Homilie, mag sie am Werktag auch nur drei Minuten währen, von der Sache her unentbehrlich, von der Struktur her unerläßlich. Wenn nur der wichtigste Satz des gelesenen Evangeliums herausgehoben und in seiner Bedeutung für diesen Tag zum Bewußtsein gebracht würde, genügte es schon. Aber notwendige Voraussetzung sind und bleiben eigene Innerlichkeit und Nachdenklichkeit dessen, der die heilige Messe feiert. – Als Normalform der

Predigt ergibt sich daraus die Homilie, die Ausdeutung und Vertiefung des Textes der Lesungen.

Sicherlich duldet die Einheit von Evangelium und Predigt nicht die völlige Ferne der Predigt vom Evangelium. Die Glaubensverkündigung fordert andererseits oft ihre eigenen Rechte, wenn sie von der Lesung des Evangelientextes nicht erfaßt wurde. Ein Ereignis, eine Schrift, Zeitverhältnisse, Gemeindeleben, die Reihe der Fastenbetrachtungen oder anderes können vielleicht dem Sonntagsevangelium beziehungslos gegenüberstehen. Aber warum nicht das Tagesevangelium belassen, die Predigt danebenstellen und doch in der Einleitung oder im Schluß oder in einem Teil der Predigt Bezug auf das Evangelium nehmen? Das gestatten die innere Brillanz des heiligen Textes und die Konvergenz aller christlichen Thematik. Aber es muß ohne alle Gezwungenheit hergehen.

Antwort auf das Gotteswort: Die Zwischengesänge

Situation

Zwei sitzen beieinander, der eine aus einer wortreichen Gegend Westdeutschlands, der andere aus dem wortkargsten Niedersachsen. Der eine erzählt, erzählt. Der andere sagt kein einziges Wort. Am Schluß meint der erste: „Wir haben uns gut unterhalten."

Wer im Gespräch ist und schweigt, verrät Verstocktheit oder Verärgerung, Trotz oder Dummheit, Unwissenheit, Schwerhörigkeit oder eine veranlagungsbedingte Schweigsamkeit.

„Verbum Domini!" oder „Wort des lebendigen Gottes" – so schloß die Lesung ab. Gott hat gesprochen, Gott hat uns angesprochen. Gott hat mich angeredet. Nun folgen die Cantus responsoriales, die Antwortgesänge – nach der alttestamentlichen Lesung der Psalmus responsorialis mit dem Responsum, das heißt der Antwortpsalm des Vorsängers mit dem Antwortruf der Gemeinde. Schade, daß sich die deutsche Übersetzung zu dem unzutreffenden und fast entwertenden Ausdruck „Zwischengesang" entschloß. Denn hier kommt die Antwort, die zusammen mit dem Wort das Gespräch ausmacht.

Darum ist die Bezeichnung Antwortgesänge entschieden richtiger und wesensgemäßer. Hier wird nicht etwa zwischendurch zur Abwechslung etwas gesungen oder gesprochen. Hier haben wir nicht nur ein Struktur-, sondern ein Wesenselement des Wortgottesdienstes und der heiligen Messe überhaupt.

Die rauhe Wirklichkeit verrät oft von diesen Strukturen nichts mehr. Die Lesung ist zu Ende. Die Orgel intoniert. Die Gemeinde singt fast im Halbschlaf: „Komm, Schöpfer Geist!“ Statt der Antwort ein Vorwort auf das Evangelium hin, zwischenhinein gesungen! – Oder: einige Verse, ein Ritornello, ein moderner Song, aber kein Antwort*psalm*. Die Antwort ist eigenständige Größe, ein Baustein zum Dialog. Die Gemeinde hat nicht bedacht, welche Würde ihr zuteil wird, mit Gott im Gespräch zu sein, ähnlich dem Mose, der mit Gott sprach, wie ein Freund zum Freunde spricht (Ex 33,11).

Geschichtliche Notizen

In der klassischen Periode der römischen Liturgie geschah an dieser Stelle der heiligen Messe folgendes: Der Lektor verließ den Ambo, nachdem er die Lesung verkündet hatte. Der Psalmist erstieg die Stufen, aber nicht die Höhe des Ambo. Die Schola sang einen Psalmvers in der reichen gregorianischen Melodik vor, der Psalmist trug in gleicher Weise einen Psalmvers vor, die Schola stimmte in seinen Sologesang ein. Graduale nannte man diesen Antwortgesang, weil er „ad gradus – an den Stufen“ des Ambos angestimmt wurde.

Dieses Singen führte zu einer kleinen hierarchischen Palastrevolution. Das Singen des Graduale war zum Privileg der Diakone geworden. Dadurch entstand der Eindruck, man müsse eine gute Stimme haben, um Diakon werden zu können. Das schien dem großen Papst Gregor I. unpassend zu sein, den heiligen Ordo von gesanglichen Qualitäten abhängig zu machen. Darum verfügte er, die Subdiakone hätten das Graduale zu singen.

Nach der zweiten Lesung aus den Briefen der Apostel ergab sich eine ähnliche Situation. Der Kantor stimmte das Halleluja an, die Schola wiederholte es, der Kantor sang den Psalmvers, die Schola erneuerte das Halleluja.

Auch hier wurde die Funktion des Kantors in den verschiedensten

Ländern von verschiedenen Amtsträgern übernommen. In Afrika waren es die Lektoren. – Als die Vandalen in Karthago eindrangen, wurde in der Kathedrale die Osternacht gefeiert. Gerade sang der Lektorenknabe das Halleluja, da kam vom Eingang der Kirche her ein Pfeil und durchbohrte die Kehle des Sängers – er konnte das Halleluja im Himmel weitersingen.

Die ältere, ursprüngliche Form blieb an den Bußtagen erhalten, der Tractus = der cantus protractus – der langgezogene Gesang. Wie in der Synagoge wurde der Psalm Vers für Vers vom Kantor vorgetragen. Dazwischen war das Volk mit Rufen beteiligt. Diese Antwortrufe waren im Missale nicht mehr erhalten. Sie werden vorstellbar aus anderen Gelegenheiten. Bei der Weihnachtsprozession von Jerusalem nach Betlehem sang die Gemeinde zum Psalm den Kehrvers „Gebenedeit sei, der da kommt im Namen des Herrn." Auch beim Graduale waren nicht nur Vorsänger und Schola, sondern auch das Volk beteiligt.

Gegenwärtige Erneuerung

Die Liturgie hat heute dem alten Tractus Würde und Vorrang zurückgegeben, ihm nur den Namen, der fast Scherzname war, genommen. Der erste Antwortgesang ist der Antwortpsalm mit dem Antwortvers der Gemeinde, ganz nach der ursprünglichen Weise des Tractus. Eine geglückte Renovation!

Der zweite Antwortgesang ist im Lauf des Jahres das Halleluja mit seinem Vers. In der Fastenzeit steht nur der evangelienbezogene Vers da, eine sehr unbefriedigende Lösung, solange sich keine Singmöglichkeit und keine Volksbeteiligung auftut.

Geglückt ist auch die textliche Durchführung der Antwortgesänge. Mit erstaunlicher Treffsicherheit haben schrift- und liturgiekundige Bearbeiter zur Lesung den richtigen Psalm ausgewählt und aus dem Psalm den richtigen Antwortvers herausgelöst. Es bleibt aber die Frage, ob die Ausführung das Niveau der Partitur erreicht. Noch zu wenig hat sich die Kirchenmusik der Antwortgesänge angenommen. Die Vertonung der Volksrufe würde genügen. Allerdings muß der gesungene Antwortvers überschaubar, lebendig, nicht zu wortreich, einprägsam und rasch wiederholbar sein. Sicher ist, daß Psalm und

Ruf nach musikalischer Gestalt suchen. Im lustlosen Gemurmel einer Gemeinde kann der schönste Antwortgesang vergehen. Denn ein gesprochener Psalm ist wie ein aufgesagtes Lied. Als trostlos empfindet man in der Fastenzeit die Lage des einzelnen Versleins, das zwischen den Blöcken der Epistel und des Evangeliums zerrieben wird, ohne Volksbeteiligung, ohne verfügbare Melodien. Man sollte sich wenigstens dadurch helfen, daß man die Gemeinde etwa einen Ruf: „Heiliger Gott, heiliger starker Gott, Heiliger, Unsterblicher, erbarme dich unser!" singen ließe. Das Jahr hindurch steht das Halleluia da als strahlende Begrüßung des Evangeliums. Würde es nur immer und überall gesungen! Ein dahingesagtes Halleluia ist ein Widerspruch in sich. Es gleicht einer Fußballzuschauerschaft, die in Tonstärke eines schlechtgelaunten „'n Morgen!" zwischen den Zähnen „Tor" sagte.

An den Antwortgesängen ist also noch viel Arbeit zu leisten, bis sie die Form und Strahlkraft haben, die sie haben müssen, bis sie ihre Aufgabe recht erfüllen können.

Dann gilt auch vom Antwortpsalm das Wort, das vom Psalm gilt: „Psalmus tranquillitas animarum – Der Psalm ist die Ruhe des Herzens." Wer in der heiligen Messe mitfeiert, kommt aus der Unruhe. Gewiß, Eröffnung und Bußritus zwingen ihn schon zur Sammlung. Doch die Lesungen rütteln ihn zu anderer Unruhe wieder auf. Dann bringt der Psalm wieder die Ruhe des Herzens. Sein Gleichmaß, sein ruhiger Atem, sein kraftvolles und gemessenes Wort, seine Melodien bringen Gelassenheit. Aus ihr wächst die Besinnlichkeit. „Ich will nachdenken über all deine Gesetze hier." Die Erwägung schafft Entschluß und Bereitschaft.

Der Ruf nach Stille wäre nicht so verärgert, wenn die innere Stille der Antwortpsalmen ausgenützt würde. Der jugendliche Vorwurf: „Die Messe ist langweilig!" könnte nicht so bitter sein, wenn die Gespanntheit, die Auseinandersetzung, die Diskussion, die Rede und Widerrede zum Tragen kämen, die in den Antwortgesängen liegen.

Der Zusammenklang von Gotteswort und Menschenantwort: Credo

Geschichte

Der heilige Kaiser Heinrich II. wurde 1014 zu Rom in der Peterskirche gekrönt. Danach fand das Mittagsmahl im Triclinium des päpstlichen Lateranpalastes statt, dessen Apside heute noch steht. Nach großen liturgischen Funktionen spricht man von der Liturgie. So auch damals. Der Kaiser wandte sich an den Papst und fragte: Warum denn bei der Krönungsmesse das Credo gefehlt habe? – Vermutlich erinnerte sich Kaiser Heinrich an seine Aachener Königskrönung 1002. Papst Benedikt VIII. war verlegen. Der noch junge Sproß einer römischen Adelsfamilie war nicht sicher in den Rubriken. Er wandte sich an seine geistlichen Herren. Die Prälaten erklärten ohne Zögern: Das hängt sicher damit zusammen, daß die römische Kirche allzeit im wahren Glauben treu blieb; deshalb braucht sie kein Credo zu bekennen! – Man kann sich bei diesem „Gipfelgespräch" über Liturgie des Lächelns nicht erwehren.

Die römischen Gottesdienste hielten am alten Brauch fest, wenn sie kein Credo sangen. Das Credo gehört zum Taufritus, nicht zur Messe. Bis heute kannte die Osternacht nur ein Credo in der Taufliturgie.

In Spanien hatte 589 der westgotische König Reccared den Arianismus abgelegt und sich dem katholischen Christentum zugewandt. Sein älterer Bruder Hermenegild hatte wenige Jahre zuvor noch um des katholischen Glaubens willen das Martyrium auf sich genommen. Denkmal der Konversion der Westgoten zur katholischen Kirche war das Credo. Man sprach es mit dem Vaterunser zur Vorbereitung auf die heilige Kommunion. Dieser spanisch-gotische Brauch gelangte über Irland und England nach Aachen, vermutlich durch die Initiative des großen Angelsachsen Alkuin. Damals kommen im sogenannten Adoptianismus späte Ausläufer der arianischen christologischen Auffassungen zum Zuge. Deren Abwehr geschieht auch durch das Credo, das man nach dem Evangelium sang. So hatte es der hl. Kaiser Heinrich II. in Aachen bei seiner Königskrönung erlebt.

Dieser aus Spanien stammende Aachener Brauch war aus dem

Vorderen Orient herübergewandert. Um 515 begann der Konstantinopler Patriarch Timotheus das Symbolum in jeder Messe beten zu lassen. Dadurch wollte er seine Rechtgläubigkeit unter Beweis stellen, nachdem er des Monophysitismus beschuldigt worden war. Der so entstandene Brauch der Hauptstadt wurde im ganzen Reich nachgeahmt.

Der in Konstantinopel als Symbolum bei der Messe verwendete Text stammte aus Jerusalem. Er war das Jerusalemer Taufcredo, das schon der hl. Cyrill vor anderthalb Jahrhunderten verwendet hatte. Das Jerusalemer Taufcredo wird zum Konstantinopler Meßcredo.

Eine Zwischenstation war das Konzil von Chalcedon 451. In seinen Akten ist das Jerusalemer Taufcredo verzeichnet und dient der Zurückweisung des Monophysitismus.

Woher kommt nun der Name Symbolum Nicaeno-Constantinopolitanum? Wir lasen diesen Namen im Missale als Überschrift des Credo. – Die beiden ersten Konzilien, die sich mit der Abwehr des Arianismus befaßten, sollten mit ihrem Namen den Inhalt des Credo kennzeichnen, nicht seinen Text, sollten garantieren, daß das ehrwürdige Jerusalemer Taufcredo die rechte Lehre über den Sohn Gottes enthielt, wie es Nizäa und Konstantinopel I gelehrt hatten.

So kommen mehrere Jahrhunderte kirchlicher Geschichte mit dem Credo in die heilige Messe hinein. 325 Nizäa, 382 Konstantinopel, 386 St. Cyrill von Jerusalem, 515 Timotheus von Konstantinopel, 586 König Reccared und die Konversion der Westgoten, um 800 Karl, Alkuin und Aachen, 1014 Benedikt VIII., Heinrich II. und Rom. Es ist Konzilsgeschichte und Reichsgeschichte. Es ist Denkmal der Konzilien von Nizäa und Konstantinopel und Chalcedon, Denkmal der Katholisierung der Germanen, Denkmal der Krönungen des Mittelalters.

Damit ist die Geschichte des Credo der Messe nicht zu Ende. Allerdings geht es um die Geschichte der Verwendung des Credo. 1014 wird es für die Sonntage und für die im Credo erwähnten Festgeheimnisse angeordnet. Es folgen immer neue Präzisierungen. 1911 faßt Pius X., 1955 Pius XII. zusammen. Schließlich vereinfacht Paul VI. 1970: Credo an Sonntagen und Hochfesten.

Brücke zur Taufe: Glaubensfeier

Nach dem Kreuzzeichen „Im Namen des Vaters..." und nach dem sonntäglichen Asperge ist nun das Credo der dritte Brückenschlag zwischen Taufe und Messe, Bad und Mahl, Wasser und Blut. Aus dem Glauben wächst die Liebe.

Das Credo ist mehr als Glaubensbekenntnis und als Tauferneuerung aus rein gedanklicher Besinnung. Es will den Glauben feiern. Der Glaube ist nicht nur ein Prozeß, nicht nur ein überlegtes und gedankenschweres Jasagen zu offenbarten Wahrheiten, nicht nur fides qua creditur. Der Glaube ist auch fides quae creditur, Gegenstand des Glaubens. Er ist eine Welt von Glaubensinhalten, die im Credo ausgedrückt werden. Sie werden zunächst einmal gesungen. Ein gesprochenes Credo schiene fast gefährlich zu sein. Denn das Sprechen kann zwar den Glauben bekennen, kann die Glaubensinhalte aufsagen, aber nicht feiern. Dazu bedarf es des Gesanges. Der Text des Jerusalemer Credo ist in Versen und Strophen aufgebaut. Es gleicht einem Psalm. Es ähnelt einem Hymnus. Der Choral hat das unterstrichen. Seine Weisen gehen von den Psalmtönen aus. Sie machen das Credo zu einem Psalmenhymnus auf den Glauben und seine Lehren. Hier wird kein Bekenntnis abgelegt. Hier wird die Freude herausgesungen, daß wir diese Wahrheiten, zu denen wir uns als Christen bei der Taufe bekannt haben, besitzen und daß sie unserem Leben Reichtum, Fülle, Jenseitigkeit gegeben haben.

Der hymnische und psalmodische Charakter des Credo als Feier des Glaubens zeigt denn auch, daß das Symbolum mehr als nur antwortet auf Gottes Wort. Es kann nicht nur verstanden werden als Menschenwort, vom Menschen auf Gott hin produziert. Es will vielmehr Ausdruck der Einigung mit dem offenbarenden Gott sein. Indem es feiert, ist es Freude über den Besitz des Glaubens und seiner Inhalte. Indem es singt, zeigt es die Herrlichkeiten der Glaubensinhalte, in denen wir zu Hause sind.

Wenn man zurückdenkt an den dreifachen Schritt des Seins: These, Antithese, Synthese – Satz, Gegensatz, Zusammensatz, gehört das Credo entschieden zum Zusammensatz. Es ist Synthese von Gottes Wort und Menschenantwort. Es fügt Glaubensinhalt und Glaubensakt zueinander zur Glaubensfeier.

Hier müssen wir den Epheserbrief nachlesen: „... den unergründlich tiefen Reichtum Christi zu verkünden und es bei allen ins Licht zu stellen ... damit die mannigfache Weisheit kundgetan werde ... in Christus Jesus ... Durch ihn sind wir voll Zuversicht und können, da wir an ihn glauben, jetzt voll Vertrauen nahetreten ... Möge er euch nach dem Reichtum seiner Herrlichkeit verleihen, daß ihr durch seinen Geist im inneren Menschen mit Kraft gefestigt werdet, damit Christus durch den Glauben in euren Herzen wohne" (Eph 3,8–17).

Eins mit Christus im Glauben! Wenn wir im Glaubensvollzug die Glaubenswelt annehmen, die uns von Christus gebracht wird, werden wir eins mit Christus. Diese Einheit ist anders als die sakramentale Einheit mit Christus in der heiligen Kommunion. Aber sie ist wirkliches Einswerden. Sie vollzieht sich im Geiste. Der in Christus waltende Geist durchformt auch uns, läßt uns mit Christus geistverwandt, geistesgleich werden. – Das Credo schreibt über den Eingang der Opfermesse das gleiche Wort, das das innere Heiligtum der Konsekration überleuchtet: „Mysterium fidei!" Wenn wir durch Akte der Gewalt an der Communio eucharistica mit Christus gehindert würden, bleibt uns immer noch unverlierbar die Einheit mit Christus im Glauben, die Communio fidei. Sie wäre nicht nur ein übergroßer Trost, sondern eine Wirklichkeit, die uns über alle Erniedrigung erhebt.

Über den Portalen des Felsendomes (Omar-Moschee) auf dem Tempelplatz in Jerusalem steht die 23. Sure des Koran; ihr Inhalt ist in vielen Wiederholungen: „Gott hat keinen Sohn!" Über das Portal des Opfers Christi schreibt das Credo: „Gottes Sohn, wahrer Gott vom wahren Gott!"

Der Zusammenklang von Gotteswort und Menschenantwort: Die Fürbitten – das Gläubigengebet

Bedeutung

Das Credo nimmt nicht an allen Tagen seinen Platz ein. In manchen Jahrhunderten und an manchen Orten gab es kein Credo. Wo bleibt dann in der Kunst der Fuge, die der heiligen Messe ihre Struktur gibt, an dieser Stelle die Synthese, der Zusammenklang?

Zur Antwort auf diese Frage bedurfte es vor dem Konzil einer Analyse der Geschichte und der Texte der heiligen Messe. Das Konzilsdekret über die Liturgie hat die Antwort leicht gemacht. Das alte Gläubigengebet wurde wiederhergestellt. Es wurde mühelos von der ganzen Weltkirche angenommen und ist aus der Meßfeier nicht mehr wegzudenken. Leider hat der richtige Titel „Gläubigengebet" (im Gegensatz zu Amts- oder Priestergebet) sich nicht durchsetzen können. Immer noch heißt es „Fürbitten", sicher keine adäquate Bezeichnung, aber sie ist gewohnt und vertraut.

Wir haben Gottes Wort gehört. Wir haben geantwortet. Nun sind wir von dem Worte erfüllt und durchdrungen. „Eins mit Christus im Glauben" (Eph 3,17). Aber die österliche Glaubensfeier des Credo kann nicht an jeglichem Tag sein. Dann wird sie ersetzt durch das Gläubigengebet. Wenn das Credo seinen Platz einnimmt, wird es vom Gläubigengebet verstärkt.

Das Gläubigengebet gleicht dem Apostel Johannes beim Letzten Abendmahl (Joh 13,23.25). Er lehnt seinen Kopf an die Brust Jesu. Die Kirche weiß sich durch den Wortgottesdienst Christus so nahe, daß sie sich an ihn anlehnt und ihn fragt und bittet.

Das Gläubigengebet gleicht der Frau, die sich mit dem Wunsch an Jesus herandrängt: „Wenn ich auch nur sein Gewand berühre, werde ich heil!" Ihr Glaube wird zum Vertrauen. Sie ist geheilt (Mt 9,20ff).

Das Gläubigengebet gleicht der Sünderin, die sich über die Füße Jesu neigt, sie mit ihren Tränen netzt und die Tränen mit den Haaren abtrocknet. Sie erfährt das Lob, daß sie eine große Liebe hat, daß ihr viel vergeben wird, daß ihr Glaube sie gerettet hat (Lk 7,36ff). Die vertrauende, glaubende, hoffende, bittende, weinende, liebende Kirche umfaßt die Füße Jesu, nachdem sie sein Wort vernommen hat. Sie wird mit Christus eins durch den Glauben.

Durchführung

Gläubigengebet heißen die Bitten deshalb, weil hier nicht der Priester, nicht der Bischof, nicht die Träger des Amtes die Anliegen der Kirche vortragen, wie sie es vor allem bei den Bitten oder Interzessionen innerhalb des Hochgebetes tun. Hier walten als Sprecher die Gläubigen. Durch Taufe und Firmung sind sie des königlichen Hohepriestertums Christi teilhaft geworden (vgl. 1 Petr 2,5.9). Sie sind berufen, die großen Taten Gottes zu verkünden. Das geschieht durch Herabrufung des wunderbaren Lichtes Gottes in die Sorgen der Menschheit. „In den Fürbitten übt die Gemeinde durch ihr Beten für alle Menschen ihr priesterliches Amt aus“ (Allg. Einf.: Meßbuch, Kleinausgabe S. 35, Nr. 45).

Weil das Gläubigengebet den Gläubigen zu eigen ist, muß es auch von ihnen gesprochen werden. Der Priester eröffnet die Bitten und beschließt sie. Doch die eigentlichen Anliegen gehören in den Mund der Gemeinde. An erster Stelle steht dafür der Diakon da, dann der Kantor, dann das Gemeindemitglied (Allg. Einf.: ebd. S. 35, Nr. 47). Man kann die Männer der Gemeinde dafür begeistern, man kann dann auch die Ministranten dazu anleiten. Auch die Frauen und die Mädchen können diesen Dienst leisten. Dann soll die Gesamtheit der Mitfeiernden mit einer gemeinsamen Anrufung oder durch stilles Beten beteiligt werden.

Die Objekte der Fürbitte sind genau bezeichnet: Kirche, Regierende und Welt, die Notleidenden, die Ortsgemeinde, die Verstorbenen sollten nicht fehlen. Durch rechte Bedachtsamkeit wird man die Aktualität schaffen, die das ausspricht, was die Menschen in dieser Stunde bewegt. Natürlich geht es um Aktualität für den Christen, nicht um Zeitungsaktualität.

Die Form der Bitte sei überschaubar. Man muß verstehen, sofort begreifen, um was es sich handelt, das persönliche Gebet herausgefordert wissen. Gegen jeden Nebensatz in den Bitten sollte man mißtrauisch sein. Die Fürbitten sind keine Kurzpredigten, kein Kurzcredo, kein Leitartikel einer Tageszeitung, kein Rundfunkkommentar, erst recht keine Tagespolitik. Manchmal erlebt man in Gottesdienstvorschlägen von Verbänden, Institutionen oder Zentralstellen freundliche Schulstunden, in denen der Himmel belehrt wird, was hier ist und wie er helfen muß, nicht ohne daß den himmlischen und irdischen Zuhörern dabei das Verbandsprogramm noch einmal klar zum Bewußtsein gebracht wird.

Die Antwort der Gemeinde sei so einfach und bekannt, daß sie zügig und kräftig gesprochen oder besser – gesungen werden kann. Wie oft trifft man hier eine Form, die nichts von innerer und engagierter Teilnahme verrät, sondern lieb- und lustlos dahingemurmelt wird.

Kraft, Würde, Kürze, Einprägsamkeit, Aktualität und echte Frömmigkeit kennzeichnen die Qualität des Gläubigengebetes. Dann verwirklicht sich das Bild von Markus 2, 1–4: Vier Männer tragen einen Gelähmten. Da sie nicht zu Jesus unmittelbar hingelangen konnten, steigen sie aufs Dach und lassen den Kranken vor Jesus hinab, und er wird geheilt. Die Bitte dieser Männer um Heilung des Gelähmten ist ebenso stumm wie beredt, ebenso stürmisch aktiv wie wortlos einfach. Sie bringen den Kranken vor Jesus hin. So kann die Gemeinschaft der Bittenden die Zeichen Gottes herausfordern. – Wie Maria die Mutter in Kana um das Wunder der Wandlung von Wasser in Wein bittet, trotz der anscheinenden Abweisung voll Kühnheit, so bittet die Mutter Kirche, die Gemeinschaft der Gläubigen, beim hochzeitlichen Mahl für die, die in Not sind, und der Herr hilft (vgl. Joh 2).

Eucharistiefeier

Opfer und Mahl

Opferung

Name, Sache und Werdegang

Es ist kein Druckfehler: Opferung. Das Wort zu gebrauchen (obwohl es heimlich viele gebrauchen) ist ein Wagnis. Denn der offizielle Titel heißt: Gabenbereitung. Der Katechet liebt: Bereitung. In alter Zeit gab es dafür das Wort: Zurüstung. Man ist peinlich bemüht, das Wort „Opferung" zu vermeiden. Es könnte jemand das Wort „Opfer" heraushören!

Opferung hat aber mit Opfer nichts zu tun. Es kommt nicht von „offerre", sondern von operari. Die Darbringung der Gaben für die heilige Messe war in den früheren Jahrhunderten ein mühseliges Werk – ein opus. Es beanspruchte vor allem den Sakristan, den Arbeitsmann der Kirche. Darum erhielt er in manchen Gegenden Deutschlands den Namen „Offer" oder „Offermann". Noch gibt es irgendwo eine „Offergasse", weil dort das Haus des Offers – des Küsters war; die orthographisch kundige Stadtverwaltung schüttelte den Kopf und machte daraus eine „Opfergasse". – Die gesamte Darbringung nannte man „Opferung", das mühselige Werk.

Dennoch hat die Sache der Opferung, wenn auch nicht der Name, etwas mit dem Opfer zu tun. Die Philosophie kennt den oben bereits zitierten Satz: „Potest esse aliquid plus minusve tale – Es kann etwas mehr oder weniger dieses sein!" Zum Vergleich diente der Begriff „Leben": Das Leben der Pflanze, das Leben des Tieres, das Leben des Menschen, das Leben Gottes ist jedesmal Leben, aber immer anders, größer. Man kann das auch an anderen Begriffen aufweisen, z.B. Friede oder Recht o.a.

So kann manches Tun Opfer sein, obwohl nicht jedesmal im vollen und höchsten Sinne. Das Opfer Christi überragt alle anderen Opfer; es bringt die absolute Ehre des Vaters und die umfassende Erlösung. Das Opfer Abrahams ist Opfer, liegt aber in einer ganz anderen Ebene. Das Opfer des Melchisedek ist Opfer – ein Mahlopfer, wiederum in Inhalt und Form ganz anderer Art. Das Opfer des Alten Bundes, die heidnischen Opfer sind Opfer. Die evangelischen Christen nennen die Gabe beim Gottesdienst für gute Zwecke „das Opfer“. Johann Sebastian Bach nannte seine Komposition für den Preußenkönig Friedrich II. „Das Musikalische Opfer“. Jedweder Mensch spricht von Lebensopfern und Opferleben. Man gebraucht sogar die Verniedlichung „Öpferchen“. Das Wort hat also eine große Variationsbreite für seinen Sinn.

Was bedeutet Opfer? Opfer ist Gabe. Genauer, Opfer ist Hingabe seiner selbst oder seiner Fähigkeiten oder von Dingen, die ihm oder zu ihm gehören, an Gott oder die Menschen. So ist das dem Fürsten geschenkte Kunstwerk ein wirkliches Opfer. Die Geldgabe zur Linderung menschlicher Not ist ein wirkliches Opfer. Das „Fastenopfer“ ist ein Opfer. In gleichem Sinn ist die Bereitstellung der Gabe von Brot und Wein ein Opfer. In keinem Fall handelt es sich um „*das* Opfer“, das Opfer Christi und der Kirche, das so erhaben ist, daß es alle anderen Opfer überstrahlt und in sich begreift, genauso wie das Leben Gottes alles andere Leben derart übertrifft, daß man es gar nicht mehr Leben nennen mag.

Wenn es sich um Hingabe an Gott, an den unsichtbaren, unnahbaren Gott handelt, kann die Gabe nur ein äußeres Zeichen für die innere Gesinnung sein. Denn wir können Gott nicht mit irdischen Dingen erfreuen, da er alles besitzt und umfaßt, sondern nur mit unserer Liebe zu ihm. Die Liebe unsererseits aber wird erkennbar an der materiellen Gabe oder am äußeren Tun, insofern sie aus der Liebe zu Gott kommen und von ihr sprechen. Letztlich ist jedes menschliche Opfer an Gott ein geistiger und geistlicher Sachverhalt. Zugleich aber wird die reine Geistigkeit gefährdet, wenn sie des Konkretwerdens und der Wahrhaftigkeit entbehrt.

Ursprünglich notwendig ist für die heilige Messe auf jeden Fall eine ganz einfache Tischbereitung. Sie macht eine allmähliche Änderung durch. Sie wird Zeichen für die Gesinnung. Sie wird Opferung, Gabe der Gaben an Gott, damit er sie uns nach der Wandlung zurückgebe. Diese Entwicklung von einfacher Tischbereitung zur „Opferung" ist aus mehreren Gründen möglich. Die Sorge vor einem heidnischen Mißverstehen ist nach den ersten Jahrhunderten gewichen. Man braucht nicht mehr zu befürchten, den Eindruck eines materiellen heidnischen Mahlopfers zu erwecken. Die Erinnerung an das alte Israel jedoch blieb mächtig und drängte in die Bereitung hinein. Da nahm (und nimmt) der Hausvater beim Tischgebet das Brot auf die Hände und bietet es Gott dar. Im dritten nachchristlichen Jahrhundert ist diese Entwicklung schon fast vollendet.

Nun wächst die Opferung noch bedeutender an. Man stellt die Gaben nicht nur für die Vergegenwärtigung des Opfers Christi zur Verfügung. Es werden andere hinzugefügt; sie dienen den Bedürfnissen des Gotteshauses (Wachs, Öl ...), dem Unterhalt der Altardiener, der Not der Armen. Der Diakon, der über die vier Verwendungsbereiche wacht, wird damit auch der Wächter und Leiter der Opferung, wird folglich am Ende der „Finanzminister" der Kirche. Kein Wunder, daß mehrere Jahrhunderte lang jeweils der Archidiakon des verstorbenen Papstes zum Papst gewählt wurde. Im Kanon der Kirche gibt es ein eigenes Gebet zur Segnung der bei der Messe nicht verwendeten Naturaloblationen (Per quem haec omnia: die letzte Strophe des Kanon vor dem Paternoster).

Im Hochmittelalter wird die Naturalienwirtschaft in Geldwirtschaft umgeformt. Den gleichen Vorgang gab es schon einmal im Altertum. An die Stelle der Gabenbringung tritt die Geldgabe, von den evangelischen Christen heute noch Opfer genannt. Der Zusammenhang mit dem Geschehen am Altar wird sichtbar gemacht durch den „Opferteller", der für die Geldgabe verwendet wird. Er ist eine Nachbildung der Patene; öffnet man diese metallene Patene durch einen Schlitz und hängt man einen Beutel o. ä. darunter, der vielleicht mit einem Glöckchen verziert wird, entsteht der Klingelbeutel.

Doch die Erinnerung an die Naturaloblation bleibt lebendig an bestimmten Terminen. Dafür benötigt der Pfarrer nahe bei der Kirche eine Zehntscheuer; hier bringt man die voluminöseren Gaben und Abgaben unter. Ferner: die Sippe weiß sich zu einem Sonderopfergang verpflichtet beim Tode eines Angehörigen; es ist zwar eine Geldgabe, aber sie wird auf dem Altar oder wenigstens nahe beim Altar niedergelegt. – Moderne Ideen bilden einen Caritas-Opfergang heraus. Nicht zu verwechseln mit dem Naturalienopfergang ist das Heranbringen von Speisen zur Segnung für den eigenen Gebrauch. Das geschieht vor allem an Ostern nach dem Hochamt. Vielfach wird die Segnung des Festtagsbrotes für die Agape, das festliche häusliche Frühmahl, auch an anderen hohen Tagen vorgenommen.

Die liturgische Bewegung hat den Opfergang glücklich erneuert, jeder brachte ein Hostienbrot, damit es vom Priester auf dem Altare verwendet werde. In vielen Gotteshäusern konnte und kann man eine Hostie auf eine Patene oder Schale auflegen noch vor Beginn der Meßfeier. Bei den großen Gottesdiensten des Eucharistischen Kongresses, der Katholikentage und anderer Feierlichkeiten gehörte die Gabenprozession zu den besonders liebevoll ausgestalteten Feierelementen. Fast möchte man bedauern, daß dieser „Opfergang" aus der Mode gekommen ist. Geschieht das zugunsten der Brotbrechung, dann ist es recht, geschieht es aus Angst vor dem „Opfer", ist es nicht berechtigt.

Das Lied aus dem 18.–20. Jahrhundert leistete einen wesentlichen Beitrag: Es sang unbekümmert: „Nimm an, o Herr, die Gaben" oder sehr ähnliche Texte, die einfach zum Ausdruck brachten, daß wir die Gaben Gottes zu Gaben an Gott machen, bittend und glaubend, daß sie durch die Wandlung die große Gottesgabe werden, Leib und Blut Christi. Die klassische lateinisch-griechische Oblationsformel prägt dieses betende Singen: „Tibi, Tua, Tui, de Tuis – Dir, das Deine, die Deinen, von Deinem!" Zugleich sagen diese Liedtexte mit aller Deutlichkeit, daß es hier nicht auf die Gaben als Gabe ankommt, sondern auf die Gaben als Zeichen unserer Gesinnung, unserer inneren Hingabe an Gott, und ferner, daß hier unsere Hingabe sich nicht anmaßen will, an Stelle des einen Opfers Christi zu treten, sondern vielmehr in das Opfer Christi eingehen möchte.

Offertorium

Der Ritus der alten Papstmesse kannte zur Gabenbereitung keinen Text als das Offertorium. Die Antiphon mit ihrem Psalm schwebte über dem gesamten Vorgang, begleitete die Gabenprozession der Gläubigen und die unscheinbaren Riten am Altar. Hier kam zum Ausdruck, was gesagt werden sollte. Man denke an das berühmte: „Die Könige von Tharsis bringen Gaben dar" mit dem 72. (71.) Psalm an Epiphanie oder an das „Nehmt die Opfergaben und tretet ein ins Heiligtum" mit dem 96. (95.) Psalm oder an den Psalmenstrauß der einstigen nachpfingstlichen Sonntage: jeden Sonntag wurde beim nächstfolgenden Psalm ein Vers geholt. Inhalt ist immer wieder „Wir bringen" und „Nimm an". Das Offertorium ist gar nicht so absolut abgeschafft, wie man meinen möchte. Im deutschen Meßbuch hat es keinen Platz mehr, weil genügend Offertoriallieder da sind, den Vorgang zu begleiten. Doch das lateinische Hochamt kann durchaus noch das Offertorium verwenden. Melodien und Texte sind angegeben im Graduale. Es ist klug, dort diese kostbaren Gesänge nicht fallenzulassen. Jede gute Schola und jede hörbereite Gemeinde hat ihre Freude daran.

Frühere Riten und Texte

Der einzige Gestus des alten päpstlichen Ritus war das schweigende Emporheben der großen Patene mit dem Brot und das Emporheben des Kelches unter Aufblick nach oben. Das altertümliche Stilgesetz: „Nichts tun, ohne was zu sagen!" forderte ein begleitendes Wort. So altertümlich ist dieses Gesetz gar nicht einmal, denn wir gießen keinen Wein ein, ohne zu sagen: „Gestatten Sie, bitte!" und wie diese Floskeln alle heißen mögen. Darum bildete sich im 9. und 10. Jahrhundert das Gebet heraus „Suscipe, Sancta Trinitas" – nicht der noch in Erinnerung stehende Text des Trienter Missale, sondern ein ähnlicher. Nach der 9. Jahrhundertwende entwickelten sich dazu in Frankreich die Gebete „Suscipe, Sancte Pater" und „Offerimus, Tibi" als fromme und deutende Begleitworte zum Emporhalten des Brotes und des Kelches.

„Nimm an, heiliger Vater, diese unbefleckte Opfergabe ... für meine unzähligen Fehler, Sünden und Nachlässigkeiten!" Man nannte diesen und die anderen Offertorialtexte den „kleinen Kanon", weil sie von Reminiszenzen und Zitaten aus dem Kanon durchsetzt waren. Dazu bildete man den Fachausdruck „proleptisch = vorausnehmend". Diese Worte seien aus dem Kanon vorgezogen, weil man Brot und Wein vorauseilend, vorausnehmend als schon konsekriert behandelte. Auch wenn man scharf unterschied und jeden Satz dieser Gebete so verstand, daß er nur von der Gabe der natürlichen Ordnung verstanden wurde, ging die Rechnung nicht glatt auf. Es blieb zum Beispiel der Widerspruch zwischen „Immaculatam hostiam – unbefleckte Hostie" und „pro innumerabilibus peccatis … – für meine unzähligen Sünden, Fehler und Nachlässigkeiten." Wie kann meine Gabe unbefleckt sein und aus tausendfach befleckten Händen kommen? Wie kann man den Kelch schon als Kelch des Heils bezeichnen, wenn er von heil-losen Händen gebracht wird?

Diese Schwierigkeiten und andere Unauflösbarkeiten standen schon den Vätern des Trienter Konzils vor Augen. Darum wünschten sie, diese Texte sollten ausgewechselt werden. Das aber geschah nicht, weil man glaubte, sie stammten aus der Vätertradition. Man wußte nicht, daß sie erst hoch- und spätmittelalterlich waren.

Der heutige Text zu Brot und Wein

In der Gegenwart konnte der Wunsch der Trienter Konzilsväter erfüllt werden. Es war nicht ganz einfach. Alle Textvorschläge blieben unbefriedigend. Schließlich wurde der heutige Text gewählt – nicht ohne persönliche Mitwirkung Papst Pauls VI. auf Grund der Idee von Johannes Wagner. Aus der israelitischen Beracha, aus dem jüdischen Tischgebet wurden das Gebet zur Darbringung des Brotes und das zum Kelch entwickelt. „Gelobt seist du, Ewiger, unser Gott, König der Welt, der du das Brot aus der Erde hervorbringst. – Gelobt seist du, Ewiger, unser Gott, König der Welt, der du die Frucht des Weinstocks erschaffen" (Sidur Sefat Emet. S. Bamberger, Basel 1964, S. 278). Hinzugefügt wurden die folgenden Worte, die für die heutige Verwendung erforderlich waren: „Wir bringen dieses Brot (den Kelch) vor dein Angesicht", ist wörtliche feierliche Übersetzung von „of-ferimus". Das dazwischen gestellte Wort „Frucht der menschlichen Arbeit" entstammt wieder der Anregung des Heiligen

Vaters und will eine bewußte Ehrung der Arbeit sein. – Irgend jemand sagte, das sei pantheistisch!

Gegen diese Gebete hat man eingewandt, sie entsprächen nicht der Situation. Das jüdische Tischgebet könne man nicht zur Bereitung des eucharistischen Opfers sprechen. Dieser Einwand vergißt, daß das eucharistische Opfer, die Vergegenwärtigung des Kreuzesopfers, in der *Form* eines Mahles vollzogen wird und daß die Teilnahme am Opfer wiederum durch das Mahl geschieht. Außerdem muß man bedenken: Das israelitische Tischgebet ist jedesmal von der Erinnerung an das österliche Tischgebet Israels erfüllt, das beim Auszug aus Ägypten gesprochen wurde im Blick auf das Opferlamm, das geschlachtet worden war. Ferner ist jedes israelitische Tischgebet auch äußerlich mit einer Darbietung verbunden. Der Hausvater nimmt das Brot auf seine Hände, die er zu Gott emporhält. Wenn wir das Tischgebet Israels verwenden, gebrauchen wir letztlich ein *Opfergebet.*

Die israelitische Beracha bringt geradezu poetische, fromme Perspektiven in die Opferung hinein. Da die jüdische Familie betete: „Gepriesen bist du, Herr und Gott...", sprach diese Worte auch die heilige Familie Jesus, Maria und Joseph zu Nazaret und in Betlehem und in der ägyptischen Verbannung. Unser Opferungsgebet versetzt uns in Gebetsgemeinschaft mit den heiligsten Betern der gesamten Heilsgeschichte. – Vermutlich galt damals schon die Sitte: Vorbeterin ist die Mutter der Familie, wie sie auch beim Abendgebet die Lichter am siebenarmigen Leuchter anzündet. Dann darf sich unsere Vorstellung der Gottesmutter Maria zuwenden und sie als unsere Vorbeterin erkennen. Wer sich von diesem Bild von Nazaret packen läßt, spürt eine Welle familiärer Innigkeit, die hier in die Feier der Messe hereinströmt.

Die fromme Vorstellung darf sich weiter ausmalen, wie der Herr mit seinen Jüngern beim Essen sitzt – zu Kafarnaum im Haus des Petrus, auf Wanderwegen, bei denen die Apostel Ähren von den Feldern gerupft und zwischen den Händen zerrieben haben. Das Mahl beginnt: „Gepriesen bist du, Herr und Gott!" Ganz ähnlich begann auch das Mahl am Abend, bevor er verraten wurde.

Das Zitat aus Daniel
Schon immer spürte man den großen Atem des Gebetes, das der Kelchdarbringung folgt: „Herr, wir kommen zu dir mit reumütigem Herzen und mit demütigem Sinn. Nimm uns an und gib, daß unser Opfer dir gefalle.“ Es gehört zum alten Bestand der Opferung, ist allerdings etwas verkürzt worden. – Der Text spricht klar vom Selbstopfer des Menschen und von seinem geistigen Inhalt. Bei der Opferung *geschieht* etwas. Sie ist ein Ereignis, nicht nur Erwartung und Bereitung. Das Ereignis der Selbsthingabe ruht nicht in sich, sondern wartet der Hineingabe in das Opfer.

Der eindeutige Text ist Zitat aus dem Buch Daniel (3,3). Die drei Jünglinge sind in Babylon in den Feuerofen geworfen worden, weil sie sich zum Glauben an den einen Gott bekannten. In der Glut stimmten sie das Benedicite an, den Lobpreis mit der ganzen Schöpfung. Der älteste der drei jungen Männer namens Asarja spricht nun ein langes, die Heilsgeschichte Israels umfassendes Gebet. Es steigert sich zu der Klage: „Wir haben keinen Tempel und kein Opfer mehr.“ Dann folgt die Bitte: „Nimm uns an!“ Die Hingabe der jungen Menschen in der Feuersglut an den großen Gott ist wertvoller als der verlorene Jerusalemer Tempeldienst. Drei Märtyrer sind mehr als tausend Jahre Brandopfer! Das ist wie ein Präludium zum Hebräerbrief, wie ein Rückspiegel in die Vergangenheit vom alles überragenden Opfer Christi aus – der babylonische Feuerofen wie eine Vorstufe von Golgota und Vorbild der Leidenskelter Christi.

Das Gebet zur Einfügung des Wassers
Vermutlich blieb die Einfügung des Wassers in den Wein am längsten ohne Begleitgebet. Daß Wasser in den Wein gehört, ist für einen Südeuropäer, für einen Bewohner der Mittelmeerländer selbstverständlich. (Später, beim Vermischungsritus der Kommunion, müssen wir noch einmal davon sprechen.) Völlig unreflektiert geschieht die Zufügung des Wassers. Darum kann erst im Mittelalter nördlich der Alpen die Gewohnheit aufkommen, ein deutendes Wort hinzuzufügen. Dieses Deutewort gerät in die Linie einer mystischen Theologie. Mehr als alle anderen Gebete weist es Varianten auf. Vor allem drei Typen schälen sich heraus, der Gedanke an das Wasser aus der Sei-

tenwunde des Gekreuzigten, der Gedanke an die Vereinigung der göttlichen und menschlichen Natur in Christus, der Gedanke an die Teilnahme des Menschen an der göttlichen Natur Christi.

Bis an den Rand des 20. Jahrhunderts betete man vielerorts, z.B. in Trier und Köln, bei der Einfügung des Wassers in den Wein: „Wasser floß aus der Seite des Gekreuzigten ..." Der Gedanke liegt dem Wort nach sehr nahe und paßt dennoch nicht. Denn noch ist Christi Blut nicht im Kelche.

Die Gedanken an die Vereinigung der göttlichen und menschlichen Natur in Christus und an die Teilnahme der Christen an der göttlichen Natur Christi durch die Taufe haben sich zu einem wunderbaren Gebilde verflochten in einer Weihnachtsoration aus dem Sakramentar Leos des Großen. Der Text ist uns vertraut, weil man diese Oration des alten Missale nunmehr im neuen Missale auch wieder in der Weihnachtsliturgie entdeckt.

Doch wurde der Gedanke an Gottheit und Menschheit zum theologischen Politikum ersten Ranges. Die Monophysiten unterließen, nach ihren Ideen konsequent denkend, die Einfügung des Wassers. Denn in Christus ist die reine, unvermischte Gottheit. Darum befaßte sich das Florenzer Konzil (1438) mit dem Fall und erklärte das Wasser für unerläßlich.

Ein Jahrhundert später wurde der andere Gedanke, die Teilnahme des Menschen an der göttlichen Natur Christi, zum dogmatischen Kriegsfall. Martin Luther lehnte die Wasserbeimischung ab, damit nicht das Menschenwerk das reine Gotteswerk beeinträchtige. Wiederum befaßt sich mit dem Tröpflein Wasser ein Allgemeines Konzil. Trient (1545) erklärt die Zufügung des Wassers als indispensabel.

Nicht gleich das Allgemeine Zweite Vatikanische Konzil, aber doch die von ihm beauftragten nachkonziliaren Kommissionen befaßten sich nach 1964 wiederum mit der unscheinbaren Zeremonie des Wassertropfens. Daß sie die Wasserbeimischung erhalten, ist fast selbstverständlich. Aber sie basteln an der Oration. Übrig bleibt ein Zitat aus dem Gebet Leos des Großen. Es erhält den wesentlichen Gedanken: Gott und Mensch – Mensch in Gott. Der pontifikale Schritt des Textes wird aber leider behindert.

Zusammenfassen darf man Text und Ritus der Opferung mit der

Bemerkung: Irgendwie ist dieser Teil der heiligen Messe besonders anspruchsvoll. Hier sollte sich das Ich der Darbringenden wie ein Tropfen Wasser auflösen im Wein des Opfers Christi.

Das Postludium nach der Opferung: der Weihrauch
Ein Pfarrer, der sich sehr mit Liturgie befaßt und dessen Pfarrei in der Mitte des städtischen Geschäftszentrums liegt, wo sich die Hippies und Beatles und wie sie alle heißen, zu treffen pflegen, berichtete vor den Mitbrüdern über die neuen liturgischen Formen. Er faßte zusammen: Man *kann* den Weihrauch in jeder Meßfeier gebrauchen, man *muß* ihn nie gebrauchen, in der Studentenmesse dürfte er kaum angebracht sein. Da erhob sich ein Finger und nach ihm der fröhliche Einwurf: „Sie kennen Ihre Pfarrei schlecht, sonst wüßten Sie, daß die bewußten Typen Weihrauchstangen vor sich hertragen und daran schnuppern und daß sie den Weihrauch sogar in der Kirche zu stehlen bereit sind." – Tatsächlich wurden noch nie so viele Essenzen und dazugehörende Gefäße aus Arabien, Indien, Persien eingeführt wie heute. Die Aktien des vom nüchternen Rationalismus verschmähten Weihrauchs stehen wieder sehr hoch. Ein echter Ministrant hat übrigens diese Aktien nie abgestoßen.

Der Gedanke an die Exportländer des Weihrauchs zeigt sogleich seine Ursprünge in der höfischen und bürgerlichen Kultur jener Zonen, zunächst fern von aller religiösen Verwendung. Weihrauch gehört zur Hygiene und Kosmetik des Ostens und der Antike. Er vertreibt nicht nur üble Gerüche, er hat auch desinfizierende Wirkung, ja er vertreibt alle möglichen Insekten, er hat einen ganz leise narkotisierenden Erfolg. Darum wird das Räucherstäbchen im Raum, vor allem im Krankenzimmer, gebraucht. Darum wird im alten Arabien dem Gast ein Räucherschälchen gebracht, das er für kurze Zeit unter seinem Burnus birgt; dann duften die verschwitzten und von Ungeziefer bewohnten Gewänder von Myrthe, Aloe und Kassia (Ps 45 [44], 9), dann werden bestimmte Einwohner unwirksam gemacht. Darum läßt sich der hohe Herr, der durch die engen Straßen getragen wird, ein Rauchfaß vorantragen, damit die edle Nase nicht zu sehr angefochten wird. Darum wird beim Begräbnis das Rauchfaß geschwungen. Der Gebrauch des Weihrauchs wird zum Statussymbol. Nur die Vornehmen können ihn sich erlauben. Karawanenstraßen durchziehen die alte Welt, damit die kostbaren Düfte zum Kauf überall angeboten werden können.

Von da ist es nur ein Schritt zum religiösen Gebrauch. Dem Herrn über allen Herren bietet man Weihrauch dar. Vor dem Allerheiligsten des israelitischen Bundeszeltes und des Jerusalemer Tempels steht der Rauchopferaltar. Die erste Seite der Geschichte des Neuen Bundes wird geschrieben, während Zacharias das Weihrauchopfer im Heiligtum des Tempels darbringt (Lk 1,9): Der Erzengel verkündet die Geburt des Vorläufers. Die heiligen Weisen aus dem Morgenland bringen mit ihren Gaben auch Weihrauch. – Weihrauch bringt man den Göttern im Orient und Okzident dar. Weihrauch gebührt dem Bild des Kaisers, vor allem seit der Periode der orientalischen Kaiser Roms nach 200.

Weil sie diesen Weihrauch verweigern, gehen manche Christen in den Tod. Daher ist es nicht verwunderlich, wenn der christliche Gottesdienst zunächst keinen Weihrauch kennt. Er erinnert zu sehr an den überwundenen Opferdienst des Alten Bundes. Er ruft das Gedächtnis der Märtyrer wach, die den Weihrauch für Götzen und Kaiserbilder ablehnten.

Doch langsam dringt der Gebrauch des Weihrauchs in den christlichen Kult ein. Wenn die Toten, wenn die Märtyrer beigesetzt werden, verwendet man Weihrauch wie bei jedem Begräbnisritus. Man empfindet hier kaum die kultische Seite des Inzenses. – Als Kaiser Konstantin den Bischöfen die Privilegien der kaiserlichen Beamten verleiht, gehört dazu, daß man vor ihnen ein Weihrauchfaß einherträgt. Wenn die Bischöfe, vom Inzens geleitet, in das Gotteshaus kamen, wurden die Rauchfässer irgendwo im kultischen Raum aufgehängt. – Die klassische Zeit für den Weihrauch kommt erst später, im 9. und 10. Jahrhundert. Damals ereignet sich eine große Rezeption israelitischer Riten, die man in der Heiligen Schrift fand, zugleich mit einer Übernahme orientalischer Bräuche. Nicht nur die Zeremonien, sondern auch ihre Zeichenhaftigkeit, ihre tragende Idee, ihre Gedankenfracht macht man sich zu eigen. Vielleicht ist der letzte Abkömmling hygienischen und religiösen Weihrauchgebrauches das große Rauchfaß in der Vierung der Kathedrale von Santiago di Compostela.

Da geht nun der Weihrauch der Prozession vorauf wie die Wolkensäule dem Volke Israel (Ex 13,21). Da hüllt die Weihrauchwolke Altar und Gotteshaus, Menschen und segensbedürftige Gegenstände wie die Wolke der Gegenwart Gottes über dem Bundeszelt ein (Ex 40,35). Da spricht der Weihrauch das Freiwerden vom „Pesthauch" der Sünde aus, wird zur Entsühnung und Entsündigung (vgl. früheren Taufritus). Da sieht man den Weihrauchwölkchen nach, die hinaufsteigen und sich wieder neigen und herabkommen, und denkt an das Emporsteigen des Gebetes und das Herabsteigen der Gnade (vgl. frühere Inzensationsgebete). Da sieht man das kleine Kohlenfeuer im Rauchfaß und spricht von der Glut der Liebe zu Gott. Da bringt man sich einfach in Erinnerung: Hier geht es nicht um Zeremonien, sondern nur um die Ehre Gottes! – Diese Gedankenwölkchen flogen für die Betonstraßen dieser Zeit zu hoch. Deshalb wurden sie aus dem Meßritus verbannt. Manchmal wurde heute das „Kann" so ernst genommen, daß die ganze Weihrauchverwendung abgeräumt wurde. Endlich nun kann der Laue sich vom Kirchgang nicht mehr entschuldigen mit dem todtraurigen Satz: „Ich kann die Weihrauchluft nicht vertragen." Aber die Weihrauchwölkchen kommen wieder, wie die Heiligen wiederkommen, wie die Kerzen wieder aufbrennen.

Wenn zu Beginn der heiligen Messe der Altar mit Weihrauch umschritten wird, dann ist das ein vorausgenommenes „Ehre sei Gott in der Höhe", „Herrlichkeit und Lob und Ehre, König, dir!", denn der Altar der Kirche ist Christus. Der Weihrauch gehört ebenso zum Confiteor. Er will reinigen, läutern, sühnen. – Wenn der Weihrauch dem Evangelium gewidmet wird, unterstreicht er das „Gloria tibi, Domine!" Dann kann die Vorstellung ihre Bilder weben: „... und aus der Wolke erscholl eine Stimme: Dies ist mein geliebter Sohn, den sollt ihr hören!"

Wenn bei der Opferung der Weihrauch den Opfergaben, dem Altar, dem Priester, den Konzelebranten, der Gemeinde gilt, dann darf man nach-sinnen, nach-denken: „So steige mein Gebet empor, mein Gott, und deine Gnade herab!" Dann darf man wie Zacharias zur Seite des Altars den Engel Gottes sehen und sein Strafgericht hören: „Siehe, du wirst nicht reden können, weil du meinen Worten nicht geglaubt hast" (Lk 1,20). Dann darf man sich vorstellen, was

Exodus 33,8–11 berichtet: Die Wolke kam herab, und alle schauten sie ... und beteten an ... Gott aber sprach mit Mose von Angesicht zu Angesicht, wie ein Mensch mit seinem Freunde spricht.

Wenn nach der heiligen Wandlung der zur Anbetung erhobene Leib des Herrn und das kostbare Blut im Kelch vom Weihrauch durch die Ministranten geehrt werden, darf man an das Epiphanie-Evangelium denken: „Sie fielen nieder und beteten ihn an ... und brachten ihm Weihrauch dar“ (Mt 2,11); oder an den Himmelfahrtsbericht: „Als er dies gesprochen hatte, ward er vor ihren Augen emporgehoben, und eine Wolke entzog ihn ihren Blicken“ (Apg 1,9); oder an die Geheime Offenbarung: „Ein Engel kam und stellte sich an den Altar mit einem goldenen Rauchfaß; es wurde ihm viel Rauchwerk gegeben, damit er es mit den Gebeten aller Heiligen darbringe auf dem goldenen Altar, der vor dem Thron Gottes steht, und es stieg empor vor Gott der Weihrauch mit den Gebeten der Heiligen“ (Offb 8,3–4).

Ein Geflecht von Ehre und Sühne, von Gegenwärtigkeit und Unnahbarkeit, von Bildern und Wirklichkeiten, von Gemüt und klarer Sicht, von Freude und Furcht, ein Geflecht von Reminiszenzen an die Heilige Schrift – wenn das der Weihrauch webt, sollte man ihn ernst nehmen, nein, freudig nehmen.

Das Präludium vor dem Opfer: Lavabo, Gebetsbitte, Gabengebet

Die Opferung findet ihr Nachspiel im Weihrauch. Das Hochgebet wird eröffnet von einem Vorspiel, das aus der Händewaschung, der Gebetsbitte und dem Gabengebet besteht. Man möchte statt Vorspiel auch Zwischenspiel sagen. Denn diese drei Stücke werden auch oft zur Gabenbereitung gerechnet. Alle drei erfreuen sich nicht allzu großer Beliebtheit.

Die *Händewaschung* wurde sogar schon von gepflegten Herren mit der halblauten Bemerkung abgelehnt: Ich habe meine Hände zu Hause gewaschen. Das erwarten wir von allen! Hier geht es um eine Zeichen aufstellende Händewaschung. Eine kleine Predigt des Zelebranten an sich selber! Mithören sollen alle Mitfeiernden. Vor dem Eintritt in die Sancta Sanctorum, in das Allerheiligste des Hochgebetes steht die Händewaschung als ein letzter Bußakt da. Man könnte sogar meinen, hier hätte der große Bußritus der Messe einen geeigneteren Platz gehabt als zu Beginn.

Der Text spricht dazu eine deutliche Sprache: „Herr, wasche ab meine Schuld, von meinen Sünden mach mich rein!" Wir haben hier ein Zitat aus dem Psalm Miserere (51 [50], 4) vor uns. Früher wurde der Psalm 26 (25) Judica, zweiter Teil, gebetet. Diese Psalmhälfte wurde durch einen einzelnen Psalmvers abgelöst. Er sagt noch klarer, daß keine körperliche, sondern eine geistige Reinigung vor sich gehen muß. Man möchte fast bedauern, daß nicht, entsprechend der Opferung, die Händewaschungsformel des israelitischen Tischgebetes gewählt worden ist: „Gelobt seist du, Ewiger, unser Gott, König der Welt, der uns geheiligt durch seine Gebote und uns aufgetragen, die Hände zu waschen" (Sidur Sefat Emet, Basel 1964, S. 278).

Der Psalmvers spricht die gleiche Sprache wie das griechische Diagramm: „Nipson anamemata, me monon opsin – Wasche die Sünden ab, nicht allein das Gesicht!" Es spricht die gleiche Sprache wie das Ritual des Alten Testamentes. Vor dem Eingang des Heiligtums im Tempel zu Jerusalem steht das große Waschbecken, das „eherne Meer", Aaron und seine Söhne müssen genau vorgeschriebene Waschungen vornehmen, bevor sie das Innere des Bundeszeltes betreten (Ex 40, 7.30–32). Es spricht die gleiche Sprache wie die altchristliche Gewohnheit, die Heilige Schrift nicht anzufassen, ohne die Hände vorher zu waschen. Es spricht die gleiche Sprache wie der römische Ritus mit Weihwasserbecken und Asperge – wie die Baukunst mit ihren Brunnen vor den Eingängen der Basiliken. Es ist eine letzte Tauferinnerung und Bußmahnung vor dem Betreten des Allerheiligsten. Hier geht es nicht um Sauberkeit und Hygiene des Leibes, sondern um die Hygiene der Seele.

Allerdings muß man den Protesten gegen das Lavabo in zwei Punkten recht geben. – Geschichtlich gesehen, kommt zur symbolisch mahnenden Bedeutung doch eine praktische Seite hinzu: Das Rauchfaß, dessen sich der Zelebrant eben bedient hat, wird trotz liebevoller Pflege vom Harz des Weihrauchs verklebt. Die Hände werden davon klebrig. Man empfindet die Notwendigkeit, sie zu waschen. Hier liegt nicht der Ursprung des Händewaschungsritus, sondern ein Anlaß seines Verbleibens. – Ferner: Von der Gestalt her wirkt eine Händewaschung mit Hilfe eines Meßkännchens, das aus dem Kinderspielzeug stammen könnte, nicht gerade als Zeichen vor einer versammelten Gemeinde. Warum beschaffen wir nicht eine größere Kanne mit einer größeren Schale? An den Kosten dürfte es nicht scheitern. (Es braucht nicht ein so kostbares Gerät zu sein, wie es den Bischöfen dient – wie eben jene silberne Ente, die im Kölner Dom das Lavabo bringt, von Wilhelm II. gestiftet – ganz ihrer kaiserlichen Herrlichkeit beraubt, wenn der volkstümliche Weihbischof der Jahrhundertwende seinen Diener Jakob mit den unfeierlichen Worten herbeirief: „Köbes, die Ent'!")

Der Zelebrant der heiligen Messe darf auf die Kürzestpredigt, die die Händewaschung für ihn persönlich hält, einen Moment aufhorchen. Dann wird es ihm gehen wie Petrus. Nur sind die Worte auszutauschen: Herr, dann nicht nur die Hände, sondern auch das Haupt und den inneren Menschen! Dann wird er nicht der würdevollen Heuchelei des händewaschenden Pilatus gleichen wollen: „Herr, ich bin unschuldig...!"

Die *Gebetsbitte* ist dem Lavabo in Form und Gestalt unähnlich, doch gleichen beide einander als Kampfplatz. Die Anfangszeit der liturgischen Bewegung kannte nur die lateinische Bitte des Priesters an die Gemeinde, die in der Landessprache antwortete. Dann kam die Zeit der Hochamtsregel, in der die lateinische Bitte von den Ministranten allein beantwortet wurde. Dann wurden Bitte und Antwort nicht vernehmlich gesprochen. Dann gaben die nachkonziliaren Studientexte einen Text, in dem der Zelebrant Bitte und Antwort in einem Spruch zusammenfaßte. Nicht, daß man glauben dürfte, die anderen Formen seien inzwischen ausgestorben; sie leben kräftig weiter, jede in eigenen Reservaten, deren Grenzen einander überschneiden. Nun haben die verzweifelnden deutschen Meßbuchredaktoren drei Formen nebeneinandergestellt, eine ganz kurze Form – nur noch „Lasset uns beten!" Die zweite Wahl lautet ungefähr wie in den Anfangszeiten. Die dritte Möglichkeit ist die Form der Studientexte mit verkoppelter Rede und Antwort. Die Großzügigkeit kann nicht übertroffen werden, aber ebensowenig zufriedenstellen.

Was war denn eigentlich im Anfang gemeint? Opferung, Inzens und Lavabo, sichtbar gemachte, volksnahe Vorgänge waren vorüber.

Nun kam der Augenblick, in dem der Priester unter dem Gesetz des Ordo Romanus aus dem 7. Jahrhundert stand: „Pontifex solus intrat in Canonem – Der Bischof geht allein in den Kanon.“ Das war wohl des öfteren auch den Augen erkennbar, wenn der Zelebrant durch einen Lettner oder Vorhang oder wie immer dem Blick der Gemeinde entzogen war. Dann war das „Orate, fratres“ ein Abschiedswort, das keine Antwort erwartete. In dieser Weise trafen wir es noch in der alten Karfreitagsliturgie an. Schließlich kam die unvernehmliche Antwort hinzu. Gebetsbitte und Antwort waren theologisch ohne letzte Genauigkeit.

Wenn man erkennt, wie nachträglich und beiläufig das Werden dieses kleinen Dialogs ist, schiene es nicht zu kühn, ihn wegzuoperieren und nicht einmal eine Gebetsaufforderung stehenzulassen. Dagegen spricht nur die lebhafte Bemühung um die actuosa participatio der Gläubigen. Doch ließe sich „Ersatz“ schaffen, indem man die schon angebotene Antwort bei den Texten zu Brot und Kelch: „Gespriesen bist du in Ewigkeit, Herr, unser Gott“ verlebendigen und auch an diese Stelle nach der Händewaschung übertragen würde, ähnlich dem israelitischen Tischgebet. Reinigung und Preisung gehören zueinander.

Das *Gabengebet* gehört zum ältesten Bestand dieser Region der heiligen Messe. Fragwürdig war nur der bisherige Name: „Sekret“. Er wurde übersetzt mit „Stillgebet“, manchmal auch gedeutet als Gebet zur Auswahl (secernere) der Opfergaben aus dem, was das Volk dargebracht hatte. Secreta ist der spätere Name, der schon voraussetzt, daß der Kanon in die Stille versunken ist. Im gleichen Augenblick, da der Kanon wieder vernehmlich gesprochen, ja gesungen wurde, mußte auch der Auftakt der Hochgebete wieder mit vernehmlicher Rezitation ausgestattet werden. Jetzt paßte der Name Stillgebet nicht mehr. Darum wurde der ursprünglich alte Name „Oratio super oblata – Gabengebet“ wieder in seine Rechte eingesetzt.

Nun schaut die Oratio, die mehr dem Kanonbereich zuzugehören schien, wieder mehr nach rückwärts und fügt sich in den Bereich der Opferung ein. Das wird noch deutlicher durch den Absatz, der vor dem „Dominus vobiscum“ der Präfation entsteht als Zeichen, wo der hohe Text beginnt. – Andererseits gibt es im Bereich der Liturgie kaum eine Präfation, die nicht eröffnet wird von einem Gebet, das den gleichen vorbereitenden Charakter hat wie das Gabengebet. Man möchte vergleichsweise sagen: Das Hochgebet greift in das Instrument und läßt ein paar Akkorde erklingen, ehe der Gesang beginnt. Eben wegen dieser Zweigesichtigkeit weist man dem Gabengebet zusammen mit Händewaschung und Gebetsaufforderung die Funktion des Präludiums oder Zwischenspiels vor dem Hochgebet zu.

Das Gabengebet trägt trotz seiner untergeordneten Stellung reiche theologische Gedanken in sich. Es lohnte sich, die Theologie der Oratio super oblata zusammenzustellen. Wie es seiner Zwischenstellung entspricht, ist das Gabengebet eine zwar nüchterne und doch vielfältige Variation über das Thema: Gottes Schöpfergaben an den Menschen werden des Menschen Gabe und Hingabezeichen an Gott, werden von Gott dem Menschen als Heilsgaben wiedergeschenkt, das heißt, verwandelt in Leib und Blut des Herrn, wodurch wir mehr und mehr in ihn umgewandelt werden. Nach Art der chemischen Formel sieht das so aus: Gott – Mensch – Gott – Mensch – Gott. Die vom Gabengebet verwendeten Ausdrücke sind zahlreich: jeder einzelne schillert von mehrdeutigem Inhalt, doch alles wird zusammengefaßt von: „O admirabile commercium – O wunderbarer Tausch“. – Die Kirche singt davon in der Weihnacht: Gott wird Mensch, damit der Mensch „Gott“ werde! Vom wunderbaren Tausch singt das Gabengebet: Gott schenkt dem Menschen, der Mensch seinem Gott, Gott wiederum dem Menschen sich selber, und der Mensch wird erhöht zu Gott.

Das Hochgebet und die Wandlung

Nomenklatur

Hochgebet – wenn es allein da wäre, genügte es zur Feier der heiligen Messe. Hier vollziehen wir in Jesu Nachahmung das Lob und den Dank an den Vater. In dieses Lob ist eingeschlossen die Annahme des Opfers durch Gott in der Wandlung. Mit diesem Gebet wird gegenwärtig der erhöhte Herr und sein Kreuzesopfer. Wie das Paternoster ehrwürdig ist durch seine Herkunft von den Lippen des Erlösers, so ist das Hochgebet ehrwürdig durch seine Wirksamkeit aus dem Schöpferwort des Herrn.

Nur die deutsche Sprache kennt das Wort Hochgebet. Es ist eine Nachbildung, orientiert an ähnlichen Begriffen, wie Hochzeit, Hochkultur, Hochkommissar u. ä., und will sagen, daß der Text auf einer höheren Ebene liegt und eine höhere Würde innehat.

Hochgebet ist der Komplex der Texte zwischen Präfation und Paternoster. Lateinisch steht dafür der Name Prex = Gebet schlechthin – oder Actio (vgl. infra actionem) = Opferhandlung – griechisch entspricht der Name anaphora = Darbringung.

Das Hochgebet hat verschiedene Teile. Nennen wir sie Strophen, da das Hochgebet Lied, Poesie, Gesang ist. Nach einem kleinen Eröffnungsdialog steht an erster Stelle der Lobpreis, meist aus dem Inhalt des Tages oder Festes geformt. Sein Name ist Präfation. Das heißt nicht etwa „Vorwort", sondern kommt von: „fari prae Deo – vor Gott sprechen". Schluß dieses Wortes an Gott ist das Trishagion, das Dreimalheilig. Dann folgt ein mehrstrophiges Lied in vierfacher Fassung, das auch den Namen „Kanon" trägt, 1. der Römische

Kanon, 2. der kurze Kanon im Anschluß an Hippolyt, 3. der Kanon mit den besonders reich entfalteten Opfergedanken, 4. der heilsgeschichtliche Kanon nach griechischem Vorbild; zur Zeit gelten auch der Versöhnungskanon (aus Anlaß des Heiligen Jahres 1975) und der mehrgliedrige Kanon für Kindermessen. Jeder Kanon endet mit einem Lobpreis, der dann in das Vaterunser übergeht. Alle Teile stehen gemeinsam unter der Überschrift Hochgebet.

Der griechische Schriftsteller Johannes Moschus erzählt, es hätten einmal Hirten auf dem Felde gewagt, die Anaphora zu singen, sie seien zur Strafe dafür vom Blitz erschlagen worden. Diese Erzählung zeigt einerseits die große Vertrautheit des Volkes mit dem Hochgebet: die Hirten können es auswendig! Zugleich wird ersichtlich die große Ehrfurcht vor diesem Text: wer ihn unberechtigt zu singen wagt, wird von schwerer Strafe getroffen. Vertrautheit und Ehrfurcht sind auch für uns Maßstäbe unseres Umganges mit dem Hochgebet. Beide Maßstäbe fehlen leider oft denen, die selber neue Hochgebete fabrizieren oder solche übernehmen; sie wissen nicht, wie kostbar unsere Hochgebete sind.

Die Präfationen

Man erzählt von einem der großen Klassiker der Musik, von Joseph Haydn, er habe erklärt, sein ganzes kompositorisches Schaffen gebe er dafür, wenn er Autor einer einzigen Präfation sein könnte. Er dachte dabei an die gregorianische Melodie. Man könnte dies auch von den Texten sagen.

Die Anzahl der Präfationen im Laufe der Geschichte ergibt fast ein Zahlenspiel. Im Sacramentar von Verona, dem Leonianum, findet man 267 Präfationen – im Gelasianum 54, im Gregorianum waren es 10, – 100 dazu im Anhang. Das Missale Pius' V. beschränkt sich auf 11. Dann wurde die Ziffer langsam erhöht. Klemens XI. gab die Dreifaltigkeitspräfation hinzu, Benedikt XV. die Präfation für die Totenmesse, Pius XI. die Präfation von Herz Jesu, Christkönig und St. Josef, Johannes XXIII. die Adventpräfation. Im neuen Meßbuch gibt es nun laut Inhaltsverzeichnis 95 Präfationen. Jede geprägte Zeit, jedes Hochfest, viele Sonntage und einige Heilige haben ihre eigene Präfation.

Dadurch wird ein altes Prinzip der römischen Liturgie zur vollen Entfaltung gebracht: Die festliche Aussage über das Geheimnis des Tages und Festes geschieht in der Präfation. Sie ist der Text, in dem sich das Mysterium des Heiles, das zur Feier ansteht, in voller hoheitlicher Würde ausdrückt.

Sie öffnet das Tor für die Epiphanie Gottes, die nun kommt in Brot und Wein. Sie öffnet die Augen, daß wir ihn, den wir nicht sehen, doch gegenwärtig glauben. Mit ihren feierlichen Akkorden beginnt die Ankunft des Herrn. Denn die Wandlungsworte, die „ipsissima verba Domini – die eigentlichen Herrenworte“ – stehen in einem Kontext, der mit der Präfation beginnt. Wir können vergleichen mit der Spendung der Weihesakramente und sagen: Das gesamte Hochgebet, von der Präfation an, ist Wandlung. In der Danksagung geschieht die Wandlung. Wenn jedoch nach dem Wandlungsmoment gefragt wird, müssen wir auf die angeführten Worte Christi eingrenzen.

Sanctus

Ursprung

Ähnlich wie die danksagenden Weihegebete bei der Spendung des Ordo, bei Kirch- und Altarweihe, bei der Ölweihe o. ä. hat auch die heilige Messe ursprünglich nur die Präfation ohne Sanctus gekannt. Die ursprüngliche Fassung des Kanon des Hippolyt von Rom zeigt es. Justin schweigt vom Sanctus. Manche anderen Hochgebetsformen aus Ost und West haben das Hochgebet nicht durch den Volksgesang des Sanctus unterbrochen. Andererseits hat man schon unter dem heiligen Clemens von Rom, in Ägypten und Jerusalem sowie in der Märtyrerzeit das Sanctus an die Erwähnung der heiligen Engel in der Präfation angeschlossen, endgültig wohl unter Sixtus III., dem Papst des Ephesinums. Dadurch erhielt die Präfation ihren visionären Charakter. Der Zelebrierende sieht sich mit Isaias verwandt. Er schaute Gott auf erhabenem Thron, seine Schleppe reichte durch das ganze

Tempelhaus, Seraphe standen um ihn her, und einer rief dem anderen zu und sprach: Heilig, heilig, heilig, der Herr der Heeresscharen! Sein Ruhm der ganzen Erde Fülle! (Jes 6, 1–3.) Unser armes Gotteslob klingt zusammen mit dem Lob der Engel. Unsere irdische Feier wird über sich selber hinausgehoben, wird zur Gottesschau und Gottesankunft. Die Prae-fatio stellt sich nicht nur vor, sie könne jetzt vor Gott sprechen, sondern sie spricht Gott an, der seine eucharistische Ephiphanie schenkt und wirklich hier gegenwärtig ist. Die nahe Wandlung wird schon vorausgesetzt. Der Himmel ist auf die Erde gekommen.

Textfragen

Die Gottesanrede „Heilig“ oder „Der Heilige“ verstehen wir aus alttestamentlichen Zusammenhängen: Der ganz Andere und Andersartige. Es geht nicht um moralische Heiligkeit, sondern um die seinsmäßige Jenseitigkeit, die Transzendenz Gottes. Gerade diese Aussage ist wichtig für die gegenwärtige Zeit und Situation. Die Gottesauffassung ist heute beherrscht vom Deismus: Gott ist Gott und Schöpfer, persönlicher Gott, aber er wird nach menschlichem Ermessen gemessen – diesseitig, Gesetzen der Vernunft und Erfaßbarkeit unterworfen; er wird dann notwendig der abwesende, der tote Gott. Genau das Gegenteil sagt das prophetische Sanctus der Messe. Der heilige, der unfaßbare und unerfaßliche, der unsägliche, der alle Begriffe übersteigende Gott! Gerade das mahnt den rationalen, naturwissenschaftlichen, experimentell beweisenden Menschen zur Behutsamkeit, wenn es um Gott und Wunder, Welt und Himmel, Engel und Menschen, Diesseits und Jenseits geht. „Heilig, heilig“ ist auch die rechte Überschrift über Eucharistie und Kommunion, die einfach den unfaßbaren Gott voraussetzen.

Die neue ökumenische deutsche Übersetzung sagt statt „Heerscharen“ „aller Mächte und Gewalten“. Die Entmilitarisierung ist gut. Doch Mächte und Gewalten klingt sicher zu ungewiß. Hätte man besser den hebräischen Findling „Sabaoth – Zebaot“ stehenlassen? Sicherlich sind mit „Mächte und Gewalten“ die gleichen Träger dieses Namens gemeint wie in der Präfation und wie im Epheserbrief (Eph 3, 10). Vielleicht dürfen wir auch jene kosmischen Größen heraushören, die uns von der modernen Naturwissenschaft nahegelegt werden, ebenso wie die transkosmischen Größen, von denen die Engellehre spricht, wie sie die Schöpfungslehre ahnt, wie das Credo sie andeutet „visibilium et invisibilium – alles Sichtbaren und Unsichtbaren".

Im gleichen Sinne fährt das Sanctus fort: „Erfüllt sind Himmel und Erde von deiner Herrlichkeit." Der prophetische Text erfährt eine leise Korrektur; nicht mehr „die ganze Erde", sondern „Himmel und Erde" wird gesagt, damit die Transzendenz Gottes noch einmal betont wird, und damit noch einmal die heiligen Engel. Die Korrektur bezieht sich auch auf das mögliche Mißverständnis, unsere Liturgie sei nur eine wenn auch gottbezogene, so doch menschliche Versammlung, sei ein Mahl und Fest humaner Natur.

Dieses Mißverständnis wird in so vielen Liturgieversuchen ohne ein Bewußtsein von Sakralität und Priestertum ersichtlich. Die naiven Spiele alter Zeit, die bei Prozessionen „Engelchen" mitgehen ließen, die überbordenden Aussagen der griechischen Liturgie, die ihre Diakone „Seraphe" nennt, waren weiser und realistischer als die blasse entsakralisierte Humanität. Jedenfalls standen sie dem Hebräerbrief und der Geheimen Offenbarung und deren Schilderung der himmlischen Liturgie näher.

Himmel und Erde sind erfüllt von der Herrlichkeit Gottes! So lautet die nächste Aussage. Das Tedeum variiert und steigert noch: Erfüllt von der Majestät der Herrlichkeit Gottes. Jede Übersetzung des hebräischen „kabod", des griechischen „doxa", des lateinischen „gloria" bleibt ein Stammeln. Was gemeint ist, zeigt der Vergleich mit dem Prolog des Johannes-Evangeliums: „Wir haben seine Herrlichkeit gesehen, die Herrlichkeit des Eingeborenen vom Vater", oder der Vergleich mit dem Verklärungsbericht des zweiten Petrusbriefes: „Als er von Gott dem Vater Ehre und Herrlichkeit empfing und von der erhabenen Herrlichkeit die Stimme an ihn erging" (2 Petr 1, 17).

Christusanrede

Man möchte annehmen, daß wie bei Petrus und Johannes auch hier das Sanctuslied nicht mehr Gott schlechthin anredet, wie es die prophetische Vorlage tut, sondern den Sohn, den Eingeborenen.

Erst als Christusgebet gewinnt das Sanctus seinen schönsten Sinn.

Das Sanctuslied ist ja Volkstext, und die Gebete der Gemeinde wenden sich vornehmlich an Christus, an den Sohn. Dabei wird die Vorlage der Isaiasvision umadressiert. Es wird nicht mehr über den dreimal Heiligen berichtet, sondern er wird angeredet: Nicht von „seiner", sondern von „deiner" Herrlichkeit! Das Gottesvolk sieht schon die Ankunft Christi in der ihm vom Vater verliehenen Herrlichkeit. Diese Herrlichkeit ist nicht Ehre oder Ruhm, die unsererseits zugesungen wird, ist auch nicht das göttliche Sein und Wesen in sich, das unserer menschlichen Sicht unzugänglich bleibt, sondern das Leuchten, die Kraft, die Mächtigkeit, das Erfahrbare der göttlichen Anwesenheit, der Glanz... so wie er sich über das Bundeszelt legte (Ex 40,35), so wie er aus dem Antlitz des Moses hervorbrach, daß die Israeliten ihn nicht ertragen konnten (Ex 34,29ff). Letztlich ist diese Herrlichkeit Gottes, die Himmel und Erde erfüllt, nichts anderes als seine Liebe. Der Heiligkeit – Andersartigkeit – Ferne Gottes tritt zur Seite die Herrlichkeit – Nähe – Liebe Gottes, beide uns zugewandt in Christus, und zwar in diesem Augenblick seiner eucharistischen Epiphanie.

Nun setzt sich die Christusanrede organisch fort. Ein Zitat aus Psalm 118 und den Palmsonntagsberichten wird dem Gottesvolk in den Mund gelegt: „Hosanna in der Höhe!" Glücklicherweise wird Hosanna wie Kyrie nicht übersetzt. Beides sind Flehrufe, die sich in Lobrufe verwandeln. „Hosanna – Herr hilf!" sagt zugleich: Du bist der Helfende, die einzig allumfassende Hilfe. Das „in der Höhe" möchte man am liebsten als „der Höchste" übersetzen. So sagt denn der Hosannaruf: „Der Helfende! Der Höchste!" Wiederum sehen wir, wie aus der Christusvision dieses Liedes eine Gottespreisung hervorwächst, die zweipolig ist und Gottes Macht und Liebe ineinander webt. So entspricht es der neutestamentlichen und liturgischen Theodizee, die frei ist von allem Deismus.

Benedictus

Nun aber steigt der zweite Teil des Sanctus, das Benedictus, von den jeseitigen Visionen herab zum historischen Bild. Was die Scharen am Palmsonntag sangen, wird zitiert und damit das Ereignis des ersten Tages der Großen, Heiligen Woche gegenwärtig gesehen: Hochgelobt sei, der da kommt im Namen des Herrn! Bei der weihnachtlichen Prozession von Jerusalem nach Bethlehem sang man „Benedictus" in der Freude über die Ankunft. Lange Zeit, jahrhundertelang, hat man das Benedictus im Hochamt nach der Wandlung gesungen und hat es als Lob seiner Ankunft verstanden. Das Benedictus gehört aber in den Raum vor der Wandlung. Denn nach der heiligen Geschichte kommt das Palmsonntagslied vor dem Kreuzesopfer, die Zweige werden vor der Kreuzerhöhung erhoben.

Wie in einem scharfen Kontrast zum Lied auf den König, der zur Kreuzigung einzieht, wird noch einmal angestimmt: „Hosanna in der Höhe! – Der Helfende! Der Höchste!" Die Palmsonntagsrufe ahnten nicht, daß der Höchste und Helfende, den wir begrüßen, am Kreuz erhöht sein wird und vom Kreuz die Arme ausstreckt, um allen zu helfen. Die Beter und Sänger der heiligen Messe sollten sich bewußt sein: Nun kommt der, der hilft aus der äußersten Hilflosigkeit – „... und niemand ist, der hilft", – der Erlöser und der Höchste ist am Marterpfahl.

Der Römische Kanon

Römisch

Er ist nicht so absolut römisch, wie es der Name vermuten lassen könnte. Seine ursprüngliche Sprache war wohl griechisch, seine erste Bekundung geschieht in Mailand. Der Papst, der ihn für Rom übernahm, war ein Spanier. Auch die Formel in der zweiten Kanonstrophe „für die heilige katholische Kirche auf dem ganzen Erdkreis" führt nach Spanien. Aber als Römischen Kanon nahm ihn das Frankenreich an, als Karl der Große die Liturgie Galliens durch die Liturgie Roms ersetzte. Als Kanon der römisch-katholischen Messe wanderte er mit den Missionaren über die ganze Welt. Als Römischer Kanon wurde er von der Reformation abgewertet und entfernt. Nimmt man hinzu, daß außer Ambrosius und Damasus Leo der Große, Gregor der Große, Alkuin Spuren ihrer Arbeit am Kanon hinterlassen haben, daß sich das Allgemeine Konzil von Trient für den Kanon eingesetzt hat, daß Papst Pius V. den Kanon endgültig ediert, daß Johannes XXIII. mit der Einfügung des Namens des heiligen Josef die nach Jahrhunderten erste Änderung angebracht hat, meint man den Römischen Kanon in einem Geleitzug der Heiligen und der Konzilien durch die Geschichte fahren zu sehen.

Auch die Diktion des Römischen Kanon, seine Vermeidung von Superlativen und hochfliegenden Bildern, seine Nüchternheit und Kargheit sind typisch antik römisch. Die spätrömische Nachklassik eines Leo des Großen hätte sich schwungvoller ausgedrückt. Wie trocken wirkt es doch – selbst wenn man sich einen rhetorischen Hinweisegestus dazu vorstellt –, wenn die Opfergaben, sogar nach der Wandlung, einfach mit „haec" und „quae" erwähnt werden. (Supra quae, – jube haec perferri... dies hier...) Der Römische Kanon sei zu poetisch, was die „heiligen und ehrwürdigen Hände..." erweisen, so wird gelegentlich behauptet; wer das sagt, ist entschuldigt, weil er den Kanon nicht recht gelesen hat.

Künstlerisch

Doch ist der Römische Kanon bei aller Nüchternheit ein Kunstwerk. Sein Geheimnis besteht in der geordneten Klarheit des *Parallelismus*. Wie die Säulen einer altrömischen Kirche zum Altar hinstreben, so laufen die Strophen zur Wandlung vorwärts und von der Wandlung zurück und entsprechen einander. – Das erste Säulenpaar sind Präfation und später entsprechend das Paternoster, die beiden Hochgesänge des Kanon. Ihnen hängen sich das Sanctus und die Schlußdoxologie an – das Dreimalheilig mit dem Palmsonntagslied auf Christus und das trinitarische Lob mit der paulinischen Berufung auf Christus.

Da steht das Opfergebet „Te igitur" gegenüber der Segnung der Naturoblationen, der für die heilige Opferhandlung nicht benötigten Gaben „Per quem haec omnia".

Da antwortet dem Gedächtnis der hierarchischen Kirche „In primis" die Interzession für den anwesenden Klerus „Nobis quoque peccatoribus".

Der Interzession für die Lebenden entspricht in der nachkonsekratorischen Reihe die Bitte für die Verstorbenen.

Der Strophe mit der Nennung der Heiligen „Communicantes"

antwortet später die Strophe „Supplices“ mit der Erwähnung des Engels und der himmlischen Liturgie.

Der Erwähnung des besonderen Opferanlasses „Hanc igitur“ korrespondiert die Nennung der alttestamentlichen Vorbilder. – Der Epiklese „Quam oblationem“ steht gegenüber die Anamnese „Unde et memores“.

Das alles gleicht einer Prozession der Strophen zum Altare und vom Altare. Es ist ein Wallen und Schreiten in kühler Verhaltenheit und Geordnetheit. Wenn Schönheit der „splendor ordinis – Glanz der Ordnung“ ist, dann liegt in dieser klaren Ordnung der Strophen ein Schönheitselement des Römischen Kanons.

Musikalisch

Ein anderes Formprinzip des Römischen Kanons ist die Einteilung in *Verse.* Zwar geht es nicht um Verse mit Klangreimen, sondern um Verse des sogenannten Cursus. Die Enden der Halbsätze und Sätze sind in einem wechselnden Prosaversmaß geformt. So hat auch Leo der Große seine Predigten gefeilt, so haben viele Rhetoren und Schriftsteller ihre Werke niedergeschrieben. Der Cursus gibt eine geheimnisvolle Musikalität in den Fluß der Sprache, gibt einen untergründigen Kastagnetten-Rhythmus. Die deutsche Sprache kann das kaum nachahmen, und doch bleibt vom Cursus des lateinischen Vorbildes noch in der Übersetzung eine leise Erinnerung hängen.

Dadurch erweist der Römische Kanon viel stärker als die anderen Hochgebete seinen Liedcharakter. Er deklamiert nicht, er rezitiert nicht, sondern singt seine preisenden und bittenden Aussagen. Er verdiente statt des Titels Hochgebet eher den Namen Hoheslied. Man möchte bedauern, daß man seine Verse und Strophen nicht so konsequent wie die einstige Taufwasserweihe oder das Exsultet in gregorianisches Rezitativ hineingegossen hat. Im Singen würde man die Länge des Liedes vergessen.

Thematisch

Auch vom Inhalt oder besser von den Themen und Bildern, die allen einzelnen Strophen des Römischen Kanons zugrunde liegen, gewinnt der Römische Kanon seine „sobria ebrietas – seine nüchterne Fülle“

der Gottesschau. Ein Gesamtthema beherrscht den Inhalt des Römischen Kanons, ganz seinem Namen entsprechend: die *Kirche.*

Da ist der „Gnadenstuhl“ aufgerichtet, wie ihn die mittelalterliche Malerei nannte. Der „clementissime Pater“ – der „allergeneigteste (Clemens kommt von clinare – sich neigen) Vater“ und in seinen Händen, von ihm für uns alle angenommen das Kreuz und Opfer seines Sohnes. Um diesen „Gnadenstuhl“ versammelt sich die *opfernde* Kirche: „uti accepta habeas et benedicas, haec dona ... nimm diese makellosen Opfergaben an und segne sie“. Die opfernde Kirche kann nichts anderes in den Händen haben als ihren Herrn, den Gekreuzigten. Durch ihn, das heißt durch seine Wunden hindurch, kann sie sich dem Vater nahen.

Da versammelt sich die *hierarchische* Kirche, der Papst, der Ortsbischof, das Bischofskollegium der Weltkirche, vor allem der Missionskirche, denn hinter dem Wort „fidei cultores – die Sorge für den Glauben tragen“ ist sie vor allem gemeint. Nach dem deutschen Meßbuch kann man auch (den Altbischof), den Koadjutor, die Weihbischöfe nennen. Wie ein Allgemeines Konzil werden sie hier vom Kanon zusammengerufen um den Altar, um den „Gnadenstuhl“.

Die *Ortskirche* im Sinne der hier zur Opferfeier versammelten Gemeinde wird aufgerufen. Zunächst sind es die „N. N.“, die „Nomina“, die einst von den Diptychen, den zweiteiligen elfenbeinernen Täfelchen, abgelesen wurden. Stolz und Sorge haben die Auswahl dieser Namen geleitet: Stolz, daß man mit ihnen verbunden ist, Sorge, daß man die Verbindung mit ihnen verlieren könnte. Es folgen die „circumadstantes – die den Altar Umstehenden“, von ihrem Glauben und ihrer Opferbereitschaft hergeführt.

Die ecclesia *coelestis* – die Kirche der Vollendeten – kommt in der Communicantes-Strophe herab, vertreten von Maria, die mit ihrem feierlichen ephesinischen Titel genannt wird „Mutter unseres Herrn und Gottes Jesus Christus“, neben ihr der heilige Josef, die zwölf Apostel und zwölf heilige Märtyrer, unter ihnen fünf Päpste, die drei ersten Nachfolger Petri und zwei aus dem dritten Jahrhundert, der Bischof Cyprian, der seinem Henker ein Trinkgeld gab, der Erzdiakon, „Caritasdirektor und Vermögensverwalter“ Laurentius, der Lehrer Chrysogonus, die Hofbeamten Johannes und Paulus, die

Ärzte Cosmas und Damian, also eine Abordnung verschiedener Stände und Berufe. Man könnte andere Namen nennen. Diese hier wuchsen aus geschichtlichen Umständen und aus der liebevollen Vervollständigung durch Gegor den Großen. Wir wissen, daß alle gemeint sind: Wenn der Herr kommt, kommen alle seine Heiligen mit ihm.

„Hanc igitur – Nimm gnädig an!" Das ist die Strophe der Nennung des besonderen Opferanlasses, der Taufe, der Brautmesse, der Weihe, der Profeß, jedesmal: des Friedens. Die wachsende Kirche, die *Mutter* Kirche, kommt zum Altar.

Danach erklingt die wichtigste Strophe vor der Wandlung, die *Epiklese* – Herabrufung des Heiligen Geistes und seiner wandelnden Kraft. Die Seele der Kirche, das heilige Pneuma, kann in dieser Kirchenvision nicht fehlen.

Die Gäste sind in den königlichen Saal an die hochzeitliche Tafel gekommen. Nun wird der König Christus das heilige Abendmahl feiern. Nun können seine Worte sprechen und sein Opfer und Opfermahl gegenwärtig sein lassen.

Dann ist wieder die hier am Altar versammelte *Ecclesiola* an der Reihe. Sie singt (eigentlich kann man das „Mysterium fidei" nur singen!) den Glauben an den Herrn und seinen lebendigmachenden Tod zu Christus hin und in die Weite hinaus.

Die gleiche *Anamnese,* Gedächtnisstrophe, verkündet der Priester. Die Kirche ist als Kirche Jesu Christi hier. Ihr Wesen, ihr Urgrund, ihr Leben ist, daß sie des Gekreuzigten, Auferstandenen, im Himmel thronenden Herrn gedenkt. Sie ist nicht das Zufallsprodukt der nachösterlichen Gemeinde der Anhänger des hingerichteten Revolutionärs aus Nazareth. Sie hat aus Christus, dem Sohn Gottes, ihre Stiftung und Existenz. Ihr Lebensatem ist das Gedenken Christi, das Gegenwärtigkeit Christi schafft.

Die „Kirche" des *Alten Bundes* wird sichtbar, wenn jetzt Abel, Abraham, Melchisedech genannt werden. Aus den Vorbildern wird das Christusmysterium klar, in ihm ist der Alte Bund nicht eigentlich beendet, sondern vollendet. Hier wird die Identität und Kontinuität des Heils von der Schöpfung bis zur Wiederkunft, aber auch von Christus, dem Davidssohn, der geboren wurde und gelitten hat, zum

Christus dem Gottessohn, der auferstand und im Himmel thront, ausgesprochen.

Die „ecclesia *coelestis*" wird noch einmal dargestellt, und zwar in ihrer himmlischen Liturgie. Die Zeichnung stammt aus der Offenbarung des heiligen Johannes (8, 3–5): Der Opferengel tritt an den goldenen Altar, der vor der göttlichen Herrlichkeit steht. Aber er nimmt nicht Feuer von dem Altar, wie es die Apokalypse schildert, sondern Leib und Blut des Sohnes, die wir empfangen dürfen.

Ecclesia *patiens* nannte man die Verstorbenen, die noch unvollendet vor der Tür der Herrlichkeit warten. Die leidende Kirche wird nun aufgerufen. Wieder werden die „N. N.", die „Nomina", die Namen der besonders vertrauten Toten aus den Verzeichnissen genannt. Die alten Kirchbauten besitzen noch ihre Grüfte um das Gotteshaus, unter ihm und in ihm. Die Toten brauchen nicht herbeigerufen zu werden. Sie sind da und empfangen vom Altar die Erfüllung ihrer Sehnsüchte.

Die *dienende* Kirche sammelt sich in der Strophe „Nobis quoque". Die hier genannten „peccatores famuli – sündige Knechte" sind ein aszetischer Name des Klerus und der Priesterschaft. Ihr Dienst an der Gemeinde erlangt ihnen die Interzession der Gemeinde. Während man sich in der Heiligennennung vor der Wandlung große Mühe gab, das Wort „Verdienst" gut zu übersetzen, hat man hier „meritum – Verdienst" einfach unbesehen übernommen. Gemeint ist: „Was wir verdienen." Das kann Strafe oder Lohn sein. Am klarsten wäre hier die Übersetzung „Wäge nicht unsere Schuld" gewesen. – Die zweite Heiligenreihe, die diese Klerusstrophe schmückt, nennt nach dem Täufer Johannes sieben heilige Männer und sieben heilige Frauen. Die letzteren stellen alle Lebensalter und Lebensstände der Frauen dar: die Witwe Anastasia, die Mutter von vielen Söhnen Felicitas, die junge Mutter Perpetua, die Braut Caecilia, die Jungfrauen Agatha und Lucia, das Mädchen Agnes.

Die letzte Strophe vor der Doxologie gibt einen Segen für die Gaben, die nicht für die Opferfeier, sondern für die Armen, für den Unterhalt der Kleriker und der Kirche verwendet werden, die sogenannten *Naturaloblationen*. Dahinter steht die Kirche der Armen, die Kirche der Caritas. Wie der Römische Kanon begann bei dem Pater clementissime, so endet er jetzt beim Segen der Gaben, die er so gütig schenkte und die wir um seiner Güte willen vom Altar aus weitergeben. Die Kirche der Eucharistie muß Kirche der Agape werden. Aus der Familia Dei muß die Familienhaftigkeit in der Kirche wachsen.

Die Doxologie als letzte Strophe des Kanon-Hymnus bietet sich, ähnlich dem Sanctus, als Gottes- und Dreifaltigkeits- und Christusvision an. Doch möchte man Joseph Andreas Jungmanns Gedanken festhalten: „In unitate Spiritus Sancti – in der Einheit des Heiligen Geistes“ bedeutet soviel wie „in ecclesia“. Denn der Heilige Geist sammelt nach der prophetischen Schau des Ezechiel (Kap. 37) die toten Gebeine zu neuem Leben. „Einheit des Heiligen Geistes“ singt von der Kirche, die von allen vier Winden durch die Kraft des Gottesgeistes zu jener Einheit gesammelt worden ist, die es in der verworrenen und durcheinandergeworfenen Welt nicht geben kann – Einheit des Friedens und der Liebe.

Läßt man sich von diesem Grundgedanken „Der Römische Kanon als Lied der Kirche von der Kirche“ führen, dann wird man immer mehr von seiner geistigen Kraft gepackt und zum Nachdenken gebracht. Dann tauchen die großen Bilder auf. Die zweite Strophe nach der Konsekration hat schon in den Mosaiken von Ravenna ihre Illustration gefunden, die folgende in den Bildversuchen zur Apokalypse. Die Heiligenstrophen fanden in Lochner, Dürer und Raffael ihre Illustratoren, wie eigentlich in allen Heiligendarstellungen um den Altar und im Altarraum. Kunstwerke wurden von der Gedankenreihe Heiliger Geist – Kirche – Eucharistie angeregt, zum Beispiel die kostbaren eucharistischen Tauben. Man könnte eine neue Illustration der heiligen Bilderwelt des Kanon schaffen. Allerdings bedarf es vor und nach diesen Bildern – der Betrachter.

Der zweite Kanon:
Der Kanon nach Hippolyt

Geschichtlich

Römischer als der Römische Kanon ist der zweite. Aber ausgerechnet in der Stadt Düsseldorf, die man „Schreibtisch des Ruhrgebietes“

nennt, steht in der alten Frauenstiftskirche Gerresheim der Schrein mit den Gebeinen des heiligen Hippolyt. Man verehrte in diesen Reliquien den römischen Märtyrer Hippolyt, deren es mehrere gibt. Man feierte ihn am 13. August zusammen mit dem heiligen Lehrer Cassian und sah in ihm den römischen Märtyrer, dessen Grab sich in der Katakombe an der Via Tiburtina befand, dessen Denkmalstatue in der Vatikanischen Bibliothek steht – in der Rückenlehne des Sessels ist ein Verzeichnis seiner Werke eingemeißelt. Damit ist die Frage nach der Persönlichkeit, die hinter diesem Denkmal und hinter diesem Namen steht, noch nicht restlos geklärt. Ist es der gleiche Hippolyt, der vor Tivoli sein Katakombengrab, Denkmal und Schriftenverzeichnis fand – und der 215/217 als erster Gegenpapst der Kirchengeschichte gegen Calixtus I. gewählt wurde? Ist es der gleiche Hippolyt, der in Sardinien mit dem legitimen Papst Pontianus Exil und Zwangsarbeit teilte und zum Märtyrer wurde, nicht ohne zusammen mit Pontian die römische Kirche zur Wahl eines neuen, einigen Oberhauptes ermächtigt zu haben? Jedenfalls sind die Daten so interessant und geradezu romanhaft, daß man die Zweifel begreift. Doch auch Zweifel kann man übertreiben, vor allem, wenn sie nur auf neuen Hypothesen beruhen. – Der Konflikt, der zur zwiespältigen Papstwahl 215/217 führte, war wohl herbeigeführt von einer zwiespältigen Kirchenrechtsauffassung. Der rechtmäßige Papst Calixtus I., gegen den sich Hippolyt zur Gegenwahl aufstellen ließ, war einst Freigelassener, also davor Sklave, ehe er zum Träger der Geschäfte seines Vorgängers Zephyrinus avancierte. Dagegen stand die Rechtsgewohnheit der römischen Gemeinde, die in Anlehnung an das zivile Ämter- und Eherecht die Undurchlässigkeit der Stände wahrte: Ein Unfreier konnte nicht zu einem Amt und nicht zu einer Ehe mit einer Freien aufsteigen. Für uns ist ein solches Recht kaum begreiflich, aber es war nicht unklug. Wie Calixtus für eine reformerische Richtung antritt, so Hippolyt für die Konservativen. Das Hochgebet, das unter Hippolyts Namen in der griechischen Schrift „Apostolische Tradition“ überliefert wurde, ist wohl für die schismatische Bischofweihe Hippolyts niedergeschrieben worden. Daß es einen Anlaß in einem Neubeginn hat, verrät der Satz: „Wir danken dir, daß du uns berufen hast, vor dir zu stehen und dir zu dienen!“

Dieses Hochgebet des Märtyrers Hippolyt wählte die Konzilskommission zur Durchführung der Liturgiekonstitution in Orselina bei Locarno aus, um mit ihm einen zweiten Kanon zu formen. Der Vergleich der beiden Gebete zeigt, daß das Vorbild stark verändert wurde. Ein Sanctus und einige Interzessionen mußten eingefügt werden. Doch blieben erhalten die Präfation, der Abendmahlsbericht, die dann folgende Strophe. So kann man die Erwägung über das zweite Hochgebet im Dämmerlicht der vermuteten Ereignisse von 215/217 lesen und erwägen:

Schon steht an der Cornelianischen Straße in Rom die Stele als Monument über dem Grab des heiligen Petrus. Noch ist nicht die schwerste Probe über die römische Christengemeinde gekommen, die Valerianische Verfolgung. Aber innerhalb der Kirche in der Urbs Roma vollzieht sich eine schwere innere Erprobung, die Auseinandersetzung zwischen einer konservativen und einer fortschrittlichen Gruppe. Dabei vertritt die letztere die eigentlich traditionellen Anliegen, das Bild der römischen Kirche, wie es Petrus und Paulus geformt und gehütet hatten: die Gemeinschaft der Sklaven und Prinzen, der Handelsreisenden und der Gardeoffiziere. Die konservative Gruppe hält sich an das Kirchenbild, das sich nach der ersten Jahrhundertwende herausgebildet hatte: etwas exklusiv, gebildet, voll griechischer Geistigkeit – ebenso wie es die Persönlichkeit Hippolyts zum Ausdruck bringt. Vielleicht sind auch die beiden Gruppen jetzt schon vor das Sprachenproblem gestellt: griechisch – lateinisch. Den inneren Konflikt bringt die schismatische Wahl 215/217 zum Ausdruck. Sieht man das Porträtstandbild des Hippolyt an, so erkennt man den Typ der griechischen Philosophen und ihre zur damaligen Zeit unmoderne Kleidung von zweihundert Jahren zuvor. Dieser Hippolyt ist nun von seiner konservativen Gruppe zum Bischof gewählt worden. Er feiert die heilige Messe seiner Weihe. Das Hochgebet hat er für diese Stunde formuliert, wie es der alte Brauch vorsieht, und hat sich dabei an die Überlieferung als Vorbild gehalten. – Es fällt schwer, nicht an Persönlichkeiten und Ereignisse unserer Tage zu denken.

Was bringt dieses Gebet zum Ausdruck?

Inhaltlich
Ein *Christusbild!* Wir danken dem Vater durch seinen geliebten Sohn Jesus Christus; er ist das Wort, durch das alles erschaffen wurde; er ist Mensch geworden durch den Heiligen Geist von der Jungfrau Maria. Christus kommt, um den Ratschluß des Vaters zu erfüllen und ihm ein heiliges Volk zu erwerben. Er hat die Arme sterbend am Kreuz ausgebreitet, hat die Macht des Todes gebrochen und die Auferstehung kundgetan.

Diese in der Präfation entfaltete Christologie wird noch verstärkt durch die Aussagen des Kanon selber: Es wird erinnert an den Abend, an dem er ausgeliefert (verraten) wurde. Daß gerade in dieser Stunde von Verrat gesprochen wird, fällt auf. Es wird gesprochen vom Ölbergabend, „da er sich aus freiem Willen dem Leiden unterwarf". Von Hippolyt her haben nun die Abendmahlsberichte in allen vier Hochgebeten den Zusatz zu „Leib": „der für euch hingegeben wird". Hippolyt zeigt auf den opfernden Christus. Die Ähnlichkeit des Hippolytschen Konsekrationstextes mit der Fassung der Konsekration im Römischen Kanon am Gründonnerstag ist unverkennbar – vor allem der Gedanke der traditio, der zwischen Verrat und Hingabe schwingt: Er wird verraten, er gibt sich hin, er wird dahingegeben für uns.

Nach dem Abendmahlsbericht nennt die Anamnese nur Tod und Auferstehung, die wichtigsten Stationen Christi, und verbindet damit den Gedanken der Darbringung: „Wir feiern das Gedächtnis und so bringen wir dar." Die vom Gedächtnis herbeigeführte Gegenwärtigkeit Christi in Brot und Wein wird dem Vater dargebracht. Seine Hingabe an unser Heil wird zu unserer Darbringung an den Vater. Diese Darbringung wird dann zur Darreichung an uns in der heiligen Kommunion, daß wir Anteil haben an Christi Fleisch und Blut.

Das Hochgebet singt also ein Christuslied. Es wird zu einem *Christus-Kanon,* wie das Römische Hochgebet ein Kirchenkanon ist. Das Christuslob enthält gleich Rufen oder Versen Sohn – Wort – Schöpfer – Erlöser und Heiland – der Menschgewordene aus Maria – der dem Willen des Vaters Unterworfene – der das Volk erwirbt – der Dahingegebene – der Dargebrachte – der Auferstandene. Hier sind Positionen der klassischen Christologie erkennbar, ohne Unterschied von

Nizäa, allerdings mit großem Unterschied von manchen heutigen theologischen Versuchen.

In die Darbringung wird hineingeflochten der Dank für die Berufung „vor dir zu stehen und dir zu dienen", wie es die Gelegenheit dieses Hochgebetes – die Bischofsweihe – verlangt. Damit wird nebenbei festgestellt, daß das kirchliche Amt zunächst eine Berufung ist. Niemand kann es sich selber nehmen, sondern nur, wer von Gott berufen ist wie Aaron (Hebr 5, 4). Das Amt beruht nicht auf einer Gemeindefunktion, sondern auf göttlichem Ruf, auf der Weihe. Sein Inhalt ist, „vor Gott zu stehen", wie die Engel vor Gottes Angesicht stehen (Mt 28, 10 vgl. Hebr 1, 14). Der Dienst ist zunächst einmal ein Dienst vor Gott. Doch die Anknüpfung dieses Passus über das Amt an die Worte von der Darbringung und Darreichung Christi will sagen, daß der heilige Dienst vor Gottes Angesicht auch ein Dienst am Gottesvolk ist. Kürzer und deutlicher könnte man einen Abschnitt über die Theologie des *Weihesakramentes* nicht formulieren.

Neuzeitlich

Nun beginnt eine Reihe von Interzessionen, die in das Hippolytsche Hochgebet eingefügt wurden. Man möchte sie zusammenfassen unter dem Titel „Die *Lossprechung des Hippolyt*". Wir sind ihm in seiner Christologie gefolgt und stehen mit ihm in der Einheit des Glaubens. Nun stellen wir bittend auch die Kircheneinheit mit ihm her und überbrücken die Spaltungen und Trennungen.

Einer Kommunionbitte wird die Kirchenbitte vereint: Anteil an Christi Leib und Blut – dadurch untereinander eins in der Kirche durch den Heiligen Geist. Noch einmal ruft eine Bitte für die Kirche auf der ganzen Erde: Das Gottesvolk möge in der Liebe vollendet werden – es möge vereint sein mit dem Papst, mit dem Bischof und allen Bischöfen, mit den Priestern und Diakonen und allen, die zum Dienst an der Kirche bestellt sind. Auch hier haben wir einen Bitt-Text, der in Hippolyts Anaphora eingefügt wurde. Der Text ist so allgemein gültig, daß ihn der Bischof der Frühkirche ebenso sprechen konnte wie der Zelebrant der Kirche nach dem Vatikanischen Konzil. – Einheit! Das Übel der Kirche ist der Eigensinn ihrer Glieder, ihrer Theologen, Laien und Kleriker, ihrer Zelebranten und ihrer

Gottesdienstteilnehmer. Die Gnade der Kirche ist jene Einheit, von der frühere Zeiten unter dem Bild des unzerteilten, ungenähten Leibrocks Christi sprachen.

Auch das jetzt folgende Totengedenken ist neu formuliert und eingefügt worden. „Hoffnung auf die Auferstehung" wird als „Bedingung" für unser Gedenken genannt. Mancher, der sich Christ nennt, hat sich aus dem Gedenken ausgeschlossen, weil er wie die Heiden keine Hoffnung hatte. Mancher, der nichts vom Christentum weiß, hat sich in das Gedenken eingeschlossen, weil er als Pilger der Hoffnung auf die jenseitigen Dinge unterwegs ist.

Für alle erbitten wir das ewige Leben und die Gemeinschaft mit den Heiligen. Da scheint bemerkenswert die Formel, die alle Großen, die des Alten und des Neuen Bundes und die außerhalb der Offenbarungsreligionen, zusammenfaßt: „die bei dir Gnade gefunden haben von Anbeginn der Welt".

Der Schluß steigt wieder empor zur Christusschau des Anfangs. Durch den Sohn preisen wir den Vater in der Einheit des Heiligen Geistes. Der Kanon, der das Christusbild knapp und scharf zeichnete, wurde ergänzt durch das Kirchenbild seiner neuen Einfügungen. Er klingt mit den anderen Hochgebeten zusammen in das Dreifaltigkeitslob aus.

Der „Hippolytsche Christus-Kanon" wird zur „Lossprechung des Hippolyt". Der Rebell gegen die Einheit – wenn er es war – zeigt sich als Jünger Christi ungeteilten Glaubens und wird so umkleidet von dem ungeteilten Leibrock seines Herrn, für den er sich in der Zwangsarbeit, im Konzentrationslager, im Martyrium dahingab.

Der dritte Kanon
Der Kanon der Opfergedanken

Geschichtslos?

Der dritte und der vierte Kanon haben keine Geschichte. Sie sind neu verfaßt und neu eingefügt worden als Durchführung der Liturgiekonstitution des Zweiten Vatikanischen Konzils. Wir kennen sogar durch

Zufall den noch lebenden Verfasser. Es ist der italienische Benediktinerpater Cyprian Vagaggini aus der belgischen Abtei S. André bei Brügge, derzeit Professor an der katholischen Mailänder Universität. Vagaggini veröffentlichte zur Zeit der Verhandlungen über die Neuformung der heiligen Messe eine Studie über den Kanon und brachte zwei Vorschläge über mögliche Hochgebetsformulare. Diese Vorschläge sind identisch mit dem, was bald danach von der Liturgiekommission veröffentlicht wurde. Der dritte Kanon sollte nach Vagagginis Idee ein Hochgebet verwirklichen, das nach einem raschen Übergang vom Sanctus zum Abendmahlsbericht seine Hauptaussagen nach der Wandlung formuliert, und zwar in Worten, die dem Menschen dieser Zeit rasch zugänglich sein sollen.

Dennoch hat dieser dritte Kanon seine Geschichte. Er fabuliert nicht einfach daher. Vielmehr folgt er im Aufbau strengen geschichtlichen Gesetzen: Das Post-Sanctus (Ja, heilig), die Epiklese, der Abendmahlsbericht, die Anamnese, die Kommunionbitte, die Interzessionen, die Doxologie – das alles steht auf geschichtlichen Fundamenten und Traditionen. Auch die ausgesprochenen Gedanken kommen aus der Glaubensüberlieferung der Kirche. Dabei folgen sie nicht so sehr der alten Strenge römischer Nüchternheit, sondern eher gallikanischen, spanischen, griechischen Vorbildern. Der dritte Kanon ist der junge Sproß einer sehr alten Familie.

Die Geschichtsmächtigkeit der ausgesprochenen Gedanken mutet nicht museal oder historisierend an. Sie bezieht sich auf die Gegenwart, aber es wird nicht einfachhin der Mode-Jargon nachgeredet. Vielmehr wird ausgesprochen, was nach klassischer patristischer Theologie die Kirche in unseren Tagen beachten muß.

Variationen über Opfer

Wagt man den Versuch, die Gedanken des dritten Hochgebetes auf einen Generalnenner zu bringen, so möchte man vorschlagen, von einem Kanon der „Opfergedanken“ zu sprechen oder, von der Form her gesehen, „Variationen über das Thema Opfer“.

Im Post-Sanctus wird sogleich die Malachias-Prophetie (1, 11) über das reine Opfer vom Aufgang der Sonne bis zum Untergang zitiert. Das Thema ist ausgesprochen. – Die Epiklese bittet um die

Herabsendung des Heiligen Geistes über unsere Gaben – die erste Variation des Themas Opfer ist gegeben.

Das Opfer Jesu Christi beherrscht wie gewohnt die Akkorde des Abendmahlsberichtes.

Danach wird die Verkündigung des heilbringenden Leidens und der Auferstehung zu einer Variation des Themas Opfer. Erst recht gilt das von dem unabdingbar klaren Wort: „So bringen wir dir mit Lob und Dank dieses heilige und lebendige Opfer dar."

Opfertheologie wird nun in ein großes biblisches Bild gegossen bei der zweiten Strophe nach der Wandlung: „Schau auf die Gabe deiner Kirche. Denn sie stellt dir das Lamm vor Augen, das geopfert wurde und uns nach deinem Willen mit dir versöhnt hat!" Das Opferlamm Christus, das sich in die Hände der Kirche begeben hat, wird von der Kirche nicht neu geopfert, aber neu vor dem Angesicht des Vaters dargestellt. Es klingt wie eine Paraphrase des alten Liedes: „Sieh, Vater, von dem höchsten Thron! Sieh gnädig her auf den Altar. Wir bringen dir in deinem Sohn ein wohlgefällig Opfer dar!" Als Frucht wird uns in der heiligen Kommunion gegeben – die Einheit der Gläubigen in Christus.

Es geht nicht nur um die kirchliche Gemeinschaft, die am Opfer Christi erstarkt. Es geht auch um den einzelnen. Jeder von uns muß persönlich zum Opfer werden, damit wir unser Ziel erreichen. Diese aszetische Variante des Themas Opfer umfaßt nur ein paar Worte. Doch sie gibt die Richtung für das ganze Leben.

Dann wartet die Welt auf den Frieden und das Heil, die aus diesem Opfer der Versöhnung fließen. Die Kirche wartet auf Schutz, auf Glaube und Liebe, gegeben aus dem Opfer: Papst, Episkopat, Priester, Diakone, alle Diener der Kirche, das ganze Gottesvolk, besonders die versammelte Gemeinde, die Fernen, die Toten hungern nach dem Heil aus den Wunden des Lammes, das emporgehoben wird vor Gottes Angesicht, wie es die Liturgie des Hebräerbriefes und der Offenbarung schildert.

So kann man eine echte, analysierbare Komposition über das Opfer feststellen, die diesen dritten Kanon ausmacht. Das Thema Opfer wird in Variationen, in immer neuen Gedankenwendungen gesungen.

Zeitkritisch
Die „Variationen“ werden hineingestellt in die Zeit. Die *Kirche* ist das Volk, damit Gottes Namen das reine Opfer dargebracht werden kann. Vergleichen wir damit die Ideen, die uns gelegentlich in die Ohren gellen. Kirche ist die Gemeinschaft solcher, die ein halbes Jahrhundert nach Jesu Tod aufmerksam wurden, daß es mit Jesu Sache nicht zu Ende war, daß zwar seine verheißene Wiederkunft nicht erfolgte, er aber doch bleibende Ideen hinterlassen hatte. Ohne daß Jesus an eine Kirchenstiftung gedacht hätte, fanden sich diese Menschen in Zirkeln sozialer Prägung zusammen, um die Idee dieses Jesus weiterzutragen: Liebe unter den Menschen – Liebe zu den Armen und Unterdrückten bis zur Selbstaufgabe. – Dagegen stellt der dritte Kanon die Gedanken: Die Kirche ist göttliche Stiftung; sie ist Stiftung eines Volkes, das vergleichbar mit dem alttestamentlichen Bundesvolk ist. Aufgabe des Gottesvolkes ist nicht nur, das Andenken einiger sozialer Ideen, sondern das lebendige Opfer und die Gegenwärtigkeit Christi des Auferstandenen in die Zeiten und die Zeit liebend weiterzutragen. Die Kirche ist die Gemeinschaft, die das Opfer Christi weiterträgt.

Für manche ist heute der *Gottesdienst* der Kirche etwas völlig Nebensächliches. Es kommt nur auf aktive Menschenliebe an. Im dritten Kanon wird sichtbar, daß die Kirche auf den Gottesdienst hin gestiftet ist. Aus dem Gottesdienst aber gewinnt das Kirchenvolk die Fähigkeit zum Dienst an den Menschen. Der Gottesdienst der Kirche steht da zur Verkündigung des Leidens und der Auferstehung Christi. Die Verkündigung ist nicht nur ein informierender Akt, sondern eine Ausrufung: Das Heil aus Tod und Verherrlichung Christi ist da. Wir besitzen es im heiligen Meßopfer: „Wir verkünden – und so bringen wir dar!“ Daraus kommt die Befähigung für uns, die Liebe Jesu Christi in der Welt zu realisieren.

Mancher will keine transzendente Dimension des Opfers Christi anerkennen. Da hat einer sich für seine sozialen Ideen geopfert bis in den Tod. Das ist nur ein Blatt Geschichte, die Lesung einer Chronik. Die Historie kann genauso ergreifend sein wie etwa das Bild eines in den Gaskammern von Auschwitz vergasten Juden, erschütternd, aufrüttelnd, aber heil-los. Der dritte Kanon steht in dem Glauben, daß das Geschehene und Berichtete in unseren Händen blieb und ist. Im Gottesdienst der Kirche können wir das Lamm, das geschlachtet wurde und die Himmel erfüllt, Gott vor Augen stellen, Gott als Opfer zeigen. Denn im Gottesdienst ist nicht irgendeine diesseitige humane Versammlung tätig, sondern der Hohepriester, der am Kreuz opferte und im Himmel als der Geopferte bleibt.

Immerhin haben Theologen unserer Zeit außer manchen Fragezeichen gute Ausrufezeichen in die Liturgie der Kirche gesetzt. Sie haben es schon von Angelus Silesius gelernt: „Und wäre Christus tausendmal geboren und nicht in dir, so wärst du doch verloren." Transponieren wir: Wäre Christus auf Erden und im Himmel geopfert und nicht in dir, so wärst du doch verloren. Wenn wir nicht unser Ich und unser Heute hinhalten, daß Christi Altar und Priestertum und Opfer im Christen sein kann, wäre aller Gottesdienst Schall und Rauch. Die Verbrennung des Ich vollzieht sich nach der Messe in dem Leben für die anderen. Der dritte Kanon sagt „Mach uns auf immer zu einer Gabe!" Ein pharisäischer Transzendentalismus muß überwunden werden durch sehr konkreten und sehr diesseitigen Altruismus, der sich den Brüdern in der Not zuwendet.

Die heilige Messe muß „meine Messe" werden, indem das Ich ganz hineingegeben wird. Sie kann niemals „meine Messe" werden, wenn sie nicht immer auf die anderen, auf die Kirche, auf die Menschheit, auf die Welt bedacht ist. Die Prozession der Interzessionen, die Litanei der Hilfesuchenden, darf nicht mit der Nennung im Gottesdienst aufhören, sie muß hier anfangen. Darin sind sich die Frommen und die Modernen, Traditionsfreudige und Progressisten letztlich einig. Das Heil der Welt kommt von Christus, und zwar vom Gekreuzigten, das heißt von seinem Opfer. Der Kanon der Opfergedanken wird zur Brücke zwischen den Ufern der Theologen.

Der vierte Kanon
Der Kanon der Heilsgeschichte

Heilsgeschichtlich

„Kanon *nach den Griechen*" möchte man den vierten Kanon nennen. Bewußt und bis in manche Formulierungen hinein befolgt er das Beispiel der griechischen Anaphoren. Von ihnen übernimmt er die heilsgeschichtliche Schau der Theologie. Von diesem Gehalt her verdient er den Namen: Kanon der *Heilsgeschichte*.

Auch dieser vierte Kanon ist ein Werk unserer Zeit. Wieder können wir seinen Verfasser nennen: Professor P. Cyprian Vagaggini OSB. Aber diese Komposition ruht auf den Säulen der Tradition.

Die Gedankenführung der Heilsgeschichte beginnt bei der diesem Kanon eigenen Präfation, die allzuoft vergessen wird. Die Heilsgeschichte beginnt im Zentrum allen Seins, in der Ewigkeit, beim Lichte, bei der Liebe und beim Leben Gottes. Aus dieser Mitte entfaltet sich die Schöpfung, werden alle Geschöpfe mit dem Licht des Schöpfers erfüllt. An erster Stelle stehen die heiligen Engel da. Mit ihnen ist die gesamte Schöpfung vereint, und ihr Lobpreis des Schöpfers zeigt, daß die Welt heil ist. Wer lobt, ist im Heil. Wenn Ignatius von Loyola sagt: „Der Mensch ist geschaffen, um zu loben ...“, dann ist der lobende Mensch im Heil, in der ursprünglichen Ordnung und Gesundheit; der nicht lobende Mensch ist nicht im Heil, ist heil-los. Hier liegt eine wichtige Erkenntnis für alle Diagnose des Unheils: Unheil ist, wo man nicht mehr loben, nicht mehr singen kann. Dem, der das Heil verlor, bleibt das Lied in der Kehle stecken. Er kann allenfalls noch musizieren und Musikstücke wiedergeben, aber nicht singen. Darum gleicht das wieder vollendete Heil im Himmel einem einzigen Singen, einem unaufhörlich quellenden Lied.

Nach dem Einschub des Liedes über allen Liedern, des Dreimalheilig, setzt die Heilsgeschichte noch mal in dieser *Mitte* an: *Gott* ist groß, und seine Werke künden Weisheit und Liebe. Der Gedanke steht gegen alle „geläufige“ Gottesauffassung. Da ist Gott: Klein und kleinlich sind seine Pläne. Er ist ein Abbild des Menschen, und für den Menschen ist spezifisch, daß er klein, widerwärtig klein und eng ist, ob er seinen fragwürdigen Kleinigkeiten nachjagt oder ob er keinen Raum in seiner Enge für die anderen hat. Das einfachste und wichtigste Gotteslob heißt: Gott ist groß! oder wie es Maria sang: Magnificat ... Groß mache den Herrn meine Seele! Die Größe Gottes entfaltet sich in Weisheit und Liebe, in Licht und Glut, in Geist und Herz.

Aus der Größe Gottes kommt der *Mensch*, die Krone und Vollendung der Schöpfung. Ihm ist die Welt anvertraut. Sie wird von ihm beherrscht, allerdings in Unterwerfung unter Gott. In dieser letzteren Konditionalität liegt der Unterschied zwischen Weltraumeroberung, die fragt: Was kann ich noch mehr erreichen? und Schöpfungsbeherrschung, die fragt: Was kann ich hier für Gottes Herrlichkeit tun? Der Mensch ist geschaffen als Träger der Herrlichkeit des Schöpfers, und darum gehört es zu seinem Dienst, zu forschen, zu wagen und die Grenzen zu überspringen. Immer aber bleibt er Diener. Immer wird er im Welt- und Schöpfungsraum die Spur des Schöpfers erkennen.

Bis dahin geht die heile Welt. Nun beginnt das Un-Heil mit dem *Un-gehorsam:* „Als er im Ungehorsam deine Freundschaft verlor und der Macht des Todes verfiel!“ Im Gegensatz zum Stil, den Prediger und Politiker gemeinsam haben, wird das Un-heil nur mit einem halben Satz, eigentlich nur mit den drei Worten Ungehorsam, Freundschaftsverlust und Tod, geschildert. Das eine gibt die Ursache, die anderen die Wirkung des Unheils an.

Ungehorsam – das Wort ist verschlissen, weil es nur noch im Sinne einer kindlichen Widerspenstigkeit verstanden wurde. Ungehorsam heißt: nicht hören können – das Ohr verschlossen halten. Wer nicht hören kann, vermag auch nicht zu sprechen. Er ist taubstumm – wegen Taubheit stumm, weil er eben gar nicht hört, was Sprechen ist. Er tut nicht nur nicht, was er soll – er spricht und singt und sagt nichts. Das ist im Sinne des Römerbriefes (vgl. Röm 5, 19) gemeint: Durch den Ungehorsam des einen kam die Sünde in die Welt. Weil der eine ertaubte und verstummte, konnte keiner mehr sprechen. Das Unheil kam als eine „taubstumme“ Welt. Darum mußte das Heil aus dem Wort kommen.

Das Heil *beginnt* gleich im Augenblick seines Verlustes: Gott hat allen voll Erbarmen geholfen, ihn zu suchen und zu finden. Wenn einmal Streit unter den Menschen herrscht, dann schweigt man sich aus, man spricht nicht miteinander – ein ebenso primitives wie häßliches Kampfmittel. Wenn Gott von uns be-stritten wird, dann spricht Gott weiter zu uns. Er zeigt den Weg, er zeigt das Ziel, er läßt sich finden. Er ist nicht nur für die Offenbarungsreligionen, er ist für jeden zu finden, er liebt jeden Menschen: „Wenn ihr mich von ganzem Herzen sucht, werde ich mich von euch finden lassen!“ (Jer 29, 13.14).

Das Finden wird dann zum neuen Freundschaftsgespräch: Wir horchen wieder auf Gott, und der Un-gehorsam ist aufgehoben. Das Sprechen, das heißt Loben und Beten, schließt sich von selber an.

Heilsgegenwärtig

Das Heil findet seinen zweiten Weg im *Alten Bund* und in den Offenbarungen durch die Propheten.

Das Heil erreicht seine Höhe durch die Sendung des Sohnes in die Fülle der Zeiten. Das Heil kommt in *Christus,* in seiner Botschaft, in seinem Tod, in seiner Auferstehung. Das Heil wird vollendet durch die Sendung des Heiligen Geistes für die Christgläubigen. Das Heil besteht, wie ein kleiner Satz sagt, unsererseits darin, daß wir nicht mehr uns selber leben – ertaubt und verstummt –, sondern auf den hin und in dem, der für uns starb und auferstand (Vgl. Röm 6, 3–11).

Das Heil kommt auf uns zu in der heiligen *Messe,* wenn Christus uns den Heiligen Geist und der Heilige Geist uns Christus gibt. In diesen Zusammenhang flicht sich der Abendmahlsbericht ein.

Wie Bericht und Geschehnis des Abendmahls zu verstehen sind, sagt der kurze Satz nach der Anamnese: „So bringen wir dir seinen Leib und sein Blut dar, das Opfer, das dir wohlgefällt und der ganzen Welt das Heil bringt." Das Heil, auf das die Geschichte hinläuft, ist nicht irgendwie in Christus, sondern in Christus, dem am Kreuz Geopferten und in der Auferstehung angenommenen, – in Christus, der hier in unseren Händen ist und den wir dem Vater darbringen. Abgekürzt kann es heißen: Das Heil in der Eucharistie.

Das Heil wird weiter geschildert. Es besteht in der Einheit: „Daß wir ein Leib sind im Heiligen Geist!" Das Heil besteht in der Opferwerdung der Gläubigen. „Eine lebendige Opfergabe (in dem geopferten Christus) zum Lob deiner Herrlichkeit".

Das Heil ist noch nicht restlos vollendet. Gewiß, in Christus erlangt es schon die Vollendung. Doch auf uns kommt es noch zu. Dieses *Kommen* wird herbeigerufen durch die Bitten für alle Stände und Stufen der Kirche. Dabei werden auch eigens genannt, „die ihre Gaben spenden". Die Bitten blicken über die Grenzen des Gottesvolkes hinaus und flehen „für alle Menschen, die mit lauterem Herzen dich suchen".

Das Heil ist vollendet für die Toten, vollendet in den Heiligen, wird vollendet, „wenn die ganze Schöpfung von der Verderbnis der Sünde und des Todes befreit ist“ und wir alle hören und sprechen, horchen und singen, gehorchen und loben.

Heilsoffen
Am Ende des erneuerten Taufritus steht ein bildhaftes Geschehen, das leider nur etwas entwertet wird dadurch, daß es dem Belieben anheimgestellt ist. Der Täufer rührt Ohren und Lippen des Täuflings an und wünscht ihm, daß er ein Hörender und ein Lobender des Wortes sei. Der vierte Kanon transponiert dieses Ritual in den eucharistischen Gesang, in seinen Gedankengang und in seine Grundmelodie. Da der letzte Handelnde des Hochgebetes der Hohepriester Christus ist, möchte man sagen: Mit dem heilsgeschichtlichen Hochgesang vollendet der Herr einen letzten Ritus der „Taufe“ an den Erlösten. Er „tauft“ sie, wie er den Taubstummen angerührt hat an Ohr und Mund, daß wir wieder hören und loben können und das Heil besitzen.

Der Abendmahlsbericht

Ein Lied
Der Abendmahlsbericht ist der aus den Evangelien und Paulus entnommene Bericht über das, was der Herr am Gründonnerstag sagte und tat, um das Altarssakrament – die heilige Eucharistie einzusetzen. Davon sind herausgehoben die Wandlungsworte, das heißt, die Worte Christi, die das neue Wesen des Brotes und Weines bewirken und kundtun.

Der Abendmahlsbericht ist ein *Lied,* genauer ein Teil des Hochgebetes, des Hochgesanges, der Eucharistia – Danksagung. Ein Lied – das ist eine wichtige Feststellung! Der Abendmahlsbericht ist also nicht das, was der alte Priesterweiheritus in einer seiner Schlußzeremonien aus keltischen Quellen andeuten wollte: „Periculosa oratio“. Das sollte sagen: Wer nicht mit äußerster Sorgfalt diesen heiligen Text spricht, der setzt sich klösterlichen und kirchlichen Strafen aus.

Man könnte dabei an all die tausend Ängste und Nöte denken, die gerade gewissenhafte und getreue Menschen bei diesen heiligen Texten durchgestanden haben, von ebenso gewissenhaften und pflichtgetreuen Seminarregenten, Professoren und Spiritualen noch tiefer in die Angst hineingejagt. Vielleicht trugen sie das Wort des vierten Kanon und der Psalmen „Groß bist du!“ nicht lebendig in sich. Zutiefst wirkte in ihnen die Angst statt der Liebe. Diesen sorgenvollen Menschen will es gesagt sein: Der Abendmahlsbericht ist ein Lied. –

Das gilt auch künstlerisch beschwingten Menschen, die sich über alle Exaktheit hinwegsetzen möchten. Der Liedcharakter des Abendmahlsberichtes steht auch gegen alle Oberflächlichkeit und Ungenauigkeit. Wenn man bei einem Lied die Noten austauscht oder die Worte auswechselt, kann es seine Schönheit und seinen Sinn verlieren. – Auch dem trockenen Rationalisten, der unbedingt im Abendmahlsbericht die letzte Version einer exegetischen Forschung unterbringen möchte, will es gesagt sein: Das Lied dieser heiligen Worte erträgt keinen Dissertationseinbau.

Der Abendmahlsbericht ist ein Lied. Die nachkonziliare Liturgie-Erneuerung hat diesen Liedcharakter nicht nur als geschichtliche Ursprünglichkeit besprochen, sondern hat die Noten und die Anweisungen für den *Gesang wiederhergestellt.* Das begann so: Das Hospital Santa Marta hinter der Sakristei von St. Peter, Sitz der Liturgiekommission, lief über von Tagungen und Konferenzen. Da regte der Jesuit Joseph Andreas Jungmann an, die Beratung über die Messe in der benachbarten Generalskurie des Jesuitenordens zu halten. Unpraktisch, wie Jungmann sein konnte, hatte er übersehen, daß auch das Haus des „schwarzen Papstes“ überlief. Die Kommission wurde in die große Aula hinaufkomplimentiert, wo die Wahlen der Generaloberen stattfinden, wo man Rat hält über die Gesetzeswerke und Pastoralinitiativen des Ordens, den das alte Scherzwort neckt: „Jesuita non cantat – Jesuiten singen nicht.“ Hier, Allerdings bescheiden in einer Ecke, berieten nun die Liturgiker über den Gesang des Kanons. Pater Cardine, der Archicantor von Solesmes und Sant'Anselmo aus dem Orden des heiligen Benedikt, sang nun zum ersten Mal seit vielleicht elfhundert Jahren den Abendmahlsbericht. Dann folgten die Beratungen über den gesungenen Kanon. – Bis hierher ist der Bericht völlig getreu. (Nicht historisch ist die Legende, im nahen Exerzitienhaus der Jesuiten sei der unerwartete Gesang einem Exerzitanten so in die Betrachtung über die Letzten Dinge gefahren, daß er verwirrt glaubte, Ostermeditation zu halten, und ein Alleluia sang, aber so leise, daß der Grundsatz nicht verletzt wurde: „Jesuita non cantat!“)

Der Abendmahlsbericht ist seither wieder ein Lied. Aber das Lied hat von der Umgebung seines erneuerten Gesanges, hat vom Eroberungsdrang des Fähnleins Jesu nichts, keine Patengeschenke mitbekommen. Wer singt denn schon den Abendmahlsbericht? Ist er zu schwer? Ist er doch noch immer eine „periculosa cantatio“? Man sollte den Versuch machen. Selbst drei ungebändigte achte Schuljahre horchen auf und vergessen ihre Versuchung zum Geschwätz, wenn die heiligen Worte des heiligen Liedes erklingen. Selbst gegen Mozarts Krönungsmesse kommt der gesungene Abendmahlsbericht noch an.

Ein Danklied

Es ist ein Lied besonderer Art, ein *Danklied,* das aber steht im Namen des Gesamtgesanges „Eucharistia“. Für was wird denn gedankt? Der Dank gilt dem Opfer Christi, das in unsere Hände gegeben wird, damit wir es als Dankopfer zu Gott tragen können – also Dank für den Dank! Würden wir nur singen „ex proprio ingenio“, aus eigenem Vermögen, wie Justin bemerkt, dann bestünde die Gefahr, die an der Liturgieliteratur zu beobachten ist: Der Zeitgenosse will die Sprache der Zeit sprechen, und sie gedeiht in die Dürre. Hätte er doch den Text der Kirche genommen, er wäre angekommen. – Christi Danklied hat viele Verse. Die Zusammenfassung aller Strophen heißt: „Vater, in deine Hände befehle ich meinen Geist!“

Danklied ist der Abendmahlsbericht nicht so sehr im Sinne des deutschen „wir gedenken es dir“ – sondern eher im Sinne der lateinisch-griechischen, romanischen Ausdruckswelt „gratias agere“, „rendre grace“, „ringraziamo“ usw. Dahinter steckt zunächst „gratia“ als Huld und Liebe und Hingabe, sodann „agere“ als „tun“. Danken besagt eher Dank tun als Dank sagen. Nun heißt aber „agere“ auch „opfern“: Hochform des Dankes ist das Dankopfer.

Ein Bericht

Der Abendmahlsbericht bleibt *Bericht* – nicht Ballade, nicht Psalmenlied, sondern *Evangelium,* Verkündigung der Frohbotschaft. – Ähnlich den Verkündigungen im Wortgottesdienst, nur viel intensiver, viel personaler, wird der Bericht Gegenwärtigkeit des Berichteten. Das Berichtete ereignete sich, weil der spricht, der das Wort ist, durch das alles geschaffen wird. Der Evangeliencharakter verlangt nach Verstehbarkeit. Von Apparaten, die eingestellt werden, ist damit nichts gesagt. Es geht um das Verstehen des Herzens und des Geistes.

Evangelium – Frohbotschaft ist der Abendmahlsbericht im Wortsinne. „Angelus" heißt „Bote", „Ev = eu" heißt „wohl". Da kommt ein Bote mit einer Botschaft, bei der es einem wohl wird. Man könnte statt „Bote" sagen „Engel", wie Johannes an die Engel der Gemeinden schreibt. Denn hier wirkt der Engel der Gemeinde, der Priester, seinen eigentlichen Dienst: er verkündet das Heil, das in Christus kommt, das den Gläubigen geistiges Wohlsein = Heil bringt.

Als Evangelium richtet sich der Abendmahlsbericht nicht an Brot und Wein, sondern er berichtet an den Vater, an den sich die gesamte Danksagung wendet. Sodann berichtet er über Brot und Wein an die Kirche, an die Gemeinde. Manch einer hat sich und vielleicht auch seine Pfarrkinder gequält, indem er in den Kelch hinein und auf die Hostie hin die heiligen Worte gestoßen hat. Die Vorschrift verlangt eine Verneigung. Sie will Zeichen der Ehrfurcht vor dem Geschehen sein. Doch zugleich schwingt sich das Evangelienwort in den Raum und in die ganze Welt hinein, um durch die Verkündigung das Geschehen zu bewirken. Es ist wie am Osterabend. Der Herr neigt sich seinen Jüngern zu und haucht sie an. Zugleich spricht er in die kommende Geschichte hinein: „Empfanget den Heiligen Geist!" Der Herr spricht. Er wird vertreten vom Priester.

Nicht Zauberwort und Formel

Wenn der Abendmahlsbericht Lied, Danklied, Evangelium ist, dann darf man diese Erkenntnis noch unterstreichen mit dem, was er nicht ist. Er ist kein *Zauberwort.* Die Brauchtumsgeschichte bringt den tragischen Befund: Das Zauberwort „Hocus pocus" ist eine Verbildung von „Hoc est corpus!“ Da wird das Geheimnis des Glaubens zum Ausdruck des Aberglaubens, das Wort des Heiligen Geistes zur Formel des Ungeistes. – Auch *Formel* ist der Abendmahlsbericht *nicht.* Der moderne Techniker denkt an das Kennwort, das man einstellen muß, um den Tresor öffnen zu können. So nicht! Der Abendmahlsbericht enthält zwei Passagen, und zwar von „Nehmet und esset“ bis „dahingegeben wird“, von „Nehmet und trinket“ bis „Vergebung der Sünden“, die nicht Kennwort oder Zauberwort sind, sondern eine Zone der psychischen Ruhe und Sicherheit für die menschliche Armseligkeit: Wenn das gesagt wird, ist alles in Ordnung. Der Weiheritus enthält eine ähnliche Zone, und zwar die Herabrufung des Heiligen Geistes auf den Ordinanden, obwohl die Weihepräfation forma sacramentalis bleibt. Würde der Bischof, wie wir es im Krieg erlebt haben, von jähen Ereignissen überfallen, so darf er des heiligen Vollzugs sicher sein, wenn dieser Heilig-Geist-Satz dasteht. Das gesamte Hochgebet ist forma sacramentalis. Aber die Worte Jesu: „Nehmet und esset“ usw. geben das Mindestmaß, die Zone der Notwendigkeit und Sicherheit, die erforderlich ist und genügt (requiritur et sufficit). Wir nennen sie mit Recht die Wandlungsworte. Wenn sie gesprochen wurden, kann und muß es heißen: „Kommt, lasset uns anbeten!“

Wandlungsworte

Wandlungsworte sind diese Sätze des Abendmahlberichtes insofern *nicht,* als ob hier ein chemischer oder biologischer, atomphysikalischer oder sonstwie *naturhafter Prozeß* sich abspiele. Vielmehr liegt die Realität, die Wirklichkeit, Wahrhaftigkeit und Wesentlichkeit der Wandlung in der Ordnung der geistigen, verklärten Wirklichkeit: „Gott sprach, und es ist so!“ Es *ist* so, auch wenn wir eine materielle Veränderung mit den Sinnen nicht wahrnehmen. Es ist so für unsern Glauben und für die von ihm anerkannten Tatsachen des Geistes. „Was Gott Sohn gesprochen, nehm' ich glaubend an“ (Thomas von Aquin). Wandlungsworte sind die heiligen Sätze des Abendmahlberichtes auch nicht in dem Sinne, als verberge sich im Inneren des „Brotes“ ein „Christkindlein“. So haben es die Visionen der Heiligen erlebt; sie haben in die Realitäten der verklärten Welt hineingeschaut. So haben es fromme, allzu fromme Heiligenbildchen gemalt und haben die Ekstase ungebührlich in materiellen Befund übertragen. So nicht! Nicht im Brot sitzt ein „Christkind". Sondern: Das Brot *ist* Christi Leib. Abweichend von der lutherischen Auffassung, fügen wir hinzu: Das Brot ist und *bleibt* Christi Leib – auch nach dem Gottesdienst, auch wenn keiner es zu nehmen bereit ist. Martin Luther selbst sagte: „Das Wort ist zu gewaltig!" Das Ist wäre kein Ist, wenn es nur den Empfängern überlassen wäre. Wandlungsworte sind nicht Zauberworte im Sinne des *Wunders* der materiellen Ordnung. Wenn Lazarus aus dem Grabe kommt, geschieht ein Wunder; das heißt, die Gesetze der Natur werden durchbrochen oder für diesen Fall und Augenblick aufgehoben. In der Wandlung geschieht sicher kein Mirakel wie beim Zauberkönig, also etwas, über das man sich wundert. Hier geschieht auch kein miraculum, also Wunder in physischer Umordnung. Hier geschieht ein *Mysterium* göttlichen Waltens und Wirkens wie bei der Schöpfung: „Gott sprach: Es werde, und es war!" Unterschied zum Schöpferwalten bleibt darin, daß wir in der Eucharistie nicht sehen, aber doch glauben. Deshalb faßt auch der unmittelbar nach den heiligen Worten folgende Ruf zusammen: „Geheimnis des Glaubens – Mysterium fidei!"

Der Abendmahlsbericht hat aber auch eine erdhafte, humane Dimension: Er ist wohl das *Schönste,* was in menschliche Worte gefaßt worden ist. Der Kursus der Silben, der Rhythmus der Worte, der Parallelismus der Satzglieder, die Wucht der Aussagen, die Klarheit der Melodie, die über allem schwebende Ruhe – hier kommt alles zueinander, wie die alte Philosophie zur Definition des Schönen sagt: „Pulchrum est splendor ordinis – Das Schöne ist der Glanz der Ordnung!" Damit wird aber auch dem Zelebranten gesagt, daß *es* in ihm der Ruhe, der Ordnung, der Innerlichkeit, des Glaubens, der Freude bedarf.

Für alle

Wie eine schrille Pausenschelle kommt in diese lichte, ruhige Welt die Diskussion über die Übersetzung „für alle". Das Beste formulierte dazu P. Zerwick als führender Schriftkenner. Er sagte: Auf jeden Fall muß man hier bei der Übersetzung ein schlechtes Gewissen haben. Wer sagt „für alle", muß das schlechte Gewissen haben, daß da steht

„für viele". Wer sagt „für viele", muß das schlechte Gewissen haben, daß es bedeutet „für alle". Mit anderen Worten: Der Sinn ist „für alle", der Wortlaut „für viele". Was soll man bevorzugen? Die intensiv prüfenden römischen Gremien und der Heilige Vater selbst waren gegenüber der Übersetzung ins Italienische „per tutti", ins Französische „pour tous", ins Deutsche „für alle" ohne Bedenken. Wer den Sinn „für alle" leugnet, steht in der Gefahr jansenistischer, ja kalvinistischer Anschauungen. Wer den Wortlaut „für viele" übersieht, erkennt nicht die Sorge des Herrenwortes um die, die sich abwenden. Diese Diskussion hat Freundschaften zerschlagen. Der Schüler tadelt deshalb seinen Lehrer in der Öffentlichkeit. Der Anhänger des „Missale Pius' V." vergißt, daß in diesem Missale der Gründonnerstag im Abendmahlsbericht sagt: „Qui pridie quam pro nostra omniumque salute pateretur – Am Abend, bevor er für unser und aller Heil litt ..." Der Kirchentreue bricht den Stab über Papst und Bischöfe. Die Konzilsliturgiker werden zu Bannerträgern engherzigsten Rubrizismus. Ist das alles richtig im Mysterium caritatis?

Ein anderes Wort wird selten zum Gegenstand der Diskussion. „... Leib, der für euch dahingegeben wird." Aus dem Kanon Hippolyts ging es durch die persönliche Initiative Pauls VI. in alle Abendmahlsberichte über. Es steht auch im lukanischen und paulinischen Schrifttext über die Einsetzung. Vermutlich stand es einst in allen liturgischen Einsetzungsberichten. Das Rätsel, warum es noch vor dem dritten Jahrhundert verschwand, ist nicht zu lösen. So bleibt es eine kühne Tat, das Sätzchen wieder in den Text eingefügt zu haben. Als Grund dazu ist nur einer zu nennen: An auffallendster Stelle sollte der Opfercharakter der Eucharistie unüberhörbar ausgesprochen werden. Das geschah im Gegensatz zu den ersten Eigenprodukten, die aus Matthäus und Markus den Konsekrationstext herauslösten: „Das ist mein Leib für euch", was sofort dem lutherischen Mißverständnis Vorschub leistete: Das ist nun für euch (im Glauben und im Empfang) Christi Leib. – Kaum einer der vielen Kritiker Pauls VI. hat diese klare Opferaussage hervorgehoben. Hier pulst das Blut des Herzens: „Für euch!" Besser sei noch mit Paulus formuliert: „für mich! Er hat mich geliebt und sich dahingegeben" (Gal 2,20).

Es heißt übrigens im Futurum „confringetur" (Hippolyt), „tradetur" (Brot), „effundetur" (Wein). Das entspricht der Stunde des Abendmahles. Sie ist das Bleibende seines Opfers, nicht der blutige Vollzug, der historisch einmalig ist.

Summa theologica

So erschließt sich denn der Abendmahlsbericht nicht nur als Kunstwerk, sondern auch als *Summa theologica.* Wort für Wort erscheint gefüllt von theologisch belangvollen Aussagen. Hier ist hintergründig die Rede vom Alten Bund, dessen Sinai-Geschehen hier erhoben und vollendet wird – von der Dreifaltigkeit Gottes – vom erlösenden Leiden – vom Neuen Bund – vom Ziel der Ewigkeit – von der Geschichte der Kirche im Gedächtnis des Herrn. Wer sich auf den Standpunkt des Vorurteils stellt, Jesus sei nicht Gottes Sohn, wird dieses Geflecht der Theologie keineswegs als Idee des „Sozialrevolutionärs" Christus zulassen können. Wir aber glauben, daß dieser ist das Wort Gottes. Es gibt keine Eucharistie ohne den Glauben an Christi Gottheit, an seine göttliche Vorexistenz, aus der er kam und Mensch wurde.

Der Ruf nach der Wandlung

Der Weg dahin

Schon lange vor dem Konzil bestand in den Gesprächen der Liturgiker der Wunsch, die gottesdienstliche Gemeinde möge nach dem Beispiel der äthiopischen und anderer ostkirchlicher Liturgien in das Kerngeschehen der Eucharistie miteinbezogen werden. Joseph A. Jungmann sprach vor allem in diesem Sinne. Sie wurden dazu geführt von der Sorge der Päpste Pius X., Pius XI., Pius XII., die vor der stummen Zuschauerrolle des Gottesvolkes gewarnt hatten. Die diözesanen mittelalterlichen Meßbücher besaßen bei der Prozession am Karfreitag in der Antiphon „Hoc corpus est" Chor- und Volksgesänge auf die heilige Eucharistie, die von der gleichen glaubensbewußten Bekenntnisfreude getragen waren. Das berühmte „Ave verum" gehört zu dieser Gruppe der Volksgesänge, die das Wandlungsbewußtsein ansprachen. Das Lied: „Sieh, Vater, von dem höchsten Thron“ erfüllte das Bedürfnis nach einer Volksteilnahme nach der Wandlung. Auch die Gewohnheit und Vorschrift, nach Erhebung der Gestalten das „Benedictus“ zu singen, wurden mitgetragen vom Verlangen des Mittuns der Gemeinde. So war ein Ruf nach der Wandlung durchaus keine Neuheit.

In der Durchführung der konziliaren Beschlüsse fand diese Idee eine einmütige, rasche Mehrheit und Formulierung. Der Beitrag des Heiligen Vaters bestand in dem Vorschlag, das schwer deutbare und schwer übersetzbare Wort „Mysterium fidei“ aus dem Abendmahlsbericht herauszunehmen und wie eine Aufforderung zum Ruf bzw. Gesang des Volkes nach der Erhebung der heiligen Gestalten dem Zelebranten in den Mund zu legen. Dadurch gewann das Wort „Geheimnis des Glaubens“ eine noch größere Kraft und ein noch deutlicheres Aufmerken. Der Ruf empfing einen deutlichen Auftakt, wann er zu beginnen hatte.

Neuer Adressat

„Deinen Tod, Herr, verkünden wir ...!“ dieser Ruf ist zwar ein Teil des Hochgebetes, aber in ganz anderer Weise als die vom Priester vorgetragenen Teile. Es ist ein „Zwischenruf“, ähnlich dem „Zwischenspiel“ der Erhebung und Anbetung der heiligen Gestalten. Bedeutsam ist dabei der Wechsel des Adressaten. Das Hochgebet wird wie alle Präsidentialgebete vom Priester im Namen Christi an den Vater gerichtet. Der Zwischenruf des Volkes wendet sich, wie es bei einem Volkstext gar nicht anders sein kann, an den Herrn, an Christus: „Deinen Tod, o Herr... *Deine* Auferstehung... bis *du* kommst...“

Das Gottesvolk bekennt seinen Glauben an den wahrhaft, wirklich, wesentlich, persönlich anwesenden Herrn. Es erkennt im Glauben die Gegenwart dessen, der starb und auferstand und wiederkommt, also die wichtigsten Christusmysterien. Es bekennt eine Kurzfassung des Apostolischen Credo.

Zugleich steht eine sehr persönliche Note dahinter, ein betontes und vertrautes Du. Der geisteskranke Bruder und Nachfolger des Titus, Kaiser Domitian, verlangte die Anrede „Herr und Gott“.

Johannes verkündet deshalb im Evangelium von dem Tomasbekenntnis, das diese Kaisertitel an Christus richtet, aber ihren inneren Sinn völlig umwandelt durch die Hinzufügung: „Mein Herr und mein Gott!" Der Kaiser der Christen ist Christus, und er ist „mein". Ähnlich personal sagt Paulus: „Er hat mich geliebt und sich dahingegeben für mich!" (Gal 2,20.) Glaube und Liebe begrüßen den Herrn, der seine Wunden zeigt, seine Auferstehung kundmacht und seine Wiederkunft bestimmt.

Weltoffen

Das Gebet des Gottesvolkes bleibt nicht introvertiert. Es fliegt aus dem Gotteshaus über die Menschheit und verkündet den Tod des Herrn, der das einzige Heil ist. Nach der Vollendung der heiligen Messe sollte das die wesentliche Aufgabe jedes einzelnen im Gottesvolk sein. Der apostolische Auftrag beginnt aber jetzt schon, nach der Wandlung. Es ist, als könne das Gottesvolk nicht an sich halten, als werde es – wie der junge Antonius nach dem Evangelium des Wortgottesdienstes – nun nach dem Evangelium der eucharistischen Gegenwart hinausgedrängt, um zu rufen: „Er ist hier!" Gewiß, man möchte, von dem Bewußtsein seiner Nähe angerührt, in stummste Stille versinken. Aber selbst die Stille wäre dann wie das Flüstern des Johannes zu Petrus: „Es ist der Herr!" Dann kann man nicht anders, als zu ihm hineilen, selbst durch die Wasser und von ihm forteilen, damit alle ihn finden.

Auch andere Rufe werden vom Missale angeboten. Sie haben sich kaum durchgesetzt neben der überzeugenden Kraft dieses Rufes. – Nur sei in der Durchführung bedacht: Ist nicht oft genug der Ruf nach der Wandlung ein mürrisches, eilfertiges Volksgemurmel? Schlägt sich dieses Bekenntnis nicht selber ins Gesicht durch einen völlig unösterlichen Vollzug? Man müßte beginnen, den Ruf immer, immer wieder zu singen, zu singen.

Die Erhebung und Anbetung der heiligen Gestalten

Pariser Synode und andere Daten

Im Jahre 1208 starb der Pariser Bischof Odo von Sully. Dieses Jahr ist also der letztmögliche Termin für die von diesem Bischof abgehaltene Pariser Synode. In dieser Kirchenversammlung wurde der Beschluß gefaßt, der Priester dürfe die heilige Hostie bei der Wandlung erst nach Vollendung der Konsekrationsworte erheben und dem Volk zur Anbetung zeigen. Odo von Sullys Synode beschließt also nicht die Erhebung des Brotes. Sie war schon längst üblich. Vielmehr betrifft die Anordnung nur den Zeitpunkt der Erhebung: nach den Wandlungsworten. – Was war vorher? Vorher wurde die Hostie vielfach schon vom Beginn des Abendmahlberichtes an emporgehoben. Man sprach die Wandlungsworte auf die emporgehaltene Hostie zu. Das hielt die Pariser Synode für unangemessen. Es ist ja die Blütezeit der Pariser Universität und der Hochscholastik. Man fürchtete den Irrtum, daß die Hostie zu früh als Leib Christi angebetet würde. Der Konsekrationsmoment muß beachtet werden. – Leider stimmt nicht, was man des öfteren lesen kann: Die Erhebung der Gestalten sei 1208 von der Pariser Synode angeordnet worden.

Wie kam man – längst vor Beginn des 13. Jahrhunderts – auf den Gedanken, die Hostie emporzuheben. Der Text war die Veranlassung: Er nahm das Brot auf – nicht in – seine Hände. So tat es der jüdische Hausvater beim häuslichen Tischgebet: Er legte die Brotmazzen auf seine Hände und hob sie empor, Gott entgegen. Es handelt sich also um einen andeutenden Opfer- und Hingabegestus. Er begleitet den Dank für das Brot, in dem das Brot als Dank an Gott zurückgegeben wird. Der Gestus richtet sich also an Gott als Adressaten. – Fast möchte man bedauern, daß die Übersetzer sich nicht entschließen konnten, das „Auf seine Hände“ wiederherzustellen.

An den Vater

Die Erhebung des *Brotes* hat also zwei Adressaten: Gott und das Gottesvolk. Manches Mißverständnis kommt daher, daß diese Doppelung nicht beachtet wird. Der ältere aus dem Judentum stammende Sinn besagt: Gott dem Vater sei das Brot geweiht. So hat es auch

Christus aufgefaßt, als er im Coenaculum das Brot auf seine Hände nahm. Spätere Zeiten, denen die regelmäßige heilige Kommunion verlorengegangen war, suchten durch den Blick auf das verwandelte Brot den Kontakt mit Christus zu finden. Darum dachte man vor allem an Christus, dem man sich aufblickend hingeben wollte. Darum richtete man den hohen Sanctusleuchter ein, der die Aufgabe hatte, im frühdunklen Gotteshaus Licht zu schaffen, damit man die Hostie sehen konnte. (Noch 1950 schenkte der Kölner Regierungspräsident Dr. Warsch dem Dom einen Sanctusleuchter als Sühnegabe für die Gefangensetzung des Erzbischofs Melchers durch den Regierungspräsidenten im Kulturkampf.) Darum richtete man den Hintergrund so ein, daß die erhobene Hostie sich gut sichtbar davon abhob. Alles war durchformt von dem Vers des Johannes und Zacharias: „Sie werden schauen auf den, den sie durchbohrt haben" (Joh 19,37; Sach 12,10). – Trotzdem blieb bis in unsere Tage die ursprüngliche Idee daneben erhalten. Das beweist das melodisch wenig sympathische, aber textlich hervorragende Lied: „Sieh, Vater, von dem höchsten Thron, sieh gnädig her auf den Altar. Wir bringen dir in deinem Sohne ein wohlgefällig Opfer dar ... noch hebt er 's Kreuz zu dir empor!" Dieser ursprüngliche Gedanke zur Erhebung entspricht vielleicht der heutigen Situation eines dem Volke zugewandten Altares besser. Schon während des gesamten Abendmahlberichtes hat die Gemeinde geschaut. Wenn nun nach der Wandlung noch einmal für die Gläubigen emporgehoben wird, so erkennt man an der oft müden, oft etwas theatralischen Gebärde, daß der Zelebrant geistig nichts mit der Elevatio anzufangen weiß. Warum konnte er sich nicht auf die Erhebung zum Vater hin besinnen und im Erheben die Gemeinde mitreißen – mit Christus zum Vater: „Noch hebt er 's Kreuz zu dir empor!"

Die Erhebung des *Kelches* wurde erst ein Jahrhundert später eingeführt, bei den Kartäusern erst in unseren Tagen. Gelegentlich hört man: Was eingeführt wurde, kann man wieder abschaffen. Man nehme der heiligen Messe die Erhebung der Gestalten – man nimmt ihr einen festlichen, einen menschlichen, einen gemüt- und bildhaften Zug und macht sie in einem Augenblick, der von festlicher Lebendigkeit erfüllt ist, intellektueller.

Anbetung

Nicht identisch mit der Erhebung ist die viel ältere *Anbetung* der konsekrierten Gestalten. Was in früherer Zeit war, zeigte der alte Karfreitag ebenso wie heute noch die Zeremonie der Griechen: eine Verneigung, so tief es geht, und die von der Stirn herabbewegte Hand geht noch etwas tiefer; gemeint ist eine Vereinfachung der Proskynesis, des Sich-auf-sein-Angesicht-Werfens, wie es manche Dreikönigsbilder zeigen. Die Proskynesis ist vereinfacht auf eine einfache Kniebeuge nach jeder Erhebung. Heute erinnern manche Mitglieder des Gottesvolkes an Benito Mussolini, der, wenn er einmal in die Kirche ging, das Muster einer mikroskopisch kaum erfaßbaren Verneigung vorwies. „Wer mich vor den Menschen nicht bekennt, den werde ich auch nicht bekennen vor meinem Vater, der im Himmel ist" (Mt 10,32 Lk 12,8).

Drei Dinge haben ihren Ursprung zur gleichen Zeit, im beginnenden dreizehnten Jahrhundert: die Abnahme der Kommunionhäufigkeit, die Schau auf die Brotsgestalt, die Einführung der Fronleichnamsfeier. Daraus hat man einen Gegensatz zwischen Empfang und Anbetung gemacht. Man meint, die Kommunionfrequenz des 20. Jahrhunderts mache Anbetung und Fronleichnamsandächtigkeit überflüssig. Im Gegenteil, sie müssen die Kommunionfreudigkeit untermauern und überhöhen und verinnerlichen – wie Opfer und Kommunion in die Stille der Anbetung ausmünden.

Die heilige Kommunion

Motto: Ein Friedenslied zum Friedensmahl

Was ist zwischen Kanon und Kommunion?

Wenn das Tischgebet zu Ende ist, wäre eigentlich zu erwarten, daß das Mahl folgt. Tischgebet der heiligen Messe ist der Kanon. Er ist übrigens mehr Tischsegen als Tischgebet, weil er die größte Segnung, die Wandlung, enthält. Nach dem Tischgebet sollte das eucharistische Mahl erfolgen. Doch das geschieht keinesfalls. Vielmehr folgt eine neue Serie von Gebeten und Riten, die der Vorbereitung des hohen Mahles dienen. Ist das wie bei frommen alten Leuten, die ein Gebet an das andere reihen und in der Quantität den Wert ihres Gebetes steigern? Die Liturgie dürfte von vornherein über einen solchen Verdacht erhaben sein. Das wesentliche Tischgebet, der Tischsegen, ist und bleibt der Kanon.

Zum Vergleich

Das häusliche, festliche Mahl kann keinesfalls beginnen, wenn der Tischsegen gesprochen ist. Man nimmt Platz. Man wünscht einander eine gute Mahlzeit. Vielleicht präsentiert in exklusiver Gesellschaft der Chef der Küche höchstselbst auf appetitlicher Platte, was für das Mahl bereitet worden ist. Sicher sagt eine schön gestaltete Speisekarte, was man erwarten darf. Der Hausherr fordert auf, zuzugreifen. Er oder der Bedienende beginnt mit dem Anbieten der Speisen. Es sind kleine Förmlichkeiten. Sie haben kulturellen und erzieherischen Wert. Der Mensch muß zeigen, daß er Mensch ist, indem er nicht unbeherrscht über die dargebotenen Speisen herfällt. Er kann warten. – Diese humane Kultur formt auch die Gestalt der heiligen Messe.

Auch die Urvätersitte des Mahles spielt mit. Man kann nicht miteinander essen und trinken, wenn man nicht weiß, wer mit zu Tische sitzt. Das lateinische Wort „*hospes* – Gastfreund" hat eine enge etymologische Verwandtschaft mit dem Wort „hostis – Feind". Der Gast kann sich in einen Feind verwandeln. Der Gastgeber kann feindlich gesinnt sein. Wie viele Morde der Geschichte geschahen beim Mahl? Der Trank kann vergiftet, die Speise verdorben sein. – Deshalb gehört zur Vorschrift des Gastmahles, Frieden und Freundschaft zu erklären, wenigstens den Tischnachbarn. – Auch beim eucharistischen Friedensmahl hat sich eine Serie von Texten und Riten herausgebildet, die diese Aufgabe erfüllt: ein Friedenslied zum Friedensmahl!

Das Vaterunser

Die Geschichte der Einfügung

Bisher trug die Seitenüberschrift des Missale Romanum auch nach Vollendung des Hochgebetes bis hin zum Schlußsegen der Messe die Worte „Canon Missae". Jetzt beginnt nach dem Kanon entschlossen die Seitenüberschrift: Kommunion. Mit dem Vaterunser wird der Kommunionteil der Messe begonnen. Nach Tischrede und Tischsegen des Kanon folgt doch so etwas wie ein Zweites Tischgebet: das Vaterunser. Bei der Krankenkommunion und jeglicher Ausspendung der Eucharistie außerhalb der heiligen Messe bleibt sich der Ritus gleich: Das Gottesmahl wird eröffnet vom Gebet des Herrn. Dabei spielt die Hauptrolle die vierte Bitte: „Unser tägliches Brot gib uns heute!"

Doch das Unbehagen verläßt uns nicht ganz: Liegt hier nicht ein Mißgriff vor? Haben nicht unverständige Liturgiker diese Doppelschaltung des Tischgebetes zum Herrenmahl vorgenommen? Muß hier nicht ein späteres Verständnis von Kanon und Kommunion eingegriffen haben?

Der Verdacht ist berechtigt. Es gab einen Tag und eine Stunde und einen Menschen, die dem Vaterunser seine jetzige Stelle gegeben haben: der heilige Papst Gregor der Große um 600. Gregor spricht davon in einem Brief an Bischof Johannes von Syrakus auf Sizilien.

Dabei müssen wir beachten, daß das damalige Sizilien zwar eng mit Rom und dem Besitz des Stuhles Petri verbunden war, aber doch ein Land griechischer Sprache und griechischer Kultur. – Johannes von Syrakus hatte sich an Gregor gewandt und die Klagen der sizilianischen lateinischen Minderheit berichtet, der Papst habe in der römischen Liturgie den Griechen ein ungutes Zugeständnis gemacht, indem er das Vaterunser vor der Kommunion beten lasse.

Gregor der Große verteidigt sich: Wenn man das Gebet eines Scholasticus (das ist der Redner im antiken Sinn, der in Versen spricht, der seine gebundene Rede nach strengen Gesetzen des Rhythmus, des Cursus aufbaut) über Leib und Blut des Herrn spricht, dann müsse doch sicherlich auch das Gebet des Herrn selber in diesen Zusammenhang gestellt werden.

Wir haben also den „Schuldigen“ – Papst Gregor! Wir sehen, seine Begründung sucht für das Herrengebet einen Platz nahe dem Hochgebet. – Wir fragen sofort: Wo stand es denn bisher? Vermutlich da, wo es im Stundengebet, heute wieder und früher allzeit, seinen Ort hatte – am Ende. Vesper und Laudes nach neuem Brauch und immer schon nach monastischer Weise finden ihren feierlichen Abschluß mit dem Vaterunser. So konnte auch, irgendwie mit der Schlußoration verbunden, das Herrengebet der feierliche Abschluß der heiligen Messe gewesen sein. Doch Gregor sucht für den heiligen Text, der aus dem Munde des Herrn kommt, eine würdigere Stelle. Er findet sie am Ende des Kanon. Dabei betont er, das Wort Christi werde über seinen Leib und sein Blut gesprochen. Er denkt also nicht an ein Kommuniongebet oder einen Tischsegen, sondern an eine Vollendung und Abrundung des Hochgebetes.

Brückencharakter des Vaterunsers

Es ist also mit dem Paternoster nicht ganz einfach. Nach der Meinung Gregors, des Urhebers der jetzigen Disposition, gehört es zum Hochgebet. Wie die Präfation den Aufgesang des Hochgebetes bildet, so das Paternoster den Abgesang. – Zugleich aber gehört es schon ganz zum Kommunionteil, zum Herrenmahl. Das Herrengebet hat die Funktion der Brücke, die sich von dem einen zum anderen Ufer wölbt und ebenso zum linken wie zum rechten Ufer gehört.

Das Paternoster hat Hochgebetscharakter. Wie die Präfationen und jeglicher Kanon redet es feierlich an: „Vater.“ Wie das Hochgebet will es „allezeit loben und preisen“ und sagt: „Geheiligt werde dein Name!“ Wie in Präfation und Kanon die Stationen des Heiles aufscheinen, sagt das Vaterunser: „Dein Reich komme!“ „Dein Wille geschehe, wie im Himmel so auf Erden!“ Der erste Teil des Paternoster steht noch ganz im Hochgebet.

Dann aber ist das andere Ufer erreicht. „Unser tägliches Brot gib uns heute!“ Das Paternoster betet um das Himmelsbrot der Kommunion. – „Und vergib uns unsere Schuld, wie auch wir vergeben unseren Schuldigern.“ Ein Bußruf vor der heiligen Kommunion! – „Und führe uns nicht in Versuchung!“ Wer den Leib des Herrn nehmen will, prüfe sich selbst ...! „Sondern erlöse uns von dem Bösen!“ Wer den Leib des Herrn empfängt, wird frei vom Bösen und seiner Macht. Die zweite Hälfte des Vaterunsers erweist sich so als Kommuniongebet. – Das Herrengebet schlägt die Brücke vom Hochgebet zum Herrenmahl.

Trotzdem ist das alles nur *eine* Sicht des Paternoster. Wenn man bedenkt, daß seine sieben Bitten um die vierte Bitte kreisen: „Unser tägliches Brot gib uns heute!“, dann erschließt sich der Gebetstext des Herrn als wesentlich und hauptsächlich *kommunionzugewandt.* Aus dem Brote kommt alle Heiligung, Reichsherrlichkeit und Dienstbarkeit vor dem Herrn, erfleht von den ersten drei Bitten. Aus dem Brot kommt alle Versöhnung, Kraft in der Versuchung und Freiheit vom Bösen. Das Brot ist der horizontale Punkt, an dem Himmel und Erde sich berühren, die Ehre Gottes und das Heil der Menschen – das Opfer Christi zur Verherrlichung des Vaters und das Opfermahl für die Menschen. Nach dem Tischsegen wird im Paternoster das heilige Mahl gedeutet: So ist das Brot, heute gegeben!

Wie bei einem Staatsbankett die Speisen von den Köchen feierlich präsentiert werden, fungiert das Herrengebet als Präsentation der heiligsten Speise, deren Werte aus den sieben Bitten leuchten.

Friedenslied in neun Strophen

Funktion der Meßtexte vor der Kommunion

Neben der vierten Vaterunserbitte hat auch die fünfte ihre besondere Bedeutung für den Gesamtzusammenhang des Kommunionempfanges. Wir bitten: „Vergib uns unsere Schuld, wie auch wir vergeben unseren Schuldigern!" Sogleich erinnern wir uns an die Bergpredigt: „Wenn du deine Gabe zum Altar bringst und dich daselbst erinnerst, daß dein Bruder etwas gegen dich hat, so laß deine Gabe dort vor dem Altar und gehe zuvor hin und versöhne dich mit deinem Bruder" (Mt 5,23–24).

Darf man noch einmal an das Staatsbankett erinnern? Wenn Streit herrscht, wird das Tischtuch zerrissen. Ludwig Uhland schildert, wie der alte Württemberger Graf Eberhard der Rauschebart das Tafeltuch zwischen sich und dem aufrührerischen Sohn zerschneidet. Da die Tafel ein Zeichen der Gemeinschaft ist, darf man dieses Zeichen nicht verderben, indem man feindselig, voll Haß und Unfrieden am Tische sitzt. Deshalb versucht alte, höfische Etikette, Gemeinschaft herzustellen, Frieden zu bekunden. Man spricht mit seinen Nachbarn, man wünscht ihnen eine gesegnete Mahlzeit. Man verbirgt nicht die Hände unter dem Tisch, sie könnten gefährliche Dinge verbergen. Man läßt den anderen den Vorrang, wo es eben möglich ist. Ein Dutzend kleiner Förmlichkeiten schafft das Klima der Rücksicht, der Freundlichkeit, der Freundschaft und des Friedens.

Ähnlich wirkt beim Gottesmahl die fünfte Vaterunserbitte wie ein Signal: „Wie auch wir vergeben!" So hebt das Friedenslied an.

Der Völkerfriede

Das Gebet nach dem Vaterunser, gewöhnlich *Embolismus* genannt, bittet: „Gib Frieden in unseren Tagen ... und bewahre uns vor Verwirrung und Sünde!" An diesem Text hat Gregor der Große gearbeitet. So braucht es nicht zu verwundern, wenn die bei ihm beliebte Formulierung „Frieden in unseren Tagen" zu lesen ist. Gleicherweise heißt es auch „unsere Tage in deinem Frieden" in der gregorianischen Kanonstrophe „Hanc igitur". Welche Art Frieden meint Gregor? Er bemerkt in seinen Homilien, der Lärm der Gefechte mit den Horden der Völkerwanderung an den römischen Stadttoren übertöne sogar Predigt und Gesang im Heiligsten. Für Gregor ist hier „Friede" der Friede unter den *Völkern,* die Freiheit vom *Krieg.* Sogleich fügt er hinzu die Bitte um Sicherheit von der Verwirrung. Das lateinische Wort lautet „perturbatio", das am besten vom deutschen „Aufruhr" oder „Revolution" wiedergegeben wird. Der Papst denkt also auch an den inneren Frieden, an die Freiheit von Revolution und Aufruhr. Der Embolismus gehört also zu den Friedenstexten vor dem Friedensmahl, die das Klima der Ruhe, der Ordnung, der Gerechtigkeit bereiten.

Ökumenischer Friede

Damit nicht der Gedanke aufkommt, daß wir in diesen Riten und Gebeten lauter Archäologismen finden, fügt sich ein Wort unserer Tage ein – die Doxologie „Denn dein ist das Reich und die Kraft und die Herrlichkeit in Ewigkeit". Hier ist der Vaterunserschluß des evangelischen Gottesdienstes. Der Lobspruch wird ein Bekenntnis zur Una Sancta und wird Bitte um die *Einheit der Christen* unter Petrus. Wiederum eine Strophe im Friedenslied zum Friedensmahl.

Kirchenfriede

Dann steht in aller Hoheit das *Friedensgebet* da: „Der Herr hat zu seinen Aposteln gesprochen: Frieden hinterlasse ich euch!" Hier geht es um die Einheit und den Frieden der *Kirche.* So wird der Gedanke an die Ökumene nochmals verstärkt. Gemeint ist der innere Kirchenfriede insgesamt, des Papstes und des Bischofskollegiums, der Professoren mit dem Lehramt der Kirche, der kirchlich engagierten Laien mit dem Hirtenamt des Priestertums, dieser konkret zur Eucharistiefeier versammelten Gemeinde.

Gemeindefriede

Das letztere nimmt nun der *Priester* auf. Er breitet die Hände aus und spricht: „Der Friede des Herrn sei allezeit mit euch!" Er macht den zweiten Anfang, seiner Gemeinde den Frieden zu wünschen und – die Handausbreitung bekundet es – zu geben. Der kleine Ärger mit dem Pfarrgemeinderat oder mit dem Küster oder mit dem und dem darf also nur längstens bis hierher dauern!

Mensch zu Mensch
Die *Gemeinde* läßt sich vom Priester nicht übertreffen. Nach einer der örtlichen Gewohnheit entsprechenden Weise bekunden *alle einander* Friede und Liebe. Hier ist nicht mehr nur eine Meßgemeinschaft, hier wendet sich Mensch zum Menschen, Herz zum Herzen in personaler Begegnung.

Wie am häuslichen Tisch
Auch die nächsten Strophen des Friedensliedes zum Friedensmahl werden *getan,* nicht gesprochen: Brechung und Mischung der heiligen Gestalten. Die *Brechung* des Brotes will sagen: Das eine Brot für die Vielen – das eine Brot, vom Hausvater zerteilt, zeigt die Einheit der Familie an. – Die *Mischung* eines Brotteiles mit dem konsekrierten Wein will sagen: Speise und Trank gehören zusammen und bilden das Mahl der Familie. Der Friede, von dem so oft die Rede war, darf also nicht pathetischen Friedenserklärungen des Politikers gleichen. Es muß sein wie in der Familie, hausbacken, echt, einfach – bereit zu jedem Opfer für die anderen. Dann entspricht er der Stiftung des Herrn.

Kreuzesfriede
Nun ist die letzte und vielleicht wichtigste Strophe für das Friedenslied zum Friedensmahl fällig: „Lamm Gottes, du nimmst hinweg die Sünde der Welt ... gib uns den Frieden!“ Einzig der Friede, der aus den Wunden des gekreuzigten und auferstandenen Herrn kommt, ist der Friede, der Dauer hat und jenes Klima des Friedens schafft, das dem Mahl der Eucharistie dient.

Neun Strophen eines Friedensliedes stellten wir fest. Sie fügen sich gedankenschwer aneinander. Vermutlich hat niemand eine solche Einheit der Gedanken programmiert. Wir stellen sie fest im Nachdenken und Nachsinnen – und entdecken dann durch die urgründigen Tiefen der Urvätersitte, die sich verraten: zum Friedensmahl ein Friedenslied! Wäre es nur statt Literatur unser Lebensvollzug.

Der Embolismus

Ausklingen

Die Positionen zwischen Paternoster und Kommunion müssen noch einmal *einzeln* angegangen werden.

Als erste ist der Embolismus an der Reihe. Der Name kommt vom Griechischen em-ballein = hineinwerfen, bedeutet also etwa „Einschaltgebet" oder „Zusatzgebet".

Dem Herrengebet geht es nicht anders als großen literarischen Texten oder musikalischen Werken: sie können nicht einfach mit einem letzten Wort oder letzten Takt schließen. Früher nannte man die Orgelakkorde nach einem Kirchenlied „Küsterschwänze". Man könnte solche Nachklänge mit dem Echo in den Bergen vergleichen oder mit dem Nachhall der Glocke oder eines Instrumentes oder mit den Anhängseln, die der Prediger nach dem markanten Schlußsatz noch hinzurascheln läßt. Letztlich ist auch die Doxologie „Denn dein ist das Reich ..." nichts anderes als ein solcher Embolismus. Auch das Ave Maria, das die katholische Volksfrömmigkeit immer und immer wieder an das Vaterunser anhängt, muß man als einen Embolismus bezeichnen.

Das Vaterunser wird von der ganzen Gemeinde gesungen oder gesprochen. Dann bekräftigt der Priester selbst die letzte Vaterunserbitte: Ja, Herr, erlöse uns von allem Bösen ...! Es bekräftigt der Embolismus vor allem die Bitte um die Befreiung vom Bösen mit dem Hinweis auf den äußeren und inneren Frieden.

Politische Relevanz

Der Text des Embolismus wurde im Missale Romanum 1967 verkürzt. Die alte Fassung lautete: „Erlöse, uns, Herr, wir bitten dich, von allem Bösen, sei es vergangen, gegenwärtig oder zukünftig, und auf die Fürbitte der allerseligsten Jungfrau Maria, der heiligen Apostel Petrus, Paulus, Andreas und aller Heiligen, gib barmherzig Frieden in unseren Tagen. Komm uns zu Hilfe mit deinem Erbarmen und laß uns vor aller Beunruhigung sicher sein." Die neue Fassung bringt eine vielfache glückliche Vereinfachung. Doch sind manche der Auffassung, der Embolismus sei überflüssig; sie lassen ihn weg und rükken die Doxologie „Dein ist das Reich ..." unmittelbar an das Vaterunser heran. Ist nicht solch eine Weglassung, geschichtlich gesehen, kulturlos – politisch gesehen, verantwortungslos?

Die Begriffe Freiheit und Völkerfriede, Sünde und perturbatio würden ja an dieser Stelle weggeräumt, wo sie das Vaterunser und sein letztes Wort „... von dem Bösen" noch einmal kräftig aktualisieren. Was die Zeit des Zusammenbruchs des Römischen Reiches aus ihrer geschichtlichen Situation zum Gebet gemacht und der Zukunft weitergereicht hat, kann man nicht einfach abräumen, denn es spricht auch die gegenwärtige Sorge um den Zusammenbruch Europas aus.

Doxologie

Quellen

Der Lobspruch: „Denn dein ist das Reich und die Kraft und die Herrlichkeit in Ewigkeit. Amen!" galt in der Zeit bis nach dem Zweiten Weltkrieg als typisch protestantisch. Als vor dem Konzil die ersten behutsamen ökumenischen Andachten begannen, geschah es, daß die katholischen Christen den evangelischen Christen zuliebe beim Vaterunser die Doxologie hinzufügten, die evangelischen Christen aber, um sich den Katholiken freundlich zu erweisen, schwiegen. Die evangelische Christenheit war der Auffassung, der Lobspruch gehöre zum Vaterunser und sei in der Bibel überliefert. In der Zwischenzeit hatte die Exegese festgestellt, daß der Lobspruch aus dem Gebetsbrauch in die Heilige Schrift hinübergewandert war, ohne zum biblischen Text zu gehören. Darum ließen bibeltreue evangelische Gemeinden die Doxologie wieder weg.

Woher kommt nun die Doxologie? Vorläufer war das „Amen". Schon im Vaterunsertext des hl. Mattäus findet man in manchen Handschriften das „Amen" angefügt. Aus dem Gebetsvollzug floß es in die Gebetsvorlage zurück. Der Text ist zu gewaltig. Man kann ihn nicht einfach beenden. Er muß ausschwingen. Ein Auto hält auch nicht einfach, wenn man auf die Bremse tritt; sonst würde es sich um sich selber drehen. Ein Gespräch wird nicht einfach beendet, mit einem letzten Satz. Es klingt aus in ein paar Artigkeiten und Förmlichkeiten. Ein Psalm verlangt nach seinem letzten Vers das Gloria Patri. – So kam denn als erstes das Amen zum Vaterunser.

Dann fügte man die Doxologie hinzu. Ein Lobspruch bot sich für diesen Zweck in den bekannten Byzantiner Kaiserlaudes an. Wir nennen sie gewöhnlich „Laudes Hincmari" nach dem Reimser Erzbischof, der sie weitergab. Sie werden erwähnt in der Geschichte Karls des Großen. Bei seiner Begrüßung in Rom war die Begrüßung mit den Laudes schon eine Kaiserernennung. Sie wurden in der byzantinischen Liturgie dem Kaiser zugesungen. Sie hatten aber noch vielfältige Verwendung. Sie wollten ein christologischer Lobspruch neben dem trinitarischen Gloria Patri sein. Diese Doxologie wanderte zum Vaterunserschluß.

Die *biblischen* Fundstellen dieses Christuslobes liegen meist in der Offenbarung des heiligen Johannes. Wer sie überblickt, bemerkt sofort, daß unser „Denn dein ist das Reich …" nicht die einzige, nicht einmal die farbenprächtigste Form ist. An der Schwelle der Apokalypse (1,5) steht die nächst verwandte Vorlage: „Ihm gebührt die Herrlichkeit und die Macht in alle Ewigkeit! Amen!" Bei der Öffnung der sieben Siegel lautet der Lobspruch: „Würdig bist du, Herr, unser Gott, Ruhm und Ehre und Macht zu empfangen" (Offb 4,11). Noch ausgebreiteter sind die Preisungen: „Würdig ist das Lamm, das geschlachtet wurde, zu empfangen Macht und Reichtum und Weisheit und Stärke und Ehre und Ruhm und Preis! Dem Lamm sei Preis und Ehre und Ruhm und Macht von Ewigkeit zu Ewigkeit" (Offb 5,12.13). Etwas später wird gesungen: „Amen. Lob und Preis, Weisheit und Dank, Ehre, Macht und Kraft sei unserem Gott von Ewigkeit zu Ewigkeit. Amen" (Offb 7,12). Das Ende stimmt die gleichen Lobpreisungen an: „Alleluia. Das Heil und die Herrlichkeit und die Kraft sind von unserem Gott!" (Offb 19,1ff).

Vielleicht haben die Christkönigssprüche der Geheimen Offenbarung Vorbilder in den Tempelliturgien des israelitischen Volkes oder im Lob, das man dem Sol invictus, dem Sonnengott, widmete oder in irgendwelchen anderen Religionen. Wenn die byzantinische christliche Liturgie sie aufgreift, wird sie dazu geführt von dem gleichen Gedanken: Christus ist König, ist Licht, ist Träger aller Gewalt, ist der Kommende, ist der Ewige. Natürlich gebrauchen auch die

Sänger der Kaiserlaudes den Lobspruch auf Christus hin, und doch nicht ganz ohne einen Blick auf den Kaiser: In der kaiserlichen Majestät scheint ihnen Christi Herrlichkeit gegenwärtig zu sein.

Werte

Ein Lied der byzantinischen Liturgie wird nun als Christuslob nach dem Vaterunser der Messe verwendet. Was bedeutet das? Wir machen uns die Sache zu leicht, wenn wir darin nur ein ökumenisches Entgegenkommen gegenüber den evangelischen Christen sehen. Hier wird byzantinisches Liturgiegut in die römische Messe hineingenommen. Hier werden wieder einmal biblische Texte in die Messe verwoben. Wir sehen Katholisierung und Biblisierung unseres Ritus.

Das Vaterunser wird von Mattäus in der Bergpredigt berichtet. Von daher und von der gesamten Gebetspraxis gewinnt das Herrengebet trotz seiner Wucht eine gewisse Familiarität und Liebenswürdigkeit. Embolismus und Doxologie müssen das Gleichgewicht herstellen und in die Vaterunsermelodien den Baß und Tenor wieder hineinsingen. Der Bruder, der mit uns zum Vater betet, ist der König der ewigen Herrlichkeit.

Das Vaterunser trägt das Gesicht der Gegenwart und des Augenblickes und der Alltäglichkeit. Die apokalyptischen Vorlagen seines Endlobspruchs lassen über sein Gesicht die Blitze des Endes, der Parusie, zucken. Der Bruder, der uns zum Vater beten lehrte, ist der Kommende. Wenn wir mit ihm sprechen „Vater", beginnt jedesmal sein Kommen und geht näher auf uns zu. – Die Vaterunserdoxologie ist also keine liturgische Spielerei, sondern wesentliche Aussage über das Vaterunsergebet.

Das Friedensgebet

Eigengut

Im Friedensgebet wurde ein *deutsches Proprium* entwickelt. Es besteht erstens darin, daß die deutsche Übersetzung das Friedensgebet in eine Ansage und in eine Bitte teilt, zweitens darin, daß für bestimmte Zeiten des Herrenjahres eine eigene entsprechende Admonitio angeboten wird. – Dieser Eigenritus ist gut gelungen. Er nimmt dem Text die an den Herrn gerichtete Belehrung über das, was er gesagt hat („O Herr, du hast zu deinen Aposteln gesagt ...“). Ferner bringt er in der kleinen Variante für die Feste einen willkommenen Farbton an diese Stelle. – Nur eine Kleinigkeit behagt nicht ganz. Man hat eine klare Angabe für die Haltung der Hände versäumt. Darum sieht man hier ungute und unschöne Manieren in der Bewegung der Hände. Man sollte bei der Admonitio die Hände falten, beim Gebet die Hände ausbreiten, wie es dem Text von der Einheit und Zusammenführung entspricht.

Aus dem Erlöserherzen

Der übliche Text führt in den Abendmahlssaal. Wir vernehmen einen Kernsatz der *Abschiedsreden* des Herrn. Die Stimmung und das Klima des Abends vor dem Leiden werden uns bewußt. Es kann keine Kommunion geben, die nicht dieser ersten Kommunion gedenkt: In dieser Nacht wird der Friede zwischen Gott und den Menschen zerrissen, wenn der Menschensohn vom bitteren Leiden zerrissen wird. In dieser Nacht beginnt der in der Weihnacht angekündigte Friede mit Gott aufzublühen aus den Blutstropfen des Erlösers. Isaias (53,5) wird nun erfüllt: „Disciplina pacis nostrae super eum – Die Geißel für unseren Frieden über ihm.“ Diesen „seinen“ Frieden läßt er als Erbe den Seinen: Das kostbarste Testament der Menschheitsgeschichte! – „Meinen Frieden“ sagt Christus. Der Friede ist ihm eigen, er untersteht seiner Verfügung, er ist in ihm. Mit diesem Wort „meinen Frieden“ macht er eine wesentliche Aussage über sein Inneres, über sein Herz. Da ist Ausgeglichenheit, Ruhe, Klarheit – er steht über den Dingen, über den Wirrnissen und Zerwürfnissen. Dieser Friede muß schon ein kostbares Geschenk für uns sein. – „Meinen Frieden gebe ich euch.“ Hier formuliert sich eine Gottesaussage. Nur Gott kann den Sinn des Menschen lenken. Nur Gott kann in ein Herz hineinsehen.

Die Bitte, die der Gebetsaufforderung folgt, möchte zunächst einen kleinen Bußakt vollziehen: „Sieh nicht auf unsere Sünden!“ Dabei muß man wohl zuerst an all das denken, was in uns den Frieden und die Einheit verletzt hat.

Glaubender Friede
Wir berufen uns auf den „Glauben der Kirche“. Die glaubende, hoffende, vertrauende Kirche bietet, menschlich gesprochen, für Gott einen so trostvollen und versöhnenden Anblick, daß er darüber alle Zerstrittenheit der Menschen vergessen kann. Diese Gedankenwendung macht ruhig und sicher, wenn man von der Zerstrittenheit der theologischen Schulen und Meinungen bedrückt wird. Die glaubende Kirche – die betenden, gottinnigen, gottvertrauenden Menschen bedeuten mehr. Sie glauben die „Glaubenskrise“ hinweg.

Erst der letzte Halbsatz spricht das Eigentliche des ganzen Textes aus: „Schenke ihr (der Kirche) nach deinem Willen *Frieden* und *Einheit.*“ – Hier kann mit dem Wort „Frieden“ nicht der äußere Frieden ruhiger Zeiten gemeint sein. Denn der ganze Gedankenduktus ging bisher auf den inneren Bereich. Man muß „Frieden und Einheit“ zusammenlesen. Der gesamte innere Kirchenfriede wird hier an der Schwelle der Kommunion erfleht. Friede, die erste Stufe, dürfte dann wohl die Gemeinschaft der Achtung und der Arbeit ohne Neid und Mißgunst sein. Einheit, die zweite Stufe, dürfte dann die Gemeinschaft des Glaubens und der Liebe und die Gemeinschaft unter dem einen Hirten sein. Wenn der Herr im Abendmahlssaal um die Einheit der Seinen gebetet hat, kann es uns nicht zuviel sein, bei jedem eucharistischen Mahl um die Einheit zu bitten. Die heilige Kommunion, so persönlichkeitszugewandt sie ist, sosehr sie den einzelnen bis in sein Herz beansprucht, steht niemals da ohne Weltweite, ohne Verantwortung für die Probleme der Kirche, daß sie eins werde.

Gut, daß das Friedensgebet eine deutsche Eigenfassung entwickelt hat, die mehr aufhorchen läßt! Wieviel Schaden kam für die Einheit der Kirche aus dem deutschen Sprachgebiet!

Der Friedensritus

Historisches
Unter den vielen Riten der heiligen Messe steht der Friedensritus als *Benjamin* da. Er ist einer der jüngsten von allen, wie er da steht.

Aber auch Benjamin ist unter den *Patriarchen.* Der Friedensritus an anderer Stelle hat schon lange seinen Platz in der Messe. Justin kennt ihn in der Mitte des zweiten Jahrhunderts zu Beginn der Opferung. Die alte Papstmesse kannte die Umarmung des Heiligen Vaters mit allen Kardinälen zu Beginn der Feier. Alte Mönchsorden übten den Friedensritus eines Kommunikanten zum anderen unmittelbar vor dem Empfang der heiligen Eucharistie. Das bisherige Caeremoniale Episcoporum schrieb den Friedenskuß bei der Osterkommunion vor; während der Diakon das Ciborium hielt, umarmte der Bischof den Kommunionempfänger, nahm danach den Leib des Herrn und reichte ihn.

Wie ein mittelalterlicher und barockzeitlicher *Fürst* steht der Friedensritus da. Für die Laien-Honoratioren benutzte man als Friedenszeichen das Paxtäfelchen. Es lag neben dem Kelch. Nach dem Friedensgebet küßte es der Zelebrant und ließ es zum Kusse den hohen Herren weiterreichen. Bis zum Raub 1975 existierte im Kölner Dom die unerhört kostbare Paxtafel des Mainzer und Merseburger Erzbischofs Albrecht von Hohenzollern, des Bischofs Luthers. – Dieser Brauch ist wohl restlos ausgestorben.

Der Paxritus ist der *Engländer* unter den Gebräuchen der Messe. Die distanzierte, vornehm kühle Weise, in der zum Friedensritus die Arme aneinandergelegt werden, stammt aus dem England des Hochmittelalters. Der Benediktinerorden und südeuropäische Gewohnheiten haben den Vorgang herzlicher gestaltet durch die Berührung der Wangen. So ahmen es derzeit die meisten Liturgen nach, und das ist recht so.

Zeitprobleme

Trotzdem bleibt der Paxritus *Entwicklungsland.* Wenn in südamerikanischen Ländern der Zelebrant in die Gemeinschaft ruft: „Der Friede des Herrn sei allezeit mit euch!“, geht ein Rauschen durch das Gotteshaus. In gelöster Herzlichkeit nimmt ein Nachbar die Hände des anderen, und beide sprechen sich den Frieden zu. So ist es in vielen, vielen Ländern der Fall. So war es beim Eucharistischen Kongreß in München 1960; man gab sich nicht nur die Hand, sondern hielt die Hände der beiden Nachbarn fest, so daß ein mehrfacher lebendiger Ring um den Altar entstand. Jetzt ist der Friedensgruß hierzulande entschieden unterentwickelt. Den Handschlag hat man vielfach so unterbewertet, daß manche ihn nicht mehr wagen. Die Verneigung hat sich wegen ihrer Förmlichkeit nicht durchgesetzt. Liegt dies an der Kühle deutscher Lebensformen? Die Umgangsriten junger Leute versichern das Gegenteil. Man könnte mit einem unüberlegten, wildgestalteten Friedensgruß einen Tumult erreichen. – Was soll geschehen? Wir dürfen jedenfalls in Deutschland nicht aufhören, ein schlechtes Gewissen zu haben, daß fast nur wir keinen Friedensgruß ertragen. Wir müßten die gelungenen Versuche besser miteinander austauschen. Wir sollten nicht müde werden, an dieser Aufgabe zu arbeiten. Das Wichtigste ist, daß wir sie ernst nehmen: Aus einem sonntäglichen Friedensgruß kann Friede wachsen.

Der Friedensritus ist *zweigeteilt.* Vor dem Austausch des Friedenswunsches unter den Leuten steht der Friedenswunsch des Pfarrers an die Gemeinde: „Der Friede des Herrn sei allezeit mit euch!" Man könnte irrtümlich meinen, dieser Ruf sei nur ein Signal für den Austausch der Pax unter den Anwesenden. Er ist mehr: Der Friede zwischen Pfarrer und Gemeinde wird proklamiert durch den Friedenssegenswunsch. Alle Spannungen, Mißverständnisse, Ärgerlichkeiten, Streitereien zwischen Priester und Gemeinde oder Teilen der Gemeinde werden hinweggewünscht. – Vielleicht gelingt die Einführung der Pax-Erteilung im Raum der Gläubigen deshalb nicht, weil diese Pax zwischen Zelebrant und Mitfeiernden nur Formel bleibt, nicht Wirklichkeit wird. – Der rasche Gruß enthält eine lange, ernste Aufgabe.

Die Brotbrechung

Chronik der Fractio

Die bisherigen Texte und Riten gaben der Messe eine äußerst kulturvolle Form. Denken wir zurück an Hochgebet und Sanctus, an Wandlung, Herrengebet und Friedensgebet. Nun kommt wieder einmal ein menschliches, häusliches, erdnahes Element in den heiligen Bereich. Man hört ein leises Knacken. Da wird etwas zerteilt. Der Priester vollzieht einige Handreichungen, die für den Mitfeiernden nicht ganz klar erkennbar sind. Es ist wie an einem häuslichen Tisch – die Brotbrechung. Von diesem kleinen Geschehen hat die heilige Messe jahrhundertelang ihren ersten Namen empfangen: „Fractio panis – Brotbrechung", weil die Handlung auffiel und weil in ihr eine bedeutungsvolle Aussage lag.

In einer Papst- oder Bischofsmesse des frühen Mittelalters kamen zur Brotbrechung alle Presbyter herbei. Zu ihnen traten die Akolythen. Sie brachten linnene Tücher oder Säckchen und hielten sie sorgsam unter die Brote, die zerbrochen wurden. Es waren trokkene, ungesäuerte, harte Brote, den Mazzen der Juden ähnlich, flach, handgroß im Durchmesser. Durch die Brechung erhielt man völlig unregelmäßige Stücke, die für die Gläubigenkommunion verwendet wurden. Die absplitternden Brocken und Krumen nahmen die Akolythen in ehrfürchtige Obhut.

Diesem altrömischen Ritus entsprach im alten Gallierlande, im merowingischen Frankenreich, ein paralleler und doch andersförmiger Ritus. Die Hostienbrote hatten Brezelform. Die Hostien für die Ausspendung erlangte man rasch durch senkrechtes Abschneiden der Teile – die Urform unserer kleinen Hostien.

Die Brotbrechung mußte in der römischen Liturgie vom Bischof bzw. Priester durch tiefsinnige Sonderteilungen ergänzt werden. Notwendig war ein Stückchen zur Aufbewahrung für die nachfolgende Meßfeier. Ein anderes wurde herbeigebracht, das der letztvorhergehenden Messe entstammte; es war dazu bestimmt, in den Wein eingetaucht zu werden, damit die Verbundenheit von Messe zu Messe deutlich werde. Ein Stücklein war darüber hinaus notwendig, um das sehr harte Brot aufzuweichen, damit es überhaupt vom Priester sumiert werden konnte. Aus der gesamten Brotbrechung mußten einige Teile zurückbleiben zur Aufbewahrung für die Kranken und für die der heiligen Kommunion in einem Notfall Bedürftigen.

Das alles wurde nicht mehr verstanden, ging verloren. Die kleinen Hostien machten es überflüssig. Doch die Brechung konnte und wollte man nicht fallenlassen. Wenigstens ein Stücklein von der großen Hostie wollte man abtrennen, um die Mischung mit dem konsekrierten Wein tätigen zu können. So entstand der Ritus, der bis heute üblich ist. Das Vaticanum II hat ihn nur gelöst von der schwer durchschaubaren Verbindung mit dem Gebetsschluß des Embolismus. Man kann und soll die Brotbrechung erweitern für einen kleinen Kreis von Kommunikanten. Selbst dann bleibt der Ritus bescheiden und unauffällig. Trotzdem erkennt der Beobachter die praktische häusliche Bedeutung.

Präsenz der Fractio

Aber darüber hinaus soll die Brotbrechung *Zeichen* sein: das eine Brot für viele! Von dem einen Brot, das Christus ist, wird die ganze Christenheit ernährt. In alten Haushalten kann man es noch erleben, daß der Hausvater oder die Hausmutter Scheibe für Scheibe abschneidet. Jeder bekommt seinen Teil von dem Brot. Das Zeichen der Einheit wird gerade aus der Vielheit gewonnen. So wird die Brotbrechung zur Strophe im Friedenslied, das zum Friedensmahl gesungen wird.

Gelegentlich sieht man staunend, wie die Brotbrechung schon beim Abendmahlsbericht getan wird, wenn das Wort „brach es" gesprochen wird. Die Treue zum Text ist bemerkenswert. Die Folge wäre, daß man dann auch alle anderen Punkte des Abendmahlsberichtes sofort tun müßte, z. B. das Austeilen. Diese Vorverlegung bricht dann bei der Brotbrechung eine anderthalbtausendjährige Tradition. Muß denn alles genau nach Ratio gehen? Brechung nur bei dem entsprechenden Wort? Eine kleine unlogische Folge von Text und Tun kann viel mehr aufmerken lassen.

Man trifft immer noch einen alten Bekannten, der nicht hierher gehört. Da wird die Brotbrechung als Hinweis auf die gewaltsame Brechung der Glieder des leidenden Herrn gedeutet. Leider kommt dann das Gegenteil von der Einheit heraus: die Zerbrechung und Zerstörung. Das familienhafte Verständnis der Brotbrechung aus den Ursprüngen schenkt die österliche Sicht des Korintherbriefes: „Ist das Brot, das wir brechen, nicht die Gemeinschaft mit dem Leibe Christi? Weil es *ein Brot* ist, so bilden wir vielen *einen Leib!* Wir nehmen ja alle an dem *einen Brote* teil" (1 Kor 10,16–17).

Der andere vertraute Bekannte gehört hierher: das Gebet der urchristlichen Didache: „Wie dieses gebrochene Brot zuvor über die Berge zerstreut war und gesammelt eins ward, wurde deine Kirche von den Ende der Erde gesammelt zu einem Reich“ (C IX, 4). Die vielen Brotstückchen bei der Brechung erinnern den Beter an die vielen Körner, aus denen das Brot wurde. Er sieht das eine Brot aus vielen Körnern und sieht dann aus den vielen Brotstücken wieder das eine Brot des Leibes Christi in der Kirche vereint. Eine verknotete Bildhaftigkeit! – Sankt Augustinus stimmt an: „O Sakrament der Liebe! O Zeichen der Einheit! O Band der Liebe!“ (In Joa 26.)

Die Mischung

Häusliches Geschehen

Man versuche, einem gebürtigen Rheingauer oder Moseltäler beizubringen, der Wein sei viel besser, wenn er mit etwas Wasser vermischt sei. Erfolglos wird alle Mühe sein. Für sich und alle anderen wird er nicht nur eine solche, sondern jede Vermischung überhaupt ablehnen. Der reine Wein allein gilt. Vermutlich hätten ein echter Trierer oder Mainzer sogar ein leises Mißtrauen gegen den Wein bei der Hochzeit zu Kana gehabt, weil er doch vom Brunnen kam. Diese Haltung ist begreiflich, kann aber nicht zur Grundlage einer allgemeinen Gesetzgebung erhoben werden, sondern höchstens eine Ausnahmeregelung für solche Zonen herbeiführen.

Der allgemeine Zug unter den Menschen dieser Zeit geht in der umgekehrten Richtung. Mischen, mischen ist alles. Es gibt einen eigenen Beruf des Mixers. Die widersprechendsten Getränke werden „gemixt“. Die weitest voneinander abstehenden Speisen werden gemischt, damit ein neuer Geschmack herausgeholt wird. Doch nicht erst in unseren Tagen, zu Römerzeiten war es schon so. Aus hellenischen Zonen und Bräuchen kam der Brauch zu den Juden, den Wein mit Wasser zu vermischen, und er kam so gründlich an, daß man zur Zeit Christi wohl allgemein diese Mischung vornahm, auch im Abendmahlssaal. Mischung ist ein Vorgang, der zu jeder Küche, zu jeder Kochkunst, zu jeder Getränkebereitung so elementar gehört, daß man sagen kann: Kein Haushalt ohne Mischung!

Häufiges Geschehen

Ist also die Mixtio ein häuslicher Vorgang, dann dürfen wir der Liturgie nicht gram sein, wenn sie Vermischungen pflegt. Es sind gleich zwei Mixtionsriten, die in der Messe zu beobachten sind: die Vermischung von Wasser und Wein bei der Gabenbereitung und die Vermischung von Wein und Brot vor der heiligen Kommunion. Außerhalb der Messe finden wir die Vermischung von Balsam und Öl bei der Chrisamweihe, von Salz und Wasser bei der Weihwassersegnung. Einige Immixtionen wurden abgeschafft, z. B. von Öl mit Taufwasser – aus hygienischen Gründen. All das zeigt, daß die Liturgie eine Vorliebe für das Natürliche und Häusliche hat und von dort aufsteigt zum Ewigen.

Der Mensch wird in seinem menschlichen Lebens- und Erfahrungsbereich abgeholt und auf den Weg zum Haus der Mutter Kirche geführt und dann zur Heimat des Himmels hinauf. Unterläßt man die erste Station, so kommt eine menschenfremde und gefühlsleere Liturgie zustande. Sie ist absolut rein und verstandesklar, aber kalt. Ein Glück, daß noch so vieles Menschliche und Häusliche in der heiligen Messe blieb! Wir müssen es erhalten.

Die Vermischung bei der „Opferung" sagt: Was wir für das Opfer und Mahl Christi bereiten, ist unser täglicher Trank, ist unsere tägliche kleine, menschliche Welt. Die Vermischung vor der heiligen Kommunion sagt: Wie man beim häuslichen Mahl das Brot in die Suppe und in die Milch tunkt, so gehören beim eucharistischen Mahl Brot und Wein zueinander. So wird die Mixtio zu einer Strophe im Friedenslied: Bittstrophe um die Häuslichkeit des Friedens und um den Hausfrieden.

Das Mittelalter sah im Blut den Sitz der Seele. Darum wurde der Leib des Gekreuzigten, mit dem Blut wieder vereint, ein Hinweis auf die Auferstehung. Mit diesem Symbolismus allerdings können wir wohl nicht sehr viel anfangen.

Agnus Dei

Seit wann?
Das Lamm sehen – und an Frieden und Unschuld denken ist eins. Das Lamm Gottes besingen – schlägt Seiten der *Geschichte* voll Kampf und Streit auf.

687–701 regierte als Papst der heilige Sergius I., ein Syrer, geboren in Palermo auf Sizilien. Der 82. Kanon der Trullanischen Synode in Konstantinopel 692 verbot, Christus als Lamm darzustellen. Der Bilderstreit bahnt sich an. Die Heimat Sergius' I. ist schon überflutet vom Islam, der jede bildliche Darstellung verbietet. Sergius weigert sich standhaft, das Trullanum zu unterzeichnen. Kaiser Justinian will ihn darum nach Konstantinopel abführen lassen, aber der Anschlag mißlingt.

Wie im Protest gegen Byzanz läßt Sergius I. das Agnus Dei in der heiligen Messe singen. Die uralten eigentlichen Gewohnheiten des Ostens, die gerade das Bild des Gotteslammes so liebten, werden nach ihrer Verstoßung aus dem Osten in der lateinischen Messe beheimatet. Das Agnus Dei wird kein Protestgesang, sondern eine Friedensbitte, eine Strophe im Friedenshymnus der lateinischen Kommunionriten.

Woher?
Das Lamm bringt ein alttestamentliches und neutestamentliches Bild voll reicher Schriftbezogenheit.

Das *Passah*-Lamm Israels (Ex 12) wird in Erinnerung gebracht: ein Lamm ohne Makel, sein Blut an die Türpfosten gestrichen, sein Mahl Zeichen zum Aufbruch aus der Knechtschaft und Todesdrohung ins Gelobte Land. Jetzt wird das alles Realität im Gotteslamm zwischen Zeit und Ewigkeit: „Unser Osterlamm ist geschlachtet, Christus!" (1 Kor 5,7.) – In der Märtyrergeschichte der heiligen Agnes steht der Gesang: „Sein Blut rötete meine Wangen!" Der Kommunizierende nahm einst nach dem Trinken des konsekrierten Weines die Überbleibsel des heiligen Blutes von den Lippen und strich sie mit dem Finger über die Wangen. Die Pforte des Menschen, sein Gesicht, sollte mit dem Blut des Lammes gezeichnet sein. Agnus

Dei – das klingt wie „Victimae paschali laudes", das bringt österlichen Klang in die heilige Messe und kennzeichnet sie als Passahmysterium.

Der Prophet *Isaias* steht auf: „Wie ein Lamm wird er zur Schlachtbank geführt und schweigt wie ein Lamm vor seinem Scherer" (Jes 53, 7). Von diesen Karfreitagsvisionen des größten der Propheten hat man gesagt: „Evangelium secundum Isaiam!" –

Als eine der ersten Christusbotschaften geht dieses Prophetenlied in die Weite der Welt. Neben dem Kämmerer der Königin von Äthiopien sitzt der Diakon Philippus und legt das Wort des Isaias aus als Evangelium von Christus (Apg 8, 26 ff).

Schon viel früher stellt Johannes der *Täufer* die Verbindung her: Isaias – Lamm – Christus: „Seht das Lamm Gottes, seht das hinwegnimmt die Sünden der Welt!" Am Tage danach schickt der Täufer Andreas und Johannes zu Jesus: „Seht das Lamm Gottes!" (Joh 1, 29, 36.)

Wenn es heißt: Lamm Gottes, könnte darin eine Anspielung auf Isaaks Opfer im 22. Kapitel der Genesis stecken: Das Opferlamm wird an unserer Statt von Gott gegeben. Mathias Nidhard Grünewald hat das dargestellt, indem er den Täufer, das Lamm auf den Armen, unter das Kreuz gestellt hat und auf den Gekreuzigten zeigen läßt: ... das Lamm, von Gott zur Verfügung gestellt an unserer Statt am Kreuz. Wir sind Geopferte, weil Gottes Lamm für uns gegeben und geopfert ward.

Der *Evangelist* Johannes kommt hinzu. Seit er mit dem „Ecce, agnus Dei" zu Christus gesandt worden war, hat er Bild und Begriff des Lammes nie vergessen. Dreißigmal spricht er in seiner Apokalypse vom Lamm. Es ist geschlachtet – und thront in der Herrlichkeit. „Hochzeit des Lammes" nennt er den endlosen Tag der Glorie, dessen Leuchte das Lamm ist (Offb 21, 23).

Das Agnus Dei ist ein weitgespannter Brückenbogen vom Vorübergang des Herrn zur Rettung Israels bis zur Wiederkunft des Herrn zur Rettung aller. Es gleicht einem Kristall, in dem die Heilsgeheimnisse der Christen wie farbreiche Lichter glühen, die purpurnen Lichter des Blutes und die goldenen Lichter des Sieges.

Überholt?
Die Bedenken mancher unserer Zeitgenossen sind noch nicht beruhigt. Kann man vor einem modernen Großstädter noch vom Lamm sprechen? So fragte einmal jemand und redete dann vom Zurückbleiben der Liturgie in der landwirtschaftlichen Kultur. Als dann die Diskussion zu anderweitiger Beschäftigung des Mundes aufgelöst wurde, kam bald nach Tisch eine Fernsehsendung: Hirtenleben in XY. Bei der Heimfahrt sahen wir auf den Wiesen große Schafherden, und im Aushang eines städtischen Reisebüros hing ein Plakat „Hirt und Herden in Australien". Das Lamm bleibt zeitnah.

Während gesungen wird „Agnus Dei", geschieht die Brotbrechung. Der häusliche Vorgang wird von den Schriftreminiszenzen überhöht. Dauert die Brotbrechung längere Zeit, so darf das Agnus so oft wiederholt werden, bis sie vollendet ist. Das Agnus ist „Confractorium – Brechungsgesang". Müssen wir es noch lange, noch lange singen, bis das Zeichen des einen Brotes für die eine Gottesfamilie erfüllt ist?

Unmittelbar vor der heiligen Kommunion

Gebet: Domine Jesu
Zwei *Kommuniongebete* werden für eine letzte stille Vorbereitung des Priesters (und schließlich auch der Gläubigen) zur Auswahl angeboten.

Das *erste* Kommuniongebet, das auch schon bisher den Augenblikken vor dem heiligen Mahl diente, beginnt mit einer Dreifaltigkeitsvision: „... Sohn des lebendigen Gottes, dem Willen des Vaters gehorsam, hast du im Heiligen Geist durch deinen Tod der Welt das Leben geschenkt." Die Worte sind verwandt mit dem Lied des Philipperbriefes, verwandt mit dem Gebet von Montecassino, das der heilige Thomas von Aquin aus dieser Schule in die Welt getragen hat. Die Worte erinnern uns daran, daß das gewaltigste Werk der allerheiligsten Dreifaltigkeit auf uns hin nach der Erlösung die Eucharistie ist. Die Eucharistie ist Dreifaltigkeitsoffenbarung: Geschenk des Vaters, Ankunft des Sohnes, Walten des Geistes.

Von dieser Höhe steigt der Beter in die Tiefe des Menschen, sichtet Erlösungsbedürftigkeit und Schuld, sichtet das Böse überhaupt. Aus der Tiefe ruft es: „Hilf mir!"

Die Hilfe muß in zwei Dingen bestehen: „Daß ich deine Gebote treu erfülle!" Gehorsam und Treue, ganz einfache Dinge, werden genannt, kein apostolischer Elan, keine Weltveränderung und Zuständeverbesserung. Zu Gehorsam und Treue gehört noch als innerliche Fülle: „Laß mich nie von dir getrennt werden!" Wie das „Seele Christi" nicht um Kraft zur Nächstenliebe bittet, sondern „Von dir laß nimmer scheiden mich!", so ist auch hier die Bitte um immerwährende, ungeteilte Liebe an Jesus gerichtet. Aus ihr kommt die Nächstenliebe von selbst. – Sinn der Kommunion (= Vereinigung) ist: Nie von Christus getrennt! Daraus folgt alles andere Gut.

Gebet: Perceptio

Das *zweite Kommuniongebet* spricht aus der Sonnenfinsternis: „Der Empfang deines Leibes und Blutes bringe mir nicht Gericht und Verdammnis." Es steht unter dem Eindruck der Mahnung des Korintherbriefes: „Der prüfe sich selbst... er ißt und trinkt sich das Gericht!" (1 Kor 11, 28.) Unsere Zeit hat diesen Schock der Verantwortung nötig. Man kann nicht „zur Kommunion laufen", als sei das ein liturgischer Sport. Hier geht es um Gericht und Ewigkeit.

Heilige Vorbeter

Der heilige Johannes der Täufer kommt nun an den Altar. Wie er die Fischer aus Bethsaida, die jungen Männer Andreas und Johannes, ansprach, um sie zu Jesus zu senden, so sagt er uns und zeigt den Gekreuzigten: „Seht das Lamm Gottes, das hinwegnimmt die Sünde der Welt!" „Die Sünde" – so steht es im griechischen Text. Nicht die Sünden irgendwie, sondern die Sünde schlechthin, die Sünde – fast personifiziert in ihrer Macht, die sich alles unterjocht (vgl. Röm 5 und 6). Die Sünde – absolut – wird vom Gotteslamm hinweggenommen.

Der Hauptmann von Karpharnaum kommt an den Altar und betet vor: „Herr, ich bin nicht würdig, daß du eingehst unter mein Dach, aber sprich nur ein Wort, so wird meine Seele gesund!" Als der

Hauptmann so sprach, war Christus voll Freude: „Einen solchen Glauben habe ich in Israel nicht gefunden", und er wirkte das Wunder der Heilung in die Ferne (Mt 8,5–13). Manche fanden „Dach" zu poetisch, andere fanden „Seele" philosophisch anfechtbar. Lassen wir das Gebet so stehen, wie es der Hauptmann vorgebetet und wie es die Liturgie formuliert hat (Seele – damit nicht unklug Vorstellungen von der leiblichen Heilung erweckt würden) und wie es die jahrhundertlange Gewohnheit auswendig weiß. Der Text ist so einfach, so menschlich, so vertrauensvoll, noch näher, als das gewaltige griechische „Sancta sanctis – Das Heilige den Heiligen!"

Deutsche Eigenform fügt jetzt erst hinzu: „Selig, die zum Hochzeitsmahl des Lammes geladen sind!" oder ein entsprechendes Schriftwort oder die Communio des Tages. Man spürt die Freude und die Herausforderung zur Freude. Zugleich stößt das Wort in die eschatologischen Dimensionen vor, die der Empfang des heiligen Mahles aufschließt.

Bei der heiligen Kommunion: der persönliche Bereich

Eine Meßerklärung kann auf die Ereignisse im Leben der Königin von England gut verzichten. Aber der Vergleich kann eine Situation aufhellen. Bei der Krönungsfeier kam die ganze Großartigkeit der Liturgie durch den Fernsehapparat. Als aber der Augenblick des anglikanischen Abendmahles nahte, erschien auf dem Bildschirm Leonardo da Vincis Abendmahl und blieb längere Zeit, ehe wieder nach Westminster umgeschaltet wurde. – Brautpaar und Photographen, Geistliche und Erstkommunikanten könnten von diesem Feingefühl lernen.

Auch die Meßerklärung hat über das personale Ereignis der eucharistischen Kommunion nichts zu sagen. Hier hat der einzelne seine Aufgabe des Gebetes, des Gespräches, des Hörens, des Nachdenkens, der Freude über den Gast der Seele. Man kann in aller Ehrfurcht vor den Gedanken des Kommunizierenden an parallele Situationen der Heiligen Schrift erinnern:

Meister, wo wohnst du? Er sagte ihnen: Kommt und seht! Sie sahen also, wo er wohnte und blieben den ganzen Tag bei ihm. Es war um die zehnte Stunde (16^h) (Joh 1,38.39.).

Dann erklärte er ihnen, was in den Schriften von ihm geschrieben steht... Sie nötigten ihn: Herr, bleibe bei uns, es wird Abend... Es wurden ihnen die Augen aufgetan, und sie erkannten ihn. Sie sagten: Brannte denn nicht das Herz in uns? (Lk 24,13–35.)

Jesus sprach: Wer Durst hat, komme zu mir. Es trinke, wer an mich glaubt. – Aus seinem Herzen werden, wie die Schrift sagt, Ströme lebendigen Wassers fließen! (Joh 7,37.38.)

Jesus sagte: Wer glaubt, kann alles. Sofort rief der Vater des Knaben unter Tränen: Ich glaube, hilf meinem Unglauben. (Mk 9,23.)

Der Geist nimmt sich unserer Schwachheit an. Wir wissen ja nicht, um was wir richtig beten sollen. Da tritt der Geist für uns ein mit wortlosen Seufzern. (Röm 8,26.)

Emmanuel! Gott mit uns! Wenn aber Gott mit uns ist, wer ist dann gegen uns? ... Wie sollte er uns nicht alles in ihm geschenkt haben? Ich lebe der Überzeugung... nichts kann uns scheiden von der Liebe Gottes, die da ist in Christus Jesus, unserem Herrn. (Röm 8,31–39.)

Von dir laß nimmer scheiden mich!

Bei der heiligen Kommunion: Communiogesang

Über der Spendung der heiligen Kommunion, über der Prozession der Gläubigen zum Opfermahl schwebt der Gesang der Communio. Genauer heißt dieses Lied: Antiphona ad Communionem = Antiphon zum Kommunionbegleitpsalm. Diese volle Gestalt des Psalmes hat das „Gotteslob" mit einem guten Angebot von Gesängen wieder möglich gemacht. Auch das Graduale macht die Vollgestalt dieses Singens selbstverständlich. Ein weiterer Beitrag zur Verschönerung der Texte der Communio wurde vom Missale geleistet. Das Meßbuch setzte diese Arbeit glücklich fort. So begegnen uns jetzt Communiotexte, einer noch schöner und treffender als der andere. Was Gregor der Große begonnen hatte, ist nun bis auf etliche Tage oder Zeiten vollendet. Vor Gregor nahm man meist etwas schematisch Sonntag für Sonntag den Psalm, der nach der Ziffer an der Reihe war. Der

Heilige gab sich ans Werk, jeweils die Communio dem Evangelium zu entnehmen. Nun haben wohl alle hohen Tage diese tiefsinnige Entsprechung von Evangelium und Communio. Was im Evangelium verkündet wird, das wird in der Eucharistie geschenkt. Das Mysterium der Frohen Botschaft wird im Mysterium des Opfermahles persönlich, leibhaftig gegenwärtig. Das Evangelium gibt die Tonart an, in der Christus in der Eucharistie zu uns spricht.

Die Communio verliert diesen ganz großen Zug, aber bleibt doch nicht weniger nachdenklich, wenn sie verwendet wird als Aufforderung zum Kommuniongang (sofern der Text es zuläßt) oder wenn sie als Überschrift für das stille Dankgebet nach der Kommunion dient. Da kann man sich sagen: Was die Frohe Botschaft sagte, ist wirklich keine bloße Information, sondern heutiges Geschehnis, jetzt, an mir persönlich!

Man kann und muß es verstehen, wenn viele Gläubige beim Empfang des Leibes Christi Ruhe und Stille ersehnen, wenn sie, von der Größe des Augenblicks gefangen, nur an den Herrn denken wollen. Andererseits bleibt es ein Ideal, singend zu kommunizieren. Wer Gott begegnet, kann nur singen oder schweigen. Wir singen wohl noch zu wenig. Wenn wir „geschaffen sind, um zu loben", dann sollte das singende Lob aufklingen, weil wir dem Schöpfer nahe sind.

Formen der Ausspendung

Verflochtene Historie

Der heilige Cyrill von Jerusalem sagt uns am Ende des 4. Jahrhunderts in seinen Anweisungen an die Neugetauften: Der Kommunizierende streckt seine linke Hand aus, legt darauf wie auf einen Thron die rechte Hand. Er nimmt den Leib des Herrn entgegen und sagt „Amen" auf das Wort des Spenders „Der Leib Christi!" – Danach geschieht folgendes: Der Empfangende beugt sich über seine Hände und rührt mit Christi Leib an seine Augen. Dann erst nimmt er mit dem Mund aus den Händen das heiligste Sakrament. – Gewiß waren die Bräuche in anderen Gegenden anders. Immerhin entdeckt man sogleich, daß unsere heutige „Handkommunion" nicht ohne weiteres dem Brauch des Altertums entspricht.

Im gallischen Liturgiebereich, also auch im gesamten linksrheinischen Gebiet, war eine interessante Variante der Gebrauch des „Dominicale = Herrentüchleins“. Man legte es über die Hand, die den Herrenleib entgegennahm. Zusammen mit dem Stirnband, das man bei der Firmung verwendete, gehörte dieses Tüchlein zu den Kostbarkeiten, die jede Mutter für ihre Kinder aufbewahrte und ihnen später beim Abschied vom Elternhaus mitgab. Es scheint, daß das „Kerzentüchlein“, mit dem heute die Erstkommunikanten ihre Kommunionkerze umfassen, die Stelle des „Herrentüchleins“ eingenommen hat. Bis heute gehört es zu den wichtigsten Andenken, die man vom Elternhaus mitnimmt. Leider werden sie in neuester Zeit durch häßliche und unpraktische Nylongebilde ersetzt.

Selbstverständlich nahm der Kommunizierende auch einen Schluck aus dem Kelch mit dem heiligen Blut, den ein Diakon an der Seite des Altares oder des Chorraumes darreichte. Die vom Trunk noch feuchten Lippen wischte man mit einem Finger ab und strich die Feuchtigkeit über die Wangen. – Der heilige Chrysostomus ermahnte seine Gemeindemitglieder in Konstantinopel, sie möchten nach dem Kommunionempfang einen Schluck Wasser trinken, um jede Gefahr für das empfangene Sakrament abzuhalten.

Ebenso selbstverständlich war es, daß man aus bestimmten Gründen entweder nur die Kommunion unter Brotsgestalt oder nur die Kommunion unter der Gestalt des Weines empfing. Den Kranken oder den Gefangenen konnte man nur den Leib des Herrn bringen; dem eben getauften Neugeborenen wurden mit einem Löffelchen einige Tropfen des heiligen Blutes gegeben. Jeder Gläubige hätte gewußt, daß er unter einer Gestalt den ganzen Christus empfing.

Ein eigenartiger Brauch der Praxis ließ die Kelchkommunion entwertet werden. Da die Altäre sehr klein, die Kelche (scyphus – Trinkkrug) sehr groß waren, setzte man die Gefäße für die Kelchkommunion auf einen Tisch an die Seite. (Die oft 40 cm im Durchmesser große Patene hielt der Subdiakon in der Altarnähe so lange fest, bis sie gebraucht wurde – die Zeremonie hielt sich bis auf die Gegenwart.) Gewiß dachte der Zelebrant auch an die seitlich aufgestellten Kelche, wenn er die Wandlungsworte sprach. Damit aber die Verbindung mit dem Altarkelch sichtbar wurde, schickte man einen Diakon, in jedes Gefäß einige Tropfen des heiligen Blutes aus dem Altarkelch zu gießen. In späterer Zeit, noch vor der Jahrtausendwende, ging dieser Brauch verloren. Man rechnete die Konsekration des Weines in den seitlich abgestellten Kelchen nicht mehr als gültig. Bei bestimmten Gelegenheiten hielt sich aber der alte Brauch in anderer Bedeutung. Vor allem bei den heiligen Weihen wurde den Neugeweihten nach der Kommunion mit dem Leib des Herrn ein Schluck nichtkonsekrierten Weines dargereicht – zur Stärkung, wie man sagte. Der Brauch ging verloren mit der Wiedereinführung der eigentlichen Kelchkommunion. – Immerhin lag in dieser ungeklärten, vielleicht sogar nicht wahrhaftigen Kelchnahme ein Grund des Unterganges der Kelchkommunion. Sie blieb nur für allerhöchste Feieranlässe.

Die kirchliche Revolution des Johannes Hus aus Prag († 1414) stellte zum ersten Mal die Forderung nach dem Kelch für die Laien auf. Seine Idee ging in die Stürme der Reformation hinein. Oft schien es, als sei der „Laienkelch" die wichtigste Forderung der Reformatoren. Die Gewährung des Laienkelches für Österreich und Bayern sollte der Reformation Halt gebieten. – Das Trienter Konzil verbot die Kelchkommunion für die Laien. Die Entwicklung der häufigen Kommunion in der kirchlichen Erneuerung ließ die Frage nach dem Laienkelch nicht mehr akut werden. Den Kelch zu reichen, wäre schon allein praktisch unmöglich gewesen.

Historischer Neubeginn

Die liturgische Bewegung nach dem Ersten Weltkrieg ließ keinen Gedanken an die Kommunion unter beiden Gestalten sichtbar werden. Bei der vorbereitenden Konzilskommission über die heilige Messe war davon keine Rede. In der Konzilsaula wurde die volle Form der heiligen Kommunion im Hinblick auf den biblischen Bericht zur Diskussion gestellt, in kürzester Zeit genehmigt und in nachfolgenden Dekreten immer häufiger ermöglicht.

Sie kann geschehen durch das Trinken aus dem einen Kelch, durch das Eintauchen der Brotpartikel in den Kelch, durch eigens bereitgestellte Kelche; der Gebrauch eines Röhrchens ist manchmal aus hygienischen Gründen unentbehrlich.

Doch viel wichtiger ist bei der Kommunion unter beiden Gestalten die rechte Gesinnung, der eine katechetische Einführung dienen soll. Hier geht es nicht um eine Zeremonie zur Anhebung der Feierlichkeit. Hier geht es auch nicht um ein Mehr der sakramentalen Teilhabe an Christus. Hier geht es nur um das volle Zeichen, wie es im Abendmahlssaal dastand, und damit um eine größere Nähe des äußeren Vorganges zum Vorbild Christi. – Wenn das Brot an das tägliche Brot und seine Mühsal erinnert, dann will die Gestalt des Weines von der Freude sprechen, die der festliche Wein heranbringt, will die Freude der Hochzeit zu Kana stiften.

Nur zögernd folgen die Bemerkungen: Die Gestalt des Weines hat viel mehr äußere Gestalt für uns als das Brot, an das wir uns längst so gewöhnt haben, daß wir unmittelbar zum Gespräch mit dem Herrn übergehen können. Der Wein ist so intensiv Wein, daß man erst einmal Atem holen muß, um das „Amen“ zur Darreichungsformel „Blut Christi“ in voller Klarheit zu sprechen. – Der Anlaß zu manchen ungezogenen Bemerkungen ist leider nicht abzuwenden. – Wenn man das weiß und in der Katechese bespricht, richtet es keinen Schaden an.

Die Wiederherstellung der Kommunion unter beiden Gestalten darf man als großes Ereignis der Kirchengeschichte bezeichnen. Sie kam, ohne vorher illegitim praktiziert worden zu sein. Sie kam nicht, als sie revolutionär gefordert wurde. Sie kam in der Stille ohne Streitigkeiten, ohne kirchenbehördliches und professorales Hin und Her. Sie kam als reife Frucht, als Gabe der Liebe Gottes und der Mutter Kirche. Man sagt: Um etwas in der Kirche zu erreichen, muß man es einfach tun. Man nennt diese Illegimität „den vorauseilenden Gehorsam“. Die Geschichte der Kelchkommunion ging völlig anders und zeigt den Weg der Reife.

Missa – Missio

Nach der heiligen Kommunion

Unbefriedigender Schluß
Nach der heiligen Kommunion ereignet sich nicht mehr viel in der Feier der Messe: Die Danksagung in Stille oder ein Danklied oder ein Danktext. Dann folgt die *Oratio post Communionem,* dann Segen und Entlassung. Im Gegensatz zum überlasteten Eröffnungsritus ist der Schluß der Messe sicherlich untergewichtig. – In der Diskussion der nachkonziliaren Kommissionen kamen verschiedene Projekte auf. Man sprach von einer Verlegung des Gloria und empfahl es als einen guten Schluß- und Dankgesang. Das fand kein Placet. Schade! Man sprach vom Lobgesang der drei Jünglinge. Doch letztlich waren alle von der gleichen Einfallslosigkeit geplagt. Einzig die Dankstille und das Danklied fanden eine Empfehlung, ohne Vorschrift zu werden. Beides kann gut gelingen und die Form der Meßbeendigung abrunden. Doch bleibt oft ein verlegener Eindruck. Jedenfalls ist es einfach nicht gelungen, einen kräftigen Schlußakkord der Messe zu finden (wie es – man erschrecke nicht – einst der eucharistische Segen nach dem feierlichen Hochamt war!).

Dieser unbefriedigende Abschluß gehört zur Natur der Sache. Die heilige Messe ruht nicht in sich. Sie ist keine Feier mit großem Schlußakkord. Sie ist kein Spiel, das mit Punkten und Ergebnissen endet. sie ist eben Messe – Sendung. Fast unvermittelt gleitet sie über in den Bereich, für den sie da ist, in das Leben. Hier kommt zum Zuge die Kraft, die uns vom Opfer und Mahl des Herrn gegeben wird. Hier erfaßt die Synthese: „Mit Gott eins in der Liebe und im Leben“ unser Dasein und unseren Alltag. Die heilige Messe ist nicht ein Kapellchen, das irgendwo einsam im Felde steht; man geht hin, sieht, geht weiter. Sie ist eine Kirche auf dem Markt. Sie öffnet sich dem, der aus seinen Geschäftigkeiten kommt, und entläßt ihn in die gleichen Geschäftigkeiten als einen anderen, der über die Dinge Herr wird. – Wie ist es bei unseren anderen menschlichen Zusammenkünften? Wie oft schließen die schönsten Gespräche jäh und flach, verebben einfach! Wie oft ist die schönste Gesellschaft am Ende leer und rasch aufgelöst! Vielleicht spiegelt sich darin etwas von der Unaufgelöstheit des Menschlichen. Vielleicht ist der harmonische Akkord am Ende der Beethovenschen Sonate und die perfekte Auflösung der Bachschen Fuge weniger Bild des Menschlichen als das abbrechende moderne Musikstück.

Postcommunio

Urbestand des jähen Meßschlusses ist die Oratio post Communionem – Gebet nach der Kommunion, kurz *Postcommunio.* – Im alten Missale zeichnete sie sich durch Kürze aus. Einzelne Worte gaben ihr Akzente, die wie schwere Tropfen fielen. An manchen Feiertagen leuchtete in ihnen noch einmal die gesamte Herrlichkeit des Festmysteriums auf. Doch aufs Ganze gesehen, wiederholte sich noch einmal der Eindruck des jähen und uninteressanten Schlusses der Meßfeier in der Postcommunio selber.

Das Meßbuch hat darum die Postcommunio, soweit es eben möglich und notwendig war, angereichert. Anrede und Rückblick und Bitte sind wort- und gedankenreicher geworden. Die neuen Formulierungen sind bedächtiger, nahrhafter, inniger. Die Verknüpfung zwischen dem liturgischen Text und dem Leben ist kräftiger. Hier liegt eine der reifen Leistungen der Übersetzungskommission. Gern wird man nach der Messe die Postcommunio noch einmal aus dem „Schott“ nachlesen.

Mitteilungen

Die *Vermeldungen* über das Leben der Pfarrei sollen, wenn sie mündlich erfolgen, an die Postcommunio angereiht werden. Dadurch wird der Schluß der heiligen Messe noch mehr an den Alltag und an den Lebensvollzug herangerückt. Hier ist keine Schlußkadenz, sondern ein Vorspiel für das, was später kommt. Ein Glück, daß es nicht mehr die Höhe der Messe beschwert! – Hier ist ein guter Platz für die kurzen, sehr kurzen Mitteilungen, aber keine Lösung des Problems der Meßbeendigung. Vielleicht bringen die Vermeldungen doch wieder eine neue Hypothek, einen anorganischen Beitrag. Wirklich empfehlen kann man nur die schriftlichen Ansagen an die Gemeinde.

Segen

Formen

Am Beginn der heiligen Messe stand als zweites Wort „Dominus vobiscum". Am Schluß der heiligen Messe steht als vorletztes Wort vor der Entlassung „*Dominus vobiscum*". Schon möchte man den kleinen Triumph auskosten: Hier erkennt man absolut deutlich, daß übersetzt werden muß: „Der Herr *ist* mit euch!" Denn es wird nach der halben oder vollen Stunde der heiligen Messe, nach der Ankunft des Herrn in Wort und Sakrament festgestellt: Er ist da! Der Herr ist mit euch und geht mit euch den Weg.

Dann aber sieht man: der biblische Gruß steht unter allen Umständen beim Segen und gehört zum Segen, welche Gestalt er auch hat. Nun dürfte die Wunschform besser sein: „Der Herr *sei* mit euch!" Die Segensworte werden jetzt diesen Wunsch noch reicher ausformulieren. – Beides, Feststellung und Wunsch „Dominus vobiscum", müssen wir mit uns nehmen und zu unserer Verkündigung machen, wenn es draußen weitergeht.

Der *Segen* hat nunmehr *drei* Formen. Zuerst bietet sich der altgewohnte Satz an: „Es segne euch ...!" Man kann stattdessen auch den volleren Satz wählen: „Der Segen des allmächtigen Gottes ... bleibe bei euch allezeit." – In der Fastenzeit segnen wir mit der alten römischen „Oratio super populum". – An festlichen Tagen, deren Auswahl sicher etwas subjektiv erfolgen darf, wird, je nach dem Inhalt der gesamten Feier, ein dreifacher Segenswunsch gesprochen, dessen einzelne Sätze jeder mit „Amen“ beantwortet wird. Bedauerlicherweise sind die zweite und dritte Segensform noch nicht bekannt genug geworden.

Der bisher gewohnte Segen im Namen des Dreifaltigen und mit dem Zeichen des heiligen Kreuzes kehrt wie „Dominus vobiscum“ zum Anfang zurück. Eingangspforte und Ausgangstür sind wohl immer die gleiche. Alles, was in dieser Schrift über den Anfang gesagt wurde, kann für den Schluß wiederholt werden. Kreuz und Dreifaltigkeit formen den Grundriß und nun den Gewölbeschlußstein.

Gebet über das Volk

Die alte römische „Oratio super populum“ hat nun wieder ihren ursprünglichen Platz und ihre richtige Form gefunden. Sie ist nicht, wie es bisher zu sein schien, ein Anhängsel der Postcommunio, sondern ein Segen in Form einer Oration. Darum wird sie auf jeden Fall, wie auch der Altar stehen mag, so vorgetragen, daß sich der Priester dem Volke zuwendet und seine Hände über das Volk ausbreitet. Am Ende des Segensgebetes darf das Kreuzzeichen im Namen des Dreieinigen nicht fehlen. Früher wurde die „Oratio super populum“ nur für die Werktage der Fastenzeit geboten, und zwar mit einem eigenen Text für jeden Tag. Nun kann man aus den hintereinander gedruckten Orationen die passende auswählen.

Diese Oration verfehlt nicht, tiefen Eindruck zu machen. Ihr Text und ihre Form sind so, daß man sie als Geleit durch die heilige Fastenzeit nicht missen möchte.

Feierlicher Segen

Während das Segensgebet über das Volk aus ältester römischer Tradition kommt, ist der dreigliedrige Segen ein Sohn der gallischen Lande. Im Erzbistum Lyon hat er nie aufgehört zu existieren. Im Rituale für die deutschen Bistümer wurde er 1950 für die Trauung nachgeahmt. Nun wurde er, zuerst etwas vorsichtig, für den Schlußsegen der heiligen Messe angeboten.

Hier haben römischer Liturgierat und deutsche Übersetzungsgruppe, jeder in seiner Zuständigkeit, ein großes Werk vollbracht. Eine Fülle von Formularen! Fast kein Fest, keine Gelegenheit ist vergessen. Jedesmal werden die schönsten Gedanken des Festgeheimnisses noch einmal zum Leuchten gebracht.

Natürlich muß dieser Segen gesungen werden. Sonst verliert er viel von seiner Kraft. Die Gemeinde muß gewohnt sein, das „Amen" auf jeden der drei Segenswünsche zu antworten. – Wenn alles recht geschieht, muß man doch von den Klagen über den dürftigen Meßschluß einige kräftig zurückziehen. Hier erklingt doch ein mächtiger Schlußakkord für die heilige Messe, wie man ihn sich wünschen kann.

Entlassung

Das letzte Wort in der heiligen Messe spricht dann wieder die römische Tradition: *„Ite, missa est!"* Der kleine Satz diente im zivilen Bereich als Endformel einer Versammlung, vor allem der parlamentarischen Versammlungen. Er wurde aus der Volksversammlung in die Versammlung des Gottesvolkes hinübergenommen. Diese Entlassungsformel wurde schon einmal verwendet, wenn die Katechumenen weggeschickt wurden. Sie wurde zu unserem heutigen Namen für die Feier des Vermächtnisses Christi: „Missa – missio – Messe".

Ein kleines Wort – aber nicht ohne Problem! Schwer war die Übersetzung. „Gehet hin in Frieden!" sagt das deutsche Sprachgebiet, und in anderen Sprachen formuliert man ähnlich. Der Satz bildet ein versöhnendes, warmes, väterliches Schlußwort. Man möchte ihn nicht mehr missen.

Aber ist damit der Inhalt des Wortes „missa" wiedergegeben? Darin liegt doch senden, entsenden! Oder ist die Formel schon so erstarrt, daß man nur noch Entlassung, Ende, Weggehen heraushört und die tieferen Töne von der Sendung in die Welt nicht mehr hört? Vielleicht muß man über das Schlußwort noch einmal nachdenken. Vielleicht findet die Übersetzung doch noch eine Möglichkeit, die apostolische Mission aufklingen zu lassen, mit der uns die Messe verabschiedet, und die eschatologische Dimension ahnen zu lassen, die das Ende der Messe in einen Anfang verwandelt: „Donec veniat!"

Nachbesinnung

Nach der heiligen Messe

Die Feier des Todes und der Auferstehung ist vorüber. Die Auswirkung im Leben soll beginnen. Wie zum Abschiednehmen schauen wir auf die heilige Messe zurück.

Unsere Messe

Wir sind uns der „Gemeinde im Herrenmahl" bewußt geworden. Die Kirche wurde in den Seelen der Liturgiefeiernden lebendig. Durch die Einzelmenschen, die da gekommen waren – jeder für sich, jeder mit seinen kleinen und großen Sorgen –, ging mit dem Einzug des Priesters und der Ministranten Christus hindurch. Er machte die zwei oder drei oder tausend Anwesenden zu Versammelten in seinem Namen. Er sandte seinen Heiligen Geist mit der Gebetsgnade. Unsere Messe – Gebet der Kirche durch Christus im Heiligen Geist!

Die Kirche wurde hörende Kirche. Die Ecclesia wurde Maria, nahm das Wort auf, antwortete: „Siehe, ich bin die Magd!"

Die Kirche wurde opfernde Kirche. Sie nahm die Gaben der Güte Gottes und weihte sie Gott. Sie nahm von der wandelnden Kraft des Heiligen Geistes das Opfer des Kreuzes entgegen und brachte es dem Vater dar. Sie legte mit den Worten des Hochgebetes ihren Schmuck, ihre Kostbarkeiten an und zeigte sich als Braut Christi. Unsere Messe wurde zum hochzeitlichen Opfer und Mahl der Kirche.

Wir wurden Kirche, Einheit im Heiligen Geist; wir wurden Ecclesia – gerufene Versammlung des Gottesreiches. Darum beteten wir als Kirche für die Menschen. Wir spürten, daß wir erst als „wir" etwas waren. Unsere Messe gab es uns.

Das Erlebnis des Erstkommunikanten gleich nach dem Ersten Weltkrieg: Er erbte vom ältesten Bruder den „Schott", Jahreszahl 1914, und der „Schott" zeigte ihm unsere Messe, die bisher verhüllt war unter ein paar Liedern und Kommuniongebeten und nun nicht nur gewaltigere Texte, sondern die Herrlichkeit der Kirche zeigte.

So ist dieser Plural die schönste Frucht der Liturgie: *Unsere* Messe in der betenden und opfernden, singenden und feiernden Kirche. Alle Einsamkeiten lösen sich darin auf.

Meine Messe

So sagte zornig ein Pfarrer, der sich nicht dazu bequemen wollte, im Hochamt die heilige Kommunion auszuspenden (es war 1960): „Meinen Sie, ich lasse mir von Ihrer Kommunion *meine* Messe stören?" Der religiöse Individualismus war perfekt. Das Gemeinschaftserlebnis war noch nicht aufgebrochen.

Dennoch hat er, den wir schelten möchten, auch recht, sehr recht, wenn er sagt: „Meine Messe!"

Die heilige Messe kann nicht Opfer und Mahl der Hochzeit der Kirche, kann nicht unsere Messe werden, wenn nicht jeder der Hochzeitsgäste seine Mitfreude, seine Geschenke, seine Gaben, seine Wünsche mitbringt, wenn er nicht kommt, um selber von Herzen dabeizusein.

Die Messe ist wie ein unerhört kostbares Gefäß, kostbar im Geschmeide seiner Texte und Formen, kostbarer noch sein Inhalt. Wenn ich es stehenlasse, wenn ich nicht daraus trinke, kann ich davor verdursten. Die Messe muß mein werden.

Die Feier der Messe ist ein ständiger Übersetzungsvorgang. Ich lese „wir" und übersetze „ich", ich höre „unser" und übersetze „mein".

Der Vorgang ist wie in einem Chor- oder Orchesterwerk. Ich muß meinen Part spielen oder singen. Dann gelingt das große Werk, und das gibt mir nicht nur die Freude, die rechte Note und den rechten

Einsatz nicht zu verpassen, sondern gibt in mich die Herrlichkeit des ganzen Werkes hinein.

„Meine Messe" – sie hängt von mir ab, ich bedarf ihrer, ich kann ohne sie nicht leben.

Gehetzt, überarbeitet, voll Unrast und Unfriede komme ich zur Messe, gebe mich in Christi Opfer und empfange die Ruhe, den Frieden, die Gelassenheit und die Geborgenheit.

Enttäuschungen, Undankbarkeit, Verlassenheit, Trostlosigkeit trage ich in die Messe zum Opfergang. Die Antwort: Der Herr ist mit mir! Wer ist wider mich?

Das eigene Versagen, Armseligkeit, Schuld, Sünde gingen mit mir zur Messe. Sie sprach darüber: „Mein Blut zur Vergebung der Sünden!"

Über Schmerz, Krankheit, Angst, Nachlassen der Kräfte, Plagen des Alters sagte das Beten in der Messe: „Nimm es gnädig an!" Ignatius von Antiochien schrieb auf der Todesfahrt: „Eucharistie – Arznei ... Arznei der Unsterblichkeit." Meine Messe!

Papst Sixtus II. stand am 6. August 256 mit seinen Diakonen am Altar zur Feier des Opfers; er wurde an Ort und Stelle hingerichtet. „Hostia ad hostiam – Opfer zum Opfer". St. Polykarp von Smyrna feiert am Scheiterhaufen das Sterben wie eine Pontifikalmesse. „Aus der Messe nimmt alles Martyrium seinen Ursprung." Der Märtyrer könnte zweimal sagen: „Meine Messe!", wenn nicht die beiden Opfer eins wären.

Ambrosius berichtet von einem Familiendrama in seiner Kirche: Ein junges Mädchen, geflohen vor den Verheiratungsplänen der Familie, läßt sich das Altartuch als Schleier der Gottesweihe geben. Das hochzeitliche Sein und Wirken „Soli Deo = für Gott allein" kommt aus der Messe, die „meine Messe" wurde.

In frühchristlicher Zeit hielt man es für sicher, daß die Wiederkunft Christi in der Messe der Osternacht geschieht; darum wagte man nicht, die Gemeinde vor dem vollen Morgen zu entlassen. Für jeden von uns kommt der Herr in einer „österlichen" Stunde, die von einer – meiner Messe bereitet war.

Messe und Geschichte

Papst Damasus, angeregt von seinem Freund Ambrosius, schuf wichtige Liturgiereformen. Statt des Griechischen schrieb er das Latein, d.h. die Volkssprache, als Liturgiesprache vor. Er führte den jetzigen Römischen Kanon ein. Das war um 375. Dieses gleiche Jahr ist als „Beginn der Völkerwanderung“ gekennzeichnet.

Papst Gregor der Große stirbt 604. Er ist der eigentliche Schöpfer der Römischen Liturgie, wohl sogar bis auf einzelne Texte und Kompositionen. Das basilikale Hochamt, das schließlich bis heute lebendig ist, war sein Lebenswerk. Im folgenden Jahrzehnt beginnt der große Aufbruch des Islam. Die Ursprungsländer der Christenheit werden völlig entchristlicht.

Um 800 führt Karl der Große unter Hilfe Alkuins die karolingische Liturgiereform durch. Die Römische Liturgie löst u.a. die gallikanische und die spanische Liturgie ab. Die Gottesdienstweisen der Stadt Rom gelten nun weltweit. Das karolingische Reich wird durch die Römische Liturgie wesentlich geeint. – 846 erobern die Sarazenen für ein halbes Jahr die Sankt-Peters-Stadt von Rom, bringen den Schatz der Peterskirche nach Nordafrika fort – allerdings geht das Schatzschiff bei Sardinien unter. Die Normannenzüge, die man den letzten Schritt der Völkerwanderung genannt hat, gehen über Europa weg. Normannen und Sarazenen legen alle Bischofsstädte und Kathedralen, die an den Meer- und Flußhäfen liegen, in Schutt und Asche.

Das dreizehnte Jahrhundert ist geprägt von den Eskalationen der Gewalt der mittleren Instanzen, der Herzöge, Bischöfe, Grafen, Städte. Der Papst schützt die Bischöfe gegen Übergriffe der Macht durch schärfste Kirchenstrafen. Große Städte liegen jahrelang unter dem Interdikt. Rom ist wegen dauernder Revolten für die Päpste unbewohnbar. Der Papst des Fronleichnamsfestes, Urban IV., hat Rom nie betreten. Dieses Jahrhundert führt das Fest Fronleichnam und seine Prozession ein. Es erlebt unter der franziskanischen Bewegung eine große Romanisierung der heiligen Messe und des Breviers. Die scholastische Theologie und vor allem Thomas von Aquin haben tiefe Folgen für die eucharistische Frömmigkeit des Volkes. Die Zerstrittenen werden Kirche in straffer römisch-liturgischer Einheit.

Die Stürme des Reformationszeitalters finden in mancher Hinsicht ein Ende durch das Trienter Konzil 1545. Mit Wunsch des Konzils wird die Erneuerung des Missale 1570, des Breviers 1568 u.a.m. durchgeführt. Mitten in der langsamen Annahme der erneuerten Liturgie beginnen die Kriege, die zum Großbrand des Dreißigjährigen Krieges hinführen, zunächst 1583 der Krieg um die Absetzung des Kölner Kurfürsten Gebhard Truchseß. In der von Trient her neu gefestigten Liturgie kann das katholische Volk die grausige Zeit überstehen.

Das achtzehnte Jahrhundert bringt die geistesgeschichtlich gefährliche Aufklärung, zugleich aber eine fruchtbare pastorale und liturgische Erneuerung. Alle seelsorgerlichen Positionen der heutigen Pfarrei haben dort ihren Ursprung: Volksmission, Volksexerzitien, Maiandacht, Erstkommunion, Meßerklärung, Deutsches Hochamt, Volksgesangbücher usw. Diese Zeit endet in der Französischen Revolution und in der Napoleonischen Ära. Pfarrei und religiöses Brauchtum überleben, obwohl nur noch wenige Träger des Bischofsamtes sind und ein fünfzigprozentiger Priestermangel herrscht.

Die liturgische und eucharistische Erneuerung des hl. Papstes Pius X. steht vor Beginn des Ersten Weltkrieges.

Fassen wir zusammen: Wenn die Kirche vor schweren Zeiten steht, werden alle Brunnen des Heiles in Liturgie und Eucharistie aufgeschlossen.

Liturgieerneuerung und Neugestaltung der Meßfeier sind also keine Dekoration, sondern heilsgeschichtliche Ereignisse. Dem Gottesvolk wird der Quell aus den Wunden Christi reichlicher verfügbar gemacht. Dem Gottesvolk, das nach dem Wort des dritten Kanon für das heilige Opfer berufen ist, wird in der Messe Kraft gegeben, die Messe in die Dunkelheit zu tragen.

Stichwortverzeichnis

THEODOR SCHNITZLER

Kirchenjahr und Brauchtum neu entdeckt

In Stichworten, Übersichten und Bildern

Dieses Buch ist ein außerordentlich konzentrierter und kenntnisreicher Führer zu den Festen und Festzeiten des Kirchenjahres und dem damit zusammenhängenden Brauchtum, das heute zunehmend in seiner Liebenswürdigkeit und Glaubenskraft wieder entdeckt wird. Das Besondere liegt in der stichwortartigen, übersichtlichen und anschaulichen Darbietung: eine Fundgrube für zuverlässige Erklärung heute noch lebendigen Brauchtums.
Themen sind unter anderem: St. Martin, Advent, Adventskranz, St. Nikolaus, Weihnachten, Festtagsgebäck, Heilige Woche und Ostern, Osterhase und Osterei, Himmelfahrt des Herrn, Pfingsten, aber auch: Kirchengeschichte in Festen, Spiel der Farben, Sonntag. Für alle, die Interesse für Gestalt und Gestaltung kirchlicher Feste haben.

48 Seiten mit zahlreichen Abb., kart. lam., ISBN 3-451-17480-4

Verlag Herder · Freiburg · Basel · Wien